# Les Alchimistes de la confiance, une histoire des crises monétaires

Les Alchimistes de la confiance, une histoire des crises monétaires

Éditions Eyrolles
61, bd Saint-Germain
75240 Paris Cedex 05

www.editions-eyrolles.com

Jacques Gravereau – Jacques Trauman

# Les Alchimistes de la confiance, une histoire des crises monétaires

De Dioclétien à Nixon,
de l'or des Médicis à l'euro

EYROLLES

# Sommaire


Introduction ................................................................. 9


## PARTIE 1
### Les architectes de confiance


Chapitre 1
**Solon efface la dette grecque et la monétise**.................. 17

Chapitre 2
**Hamilton fonde le dollar et la puissance américaine**........ 25

Chapitre 3
**Napoléon, maître de la confiance : le franc germinal** ....... 37

Chapitre 4
**Schacht sauve le mark… en ne faisant rien !** .................... 47

Chapitre 5
**Poincaré et le franc à quat'sous** ..................................... 59

Chapitre 6
**Seul contre tous, Roosevelt ressuscite le dollar** .............. 67

Chapitre 7
**Anatomie de la confiance** ............................................... 75


## PARTIE 2
### Quand tout dérape


Chapitre 8
**Dioclétien invente le contrôle des prix**........................... 91

Chapitre 9
**La baguette magique de Talleyrand** ................................. 99

Chapitre 10
**Le va-tout de Nixon** ...................................................... 109

Chapitre 11
**Carlos Menem et la faillite de l'Argentine** ...................... 119

Chapitre 12
**On ne fait pas jouer Platon en deuxième division !** .......... 129

Chapitre 13
**L'utopie de l'euro** ......................................................... 141

Chapitre 14
**Euro, saison 2** ............................................................. 151


## PARTIE 3
## Les grands systèmes


Chapitre 15
**Petite histoire de l'or** .................................................. 165

Chapitre 16
**L'idée simple de Jean de Médicis** ................................... 179

Chapitre 17
**Par le fer et le sang : Bleichröder et le mark allemand** ...... 189

Chapitre 18
**Takahashi, un Keynes japonais avant l'heure** ................... 197

Chapitre 19
**Les tribulations du yuan chinois** ................................... 205

Chapitre 20
**Le roi dollar, jusqu'à quand ?** ...................................... 219

## PARTIE 4
## Le temps des gourous

Chapitre 21
**John Law le mirobolant** ................................................... 233

Chapitre 22
**Déjà l'euro ! Parieu et l'Union latine** ................................. 243

Chapitre 23
**Keynes dans la maison des singes** ................................. 253

Chapitre 24
**Les États ne font pas faillite !**
**Walter Wriston, sorcier des produits financiers** ................ 263

Chapitre 25
**Milton Friedman et la main invisible du marché** ............... 273

Chapitre 26
**L'homme qui fit sauter la Banque d'Angleterre :**
**George Soros** .................................................................. 283


**Des mêmes auteurs** ...................................................... 291

**Bibliographie** ................................................................. 293

**Index des noms de personnes et d'organismes** ............. 299

**Index des notions et monnaies** ...................................... 305

# Introduction

## LE BON ALOI

L'Europe traverse l'une des pires tempêtes de sa courte union. La crise financière partie de Wall Street en 2008 a entraîné une récession économique de l'Occident, la plus dure depuis la Seconde Guerre mondiale. Elle s'est transmise de l'Amérique à l'Europe par une mécanique sournoise : le système bancaire occidental a été contaminé par une masse inextricable de produits financiers complexes, incompréhensibles, éparpillés en confettis, perfusant tous les circuits. La « financiarisation » triomphante des années 2000 a subverti l'économie réelle sous des volumes ahurissants de « produits dérivés » sortis de la boîte de Pandore, sans que l'on ne puisse plus les y faire rentrer malgré les réformes – timides, parcellaires, donc imparfaites – élaborées aux États-Unis et en Europe.

L'Europe a fait face à la crise en limitant la casse, et c'est tout à son honneur. Elle n'a enregistré une chute de son PIB « que » de − 4 % en 2009, en sachant éviter la catastrophe de la crise de 1929, qui avait amputé la richesse occidentale de moitié au cours de la décennie funeste des années 1930. Mais pour contenir le tsunami actuel, l'Occident s'est endetté au-delà de toute limite décente et l'on n'entrevoit pas de rémission sérieuse à vue humaine, quelles que soient les réformes, d'autant plus douloureuses que les démocraties ont bien du mal à les faire admettre à leurs opinions publiques ou à leurs *lobbies*.

Les économies les plus fragiles, à la périphérie du continent européen, ont sauté les unes après les autres : l'Islande (qui, entrée la première en crise, en est maintenant sortie), la Grèce, l'Irlande, le Portugal et même l'Espagne, en attendant que le cyclone se rapproche du noyau dur européen. Le problème grec n'en finit pas de ne pas être résolu parce que l'Europe n'en finit pas de tergiverser, de ne pas trouver de consensus de ses 27 pays – ou des 17 membres du club euro –, de ne prendre aucune décision majeure.

Tout cela est bien connu, presque banal. Le feuilleton s'étale dans tous les journaux depuis des années. Les gesticulations aussi.

La dette, pour abyssale qu'elle soit, est pourtant l'arbre qui cache la forêt. Nous avons tous, Européens comme Américains, vécu au-dessus de nos moyens depuis une génération, dans une lâche fuite en avant, hormis la lucidité allemande ou le courage canadien. La crise récente n'a fait qu'en rajouter une couche. Même en imaginant que nous puissions la résorber en diminuant drastiquement nos dépenses tout en augmentant nos impôts (déjà insupportables), nous continuerions à vivre sur des sables mouvants. En supposant – rêvons un peu ! – que nous soyons capables d'équilibrer nos budgets « en bons pères de famille » et de progressivement rembourser toutes nos dettes, aurions-nous pour autant retrouvé l'âge d'or de la stabilité et du progrès ? Rien n'est moins sûr, car il manquerait à l'architecture du système économique sa clé de voûte.

Pour retrouver un semblant d'ordre du monde, il faut en effet restaurer la confiance ; et la confiance, depuis l'invention de la monnaie, est assise sur un ordre monétaire viable. C'est plus austère, moins sexy, difficile à expliquer aux opinions publiques, à mettre en œuvre par les politiciens, la monnaie. Mais le couple confiance-monnaie est imparable. C'est ce couple qui a été durablement démantelé depuis… depuis quand d'ailleurs?

La dette est une question banale de ménagère. Tous les régimes, de l'Antiquité à nos jours, ont vécu d'expédients, surtout lorsqu'ils avaient à financer des guerres. Ce qui est beaucoup moins banal, ce sont, en revanche, à certaines époques et grâce à certains dirigeants inspirés et courageux, de grandes décisions sur l'architecture monétaire: celles qui ont apporté une prospérité durable ou le contraire lorsqu'elles étaient mauvaises.

Nous marchons aujourd'hui sur la tête. La confiance s'est évaporée lorsque le système financier mondial fut frappé de thrombose en septembre 2008, parce que personne ne savait de combien ses voisins étaient plombés de «produits toxiques» américains. Confiance encore lorsque, depuis 2010 jusqu'à aujourd'hui, personne ne sait si «la Grèce paiera», comme dit l'aria d'Offenbach, ou comme on le disait de l'Allemagne en 1920. On n'a plus confiance dans les pays déficitaires, comme l'Italie ou même la France, ni dans l'euro qui tangue dangereusement, mais l'euro continue à régler le premier ensemble économique et commercial du monde, comme si l'assertion gratuite selon laquelle «les États ne font pas faillite» anesthésiait tout le monde. On doute sérieusement des États-Unis, où la dette n'en finit pas de se creuser, mais le monde continue à acheter du dollar, même après la dégradation de la note souveraine du pays en 2011. A-t-on plus confiance dans la Chine, économie la plus excédentaire qui soit, banquier des États-Unis, mais dont le yuan sous cloche transcrit fort mal l'opulente balance des paiements?

Pour retrouver une confiance durable, il faudrait refonder le système monétaire. Depuis toujours, on a tâtonné pour rechercher une monnaie parfaite, «unité de compte, réserve de valeur et intermédiaire des échanges», comme la définissait déjà Aristote. Les Phéniciens, suivis par les Grecs et les Assyriens, ont inventé les espèces fondues en métaux précieux. On n'a pas tardé à les manipuler, dès l'Antiquité. Des décisions géniales ont stabilisé le système pour des générations, comme celles des Médicis dans la Florence du XVe siècle ou de Napoléon avec son «franc germinal»; d'autres ont précipité l'instabilité, dont la première est le contrôle des prix par «l'édit du maximum» de l'empereur Dioclétien en 301 après J.-C.… et la dernière en date, celle de Richard Nixon, qui décrocha le dollar de l'or le 15 août 1971.

C'est sans doute de cette décision de 1971 que nous ne sommes toujours pas remis. Le flottement généralisé des monnaies s'accompagne jusqu'à aujourd'hui du flottement généralisé de la confiance : toujours le même couple diabolique. Et l'on n'hésite pas à superposer à un système flou une architecture bancale. On a bien créé l'euro, en 1999, mais en commettant une erreur de base, que les États-Unis avaient soigneusement évitée lorsqu'ils créèrent le dollar en 1790 : si l'on émet une monnaie en se privant des instruments adéquats pour gérer la dette au même niveau collectif, on s'expose à des convulsions récurrentes : voyez l'euro. Les États-Unis avaient vu le problème dès l'origine mais, après avoir imposé depuis la Seconde Guerre mondiale leur dollar au reste du monde, ils ont fait fonctionner sans vergogne leur planche à billets pour se trouver, eux aussi, le dos au mur.

Ces bonnes ou mauvaises décisions qui ont bâti la monnaie et la confiance sont l'objet de cet ouvrage. Ce ne sont pas des grands flux de l'histoire qui les ont produites, des sortes de systèmes hégéliens impérieux et asexués, mais des hommes, souvent à rebours des idées dominantes. À propos d'histoire monétaire se trouve donc réhabilitée la « prosopographie », ce courant de pensée qui montre qu'à certains moments critiques, des décisions humaines peuvent faire basculer l'histoire dans un sens ou dans l'autre. On pense à Franklin Roosevelt, qui décida de dévaluer sa monnaie en 1933, avec un plein succès, contre l'avis de tous ses conseillers. On connaît Napoléon et sa réussite monétaire, un peu moins sans doute l'archonte Solon et son effacement de la dette grecque en 594 avant J.-C. Se souvient-on de Félix Esquirou de Parieu, concepteur prémonitoire de l'ancêtre de l'euro, l'Union latine, au XIX$^e$ siècle ? A-t-on revisité les fulgurances géniales de John Law au XVIII$^e$ ? Et celles d'Alexander Hamilton, aux États-Unis, ou de Gerson von Bleichröder, en Allemagne ? C'est un voyage au fil de l'histoire, pour tenter d'éclairer nos décideurs actuels, que propose ce livre, celui d'une recherche perpétuelle du « bon aloi ».

L'aloi était la quantité de métal précieux présent dans les alliages servant à la fabrication des pièces de monnaie. Les changeurs vérifiaient qu'ils avaient affaire à une pièce « de bon aloi » en la faisant « sonner » sur une surface dure, puis en la pesant à l'aide d'une petite balance de précision, le trébuchet, afin de garantir les « espèces sonnantes et trébuchantes ». La recherche de la « bonne monnaie » est aussi vieille que la civilisation. Sans bonne monnaie, pas de confiance ; sans confiance, pas de stabilité, ni de bases économiques pérennes. C'est une équation simple mais redoutable.

PARTIE 1

# LES ARCHITECTES DE CONFIANCE

# Chapitre 1

# Solon efface la dette grecque et la monétise

Le problème du «bon» instrument de mesure de l'économie est vieux comme le monde. La dette abyssale de la Grèce défraye aujourd'hui la chronique et manque de faire couler l'euro. Il n'y a rien de nouveau : le couple infernal de la dette et de la monnaie a provoqué de tout temps des ouragans. Pour les conjurer, certains gouvernants prirent des décisions fatales qui précipitèrent des catastrophes. D'autres, grands visionnaires et politiques avisés, permirent de refonder la confiance sur des bases saines et durables. C'est à Athènes que la première décision géniale de l'histoire fut prise… il y a 2 600 ans. Comme souvent, par un homme presque seul contre tous : Solon.

Il y a 2 600 ans donc, au VIe siècle avant notre ère, Athènes est déjà prise dans l'étau d'un endettement inextricable. C'est à l'époque une petite cité portuaire assez pauvre, en rien la puissance que commencera à bâtir Pisistrate 50 ans plus tard et Périclès un siècle après. Elle n'a ni marine, ni influence politique. Parmi les cités grecques, c'est l'une des plus tard venues, l'une de celles dont la croissance a été la plus lente. Elle ne produit qu'un peu d'huile et de miel, doit importer le blé qui sert à nourrir ses habitants et lui coûte fort cher. Alors que Sparte, Mégare, Argos ou Chalcis sont déjà florissantes et fondent des colonies en Asie mineure, Athènes vivote.

La petite Athènes donne le spectacle d'une forme de lutte des classes qui empoisonne l'économie. D'un côté, on trouve une noblesse foncière qui a réussi au fil des générations à accaparer presque toutes les bonnes terres et les animaux utiles, et gère la cité selon ses intérêts ; de l'autre, de petits fermiers sans terres qui travaillent pour les premiers, mais aussi une nouvelle bourgeoisie d'artisans et de marchands, sans pouvoir politique. Les uns prêtent aux autres, chroniquement à court de ressources. On doit rembourser ses dettes en têtes de bétail, l'unité de mesure de tout temps. Si l'on a du retard, on se voit infliger des amendes sévères. Celui qui fait défaut est réduit en esclavage par le créancier, selon les antiques lois de Dracon. Beaucoup ne peuvent pas rembourser et le montant de la dette explose, comme grandit l'hémorragie humaine des pauvres hères réduits à la condition servile. La situation empire gravement à l'orée du VI$^e$ siècle. Elle devient inextricable, insurrectionnelle.

Il faut un arbitre. On va chercher Solon, qui réunit un consensus sur son nom. Ce n'est pas un noble terrien, mais un négociant. Il a fait fortune dans le commerce de l'huile en Méditerranée. Il est devenu un personnage en vue de la cité d'Athènes, écouté pour ses sages opinions. C'est aussi un remarquable poète, dont les œuvres sont parvenues jusqu'à nous. Il n'est plus tout jeune aux standards du monde antique : 45 ans. Solon a vu le monde. Il a fréquenté les autres cités et comparé leurs modèles. Il connaît la valeur et l'usage de la monnaie.

## L'INVENTION DE LA MONNAIE

Ce sont les Phéniciens, au XIe siècle avant J.-C., qui les premiers eurent l'idée d'utiliser les métaux précieux pour faciliter les échanges. Le développement du commerce international, dont ils furent les pionniers, rendit le troc obsolète et nécessaire l'invention d'un moyen de paiement plus subtil. Comme le dira Aristote : «Les différentes marchandises nécessaires à la vie de tous les jours ne sont pas facilement transportables, et les hommes ont donc décidé d'employer pour leurs transactions quelque chose qui est intrinsèquement utile comme, par exemple, le fer, l'argent, et d'autres matériaux semblables.» Ce seront l'or et l'argent.

Pour le commerce des cités grecques, on échange les marchandises contre des pièces d'électrum, un alliage d'or et d'argent que l'on extrait à l'état naturel. L'argent seul sert aussi pour les échanges de moindre valeur. Les pièces sont frappées par chaque ville, avec un poids de métal strict sur lequel on ne plaisante pas (les faux-monnayeurs sont condamnés à mort). À Athènes, la pièce de base est la drachme, qui en général présente la tête de la déesse Athéna (fondatrice mythique d'Athènes) d'un côté, et de l'autre une chouette, oiseau monétaire commun aux cités grecques, animal protecteur. La drachme pèse 4,36 g d'argent. L'unité supérieure, la mine, est fixée à 73 drachmes.

Solon est porté au pouvoir en 594 avant J.-C., avec le titre d'archonte. Il s'attaque aussitôt au problème des dettes. C'est par une vaste réforme monétaire qu'il résout le problème. Cette réforme, rapportée 180 ans plus tard par le grand Aristote dans son ouvrage *Athenaïôn Politeia*

(*La République athénienne*), est entrée dans l'histoire sous le nom de *seïsachteia*, littéralement «allégement» ou «remise du fardeau». C'est une révolution conceptuelle et politique : pour la première fois, un gouvernant règle tout à la fois la question de la dette, celle de l'instrument de mesure et le système monétaire. Tout est lié. Solon va agir simultanément sur les trois leviers.

Il ne s'agit en aucun cas d'un «allégement» monétaire – contrairement à ce que laisse accroire un contresens répandu – mais d'un allégement des dettes, d'un affranchissement des débiteurs privés et publics d'une partie de leurs obligations vis-à-vis de leurs créanciers aristocrates. Solon commence par abolir l'esclavage pour dettes. Il édicte ensuite, très rapidement, une loi fondamentale qui convertit en valeurs monétaires et métalliques les amendes fixées en têtes de bétail selon la loi antique. Pour la première fois, l'instrument de mesure de la dette devient la monnaie métallique. Parallèlement, il fait une réforme fiscale majeure en remettant les impôts fonciers des métayers. Pour que l'édifice soit complet et cohérent, il décide de réévaluer la monnaie. La mesure et la valeur de la monnaie changent en même temps. La «nouvelle drachme» est d'abord calée sur 2 drachmes (comme le nouveau franc du général de Gaulle vaudra 100 anciens francs). Cette nouvelle drachme s'appellera nomisma. C'est un nom assez banal («mesure» en grec, et sa dérivée «numismatique»), mais emblématique. Cette même désignation servira près de 2 000 ans jusqu'à la fin de l'Empire byzantin. Une monnaie peut acquérir une aura et un nom quasi religieux si elle est bonne. Une bonne monnaie transcende l'économie pour s'inscrire dans l'inconscient des peuples.

En même temps, Solon fixe la mine à 100 drachmes et non plus 73. C'est diaboliquement intelligent, car la monétisation de la dette entre débiteurs et créanciers athéniens ne s'accompagne pas d'une dévaluation au regard du commerce extérieur d'Athènes, qui aurait été catastrophique dans la situation d'importatrice de la cité. Expliquons-nous. Ceux qui doivent une somme considérable à leurs créanciers vont leur rendre une valeur égale en apparence, quoique moindre en réalité. Ils gagnent beaucoup au change, sans rien faire perdre, en théorie, à leurs créanciers, d'autant que l'on a changé au passage d'instrument de mesure. La dette devient donc plus légère de la différence de la monnaie nouvelle, soit 27 % de moins. Bien sûr, le créancier perd 27 % dans l'affaire, un abandon de créance forcé avant la lettre, mais la nouvelle monnaie adoucit la perception de s'être fait léser car on est payé en nouveaux nomismata ou en mines. C'est un peu hypocrite, certes : c'est de la politique ! Mais on était proche de la guerre civile. La plupart des contentieux peuvent repartir sur une base nouvelle. La mesure assainira la situation pour des lustres.

## On ne fait pas le bonheur des gens malgré eux

Solon a pris le plus grand soin d'expliquer, de déployer des trésors de pédagogie pour que la mesure soit acceptable, comme il le dit dans un de ses poèmes : « Pour ceux qui avaient la force et en imposaient par leurs richesses, pour ceux-là aussi je me suis appliqué à ce qu'ils ne subissent rien d'indigne. » Il a compris qu'une grande réforme ne vaut rien, même si elle est techniquement excellente, si les «réformés» ne se l'approprient pas et il a scrupuleusement appliqué ses principes, en toute transparence.

Vis-à-vis de l'étranger, ce n'est ni une manipulation monétaire, ni un cours forcé, ni une dévaluation. L'escroquerie aurait consisté à diminuer le poids de métal précieux dans les pièces, tout en faisant croire politiquement que c'étaient les mêmes : l'éternelle question du «bon aloi», en somme. Rien de tel dans ce cas, puisque la quantité de métal précieux de la nouvelle drachme est parfaitement fixée et vérifiable. Il n'y a pas non plus de dévaluation mais une surélévation (*auxesis*) du poids du commerce de la monnaie. De toute façon, les commerçants étrangers au port du Pirée le calculent immédiatement. Pour vendre leur blé, ils comptent en quantité d'argent, et peu importe que la mine soit divisée en 73 ou en 100 drachmes. Une monnaie métallique ne vaut, en effet, que par la quantité de métal qu'elle contient. C'est aussi simple que de comprendre le principe des vases communicants. Il faudra attendre 2 000 ans pour que le concept de monnaie évolue, au XVIIIe siècle.

Solon fut toujours respectueux des uns et des autres. Il chercha le consensus et le bien commun, sans imposer la force, comme il l'écrit : «Au peuple, j'ai donné autant de puissance qu'il suffit, sans rien retrancher ni ajouter à ses droits.» Il créa un conseil de gouvernement très ouvert de 400 membres et des tribunaux représentatifs avec des magistrats élus. Il ne s'accrocha pas au pouvoir, mais au contraire s'éloigna volontairement de la cité et en profita pour voyager pendant 10 ans, afin que sa législation puisse s'implanter solidement en son absence, ce que l'on pourrait recommander à nos politiciens modernes ! Il est l'accoucheur de ce qu'Athènes a eu de meilleur, révéré par les gouvernants et les philosophes parmi les sept sages de la Grèce. Aristote proclamera : « Il a réellement fondé la démocratie ».

## SOLON ET NOUS

Solon a eu la prescience de comprendre que, pour faire passer ses réformes et faire accepter les sacrifices indispensables, il fallait remplir deux conditions : que sa politique soit expliquée et acceptée par tous *et* que les sacrifices soient justement équilibrés. À chaque fois dans l'histoire que des autocrates brouillons ont pris des décisions sans impliquer le peuple ou en faisant peser le poids d'une réforme sur une catégorie plutôt que sur une autre, cela n'a pas fonctionné. Aujourd'hui, des bataillons de technocrates très intelligents, isolés dans leur caste d'initiés, prétendent faire le bonheur des peuples malgré eux. C'est exactement ce qui s'est passé lors de la création de l'euro : cette construction était peut-être techniquement fondée, mais elle était si compliquée que les dirigeants ont considéré que le bon peuple ne pouvait pas la comprendre. Au lieu de maïeutique, ils ont forcé un blanc-seing. Ils en subissent aujourd'hui les sévères retours de flamme. Il s'est passé la même chose au moment de la faillite de la Grèce, qui se déroule sous nos yeux depuis 3 ans : si la population traîne des pieds – c'est un euphémisme – pour comprendre les politiques de rigueur et y adhérer, les dirigeants n'ont aucune chance de réussir, que ces opinions publiques soient les Grecs appelés à se serrer la ceinture ou les Allemands appelés à régler les factures. Qui peut se sortir de cette angoissante complexité ? Cela s'appelle un homme d'État ! Voyez Solon.

# Chapitre 2

# Hamilton fonde le dollar et la puissance américaine

Toute sa vie, Alexander Hamilton sera différent. Écossais par son père James, d'origine aristocratique mais pauvre et alcoolique, huguenot par sa mère française née Lavien, enfant illégitime de surcroît, Alexander Hamilton voit le jour en 1757 dans la petite île caraïbe de Saint-Kitts, avant d'arriver en Amérique. La famille est pauvre mais le petit Alexander tient de sa mère, il est très brillant. Son intelligence exceptionnelle le fait remarquer de ses maîtres, qui trouvent le moyen de l'envoyer étudier à New York au King's Collège (la future université Columbia). Il s'y trouve lorsque des colons américains décident de boycotter les produits des Britanniques, qui voulaient en imposer le monopole, et jettent 324 caisses de thé à la mer. C'est la révolte du 16 décembre 1773, dite « *Boston tea party* », qui marque le début de la guerre d'indépendance américaine.

Hamilton s'enthousiasme pour la cause. Il sera de tous les combats. En juin 1775, après avoir brillé dans son premier combat à New York, il fait la rencontre de sa vie : le général George Washington, qu'il ne quittera plus. À 21 ans, Hamilton est déjà capitaine lorsque Thomas Jefferson dévoile la Déclaration d'Indépendance, qui sera votée par le Congrès le 4 juin 1776. Les 13 colonies se préparent à être libres, mais les combats s'intensifient. Le 20 janvier 1777, Washington, impressionné par la compétence et le courage d'Hamilton, le nomme aide de camp. Comme il parle parfaitement le français grâce à sa mère, il est chargé de la liaison avec le général Lafayette. Les combats cependant continuent et se déplacent vers la Géorgie et la Caroline du Sud. Les dernières troupes britanniques ne s'embarqueront définitivement de New York que le 25 novembre 1783 (*Evacuation Day*). Des esprits brillants ont déjà imaginé à quoi pourraient ressembler les États-Unis futurs. En 1781, Hamilton – qui a maintenant le grade de colonel – a rédigé *The Continentalist*, où il expose pour la première fois ses vues d'un gouvernement central fort.

En février 1789, George Washington devient le premier Président des États-Unis. Sa première tâche est de former un cabinet. La Constitution de 1787 étant muette à ce sujet, il faut improviser. Washington propose le secrétariat au Trésor à un marchand philadelphien, Robert Morris, qui décline, mais suggère le nom d'Hamilton.

« J'ai toujours su que le colonel Hamilton était un homme d'un talent supérieur, dit Washington, mais je n'ai jamais supposé qu'il ait une quelconque connaissance en matière financière.

— Il sait tout, monsieur, répond Morris. »

Le nouveau cabinet comptera trois ministres, et seulement trois : Thomas Jefferson aux Affaires étrangères, Henry Cox à la Guerre, et Alexander Hamilton au Trésor. Hamilton a 34 ans. New York est le centre de gravité du pouvoir, en l'absence d'une capitale définie. Les institutions sont en friche, sans monnaie bien claire, sans système fédéral précis. L'État en est à ses premiers balbutiements.

Après le bouleversement de la guerre d'Indépendance, tout est à construire.

George Washington réunit rarement son cabinet, préférant régler les affaires en tête à tête. Ceci permet à Hamilton d'accumuler un pouvoir considérable, encore accru par sa rapidité mentale, son esprit de décision et son énorme capacité de travail. Dès le lendemain de sa nomination, Hamilton crée la Bank of New York, embryon de banque centrale, s'attaque à la réforme fiscale et produit en cent dix jours un rapport sur le crédit public, chef-d'œuvre de précision et de lucidité.

## UNE DETTE ABYSSALE

Lorsqu'il accède au pouvoir, Hamilton se trouve confronté à un problème lancinant d'une grande banalité : une énorme dette publique de 79 millions de dollars. Cette dette a été contractée directement par les 13 États de l'Union, jusqu'alors indépendants les uns des autres, battant leur propre monnaie. Ces États ont été saignés à blanc. Ils n'ont plus de liquidités. Ils ont payé leurs soldats de la guerre d'Indépendance en reconnaissances de dettes publiques. Les démobilisés ont été dédommagés en monnaie de singe. En guise d'arriérés de solde, les États fédérés leur ont donné des certificats que l'on appelle IOU (« *I owe you* » : « Je vous dois » !). Comment rembourser cette dette à ces créanciers si honorables ?

S'ajoute au problème de la dette publique celui de la dette privée. Dans ce pays de fermiers, les exploitants agricoles sont tous endettés auprès des banquiers, en général des filiales de banques anglaises à New York. Les planteurs de la côte est, la seule qui compte – du Massachusetts à la Géorgie, en passant par la Caroline ou la Virginie – sont exsangues, à court de liquidités. Ce sont pourtant eux qui ont mené l'indépendance. George Washington, James Madison, Thomas Jefferson sont tous de grands planteurs de Virginie, au bord du fleuve Potomac. Ce sont eux qui sont maintenant aux affaires. Hamilton pense que le paiement scrupuleux des dettes est l'alpha et l'oméga de la bonne réputation d'un État : « les États, comme les individus, qui honorent leurs engagements, sont respectés et inspirent confiance, alors que c'est l'inverse qui est vrai pour ceux qui ne les respectent pas ». Partisan d'une monnaie forte, Hamilton, dans son rapport sur le crédit public, préconise donc la reprise de toutes les dettes des 13 États de l'Union par l'État fédéral, ce que l'on nomme l'*assumption*. Mais le problème de l'*assumption* en entraîne un autre, tout aussi grave : comment traiter les spéculateurs ?

Beaucoup des soldats démobilisés, convaincus que leurs certificats de créance ne valent rien, se mettent, pour un peu de liquide, à revendre ces reconnaissances de dettes à des spéculateurs à 20 %, voire 15 % seulement de leur valeur faciale. Ces derniers, mieux informés, connaissent les opinions de Hamilton et attendent la réforme à venir. Faut-il donc honorer ce papier à 100 % de sa valeur, léser de braves héros et enrichir de vulgaires profiteurs ? « Oui », répond Hamilton avec un pragmatisme glaçant.

D'abord, plaide Hamilton, il serait parfaitement illusoire de remonter jusqu'aux premiers détenteurs de ces papiers, lesquels ont beaucoup changé de mains, sans trace des transactions. Ensuite, les spéculateurs, après tout, ont risqué leur argent sur un projet encore bien hasardeux à l'époque. Enfin et surtout, il ne faut pas remettre en cause la sécurité de transactions qui ont été librement conclues et ne peuvent donc être rétroactivement et arbitrairement annulées par la puissance publique. Ceci, pense Hamilton, est sans doute fort regrettable au regard de la justice humaine, mais fort nécessaire à la réputation future de la place de New York comme centre financier respectant la règle de droit. C'est la raison d'État contre la morale.

## Un *deal* au dessert

Comment gérer le fardeau de la dette globale? Elle est séduisante, l'idée de l'*assumption*, mais comment fait-on concrètement pour reprendre les dettes des États au niveau de la toute jeune fédération et la rembourser à leur vraie valeur? Gérer de manière centrale l'effroyable complexité de 13 monnaies différentes? Mais il faudrait également que l'État central puisse emprunter et en corollaire lever des impôts. Les États de la fédération et l'*establishment* des planteurs s'opposent farouchement à toute perte de leur autonomie et c'est pour cela que la réforme achoppe semaine après semaine, alors même que l'ensemble du système vacille. Hamilton ne sait plus que faire. Il n'en dort plus.

Thomas Jefferson a une autre obsession: régler la question de la capitale de la nouvelle république. Cette question de la *residence* empoisonne les débats politiques, au point que la fédération est sur le point de voler en éclats. New York n'est que la capitale provisoire. Les planteurs de Virginie ne veulent pas cohabiter avec les financiers de New York, qui les tiennent par leurs reconnaissances de dettes et dont ils se méfient comme de la peste. New York, c'est l'antéchrist: un foyer de spéculateurs corrompus! Ils verraient bien une capitale plus proche de chez eux, qu'ils pourraient, pensent-ils, contrôler. Jefferson imagine une négociation donnant-donnant avec Hamilton. Le 20 juin 1790, il organise un dîner chez lui en très petit comité, où il convie Alexander Hamilton et le plus proche conseiller de Washington, James Madison. Jefferson et Madison sont les représentants typiques des planteurs de Virginie, des hobereaux que tout sépare du citadin méritant Hamilton. Deux mondes s'affrontent. Ce dîner new-yorkais de 1790 va changer la face de l'histoire jusqu'à aujourd'hui.

Au dessert, les trois concluent un *deal* simple et lourd de conséquences : ce sera une capitale contre une centralisation financière. Une séparation des pouvoirs politique et financier contre un pouvoir fédéral fort. Dès le lendemain, les pères fondateurs rallient un à un les élus du congrès, exactement comme le feront tous les futurs présidents des États-Unis à la veille d'un vote de grandes réformes. Le 9 juillet, la question de la capitale fédérale est réglée à la majorité parlementaire. Ce sera Philadelphie pour 10 ans, avant que l'on déménage définitivement dans un territoire vierge au bord du Potomac, que l'on nommera Washington après la mort du père de l'indépendance. Le 26 juillet, Hamilton obtient le soutien pour faire passer son plan d'*assumption*.

## Naissance du dollar

Il s'agit d'une révolution. Les monnaies éparses des 13 États sont abolies au profit d'une devise fédérale, le dollar. L'État fédéral est autorisé à émettre de la dette et à lever des impôts nationaux. Il peut alors procéder au rachat des certificats de solde (les IOU) à leur vraie valeur et ainsi désamorcer la révolte qui couve. Les États-Unis ont posé les bases de la stabilité durable de leur monnaie. Ces fondamentaux manqueront cruellement à l'euro à sa naissance, à la fin du XX^e siècle, à savoir la capacité d'émettre de la dette, de lever de l'impôt et de contrôler un budget au bon échelon, celui de la monnaie, c'est-à-dire l'échelon fédéral ou encore, s'agissant de l'Europe des pays, supranational. Nous n'avons pas fini de payer ce vice de conception.

Reste une dernière tâche à accomplir : créer le dollar. Apparu vers 1690 dans le Massachusetts sous forme de papier-monnaie, le dollar était l'héritier du thaler, monnaie d'argent de Charles Quint au XVI^e siècle, d'où il gagna le Mexique, devenant le dòlar. Le Congrès de la Fédération l'avait adopté le 6 juillet 1775 et des dollars portant la mention « *Mind your own business* » (occupe-toi de tes affaires !), furent frappés en 1776, mais quand Washington devint président, on utilisait surtout le sterling anglais, voire purement et simplement le troc. Le 28 janvier 1791, Hamilton remet aux législateurs un *Report on the Mint*, qui passera sous forme de loi (le *Mint Act*) le 2 avril 1792, donnant naissance au dollar. Quant au système monétaire du dollar, Hamilton pense que la circulation monétaire est insuffisante et que cela bride l'activité économique.

C'est pourquoi il opte pour le bimétallisme or-argent, tout en restant profondément hostile à une monnaie papier non couverte par du métal et non convertible : « L'impression de papier est tellement plus commode que les impôts, note-t-il, qu'un gouvernement ne manquera jamais, en cas d'urgence, de s'autoriser à aller trop loin ». On frappe alors des dollars en or et en argent, et tous portent la même mention : « *Liberty* ». Hamilton a gagné sur tous les tableaux. Les Américains le récompensèrent en imprimant son portrait sur le billet de 10 dollars, où l'on peut encore le voir.

Cependant, il manque cruellement une banque centrale. Le problème n'a pas échappé à Hamilton. Il va s'efforcer d'en créer une : ce sera la First Bank of the United States, fondée en 1791 par une charte, pour une durée de vingt ans. Elle s'inspirera fortement de la première Banque d'Angleterre, indépendante du pouvoir, fondée en 1694. Son rôle est de consentir des crédits à l'économie, de collecter l'impôt, de gérer la dette publique et de veiller aux fondamentaux de la monnaie.

Jefferson et Madison détestèrent d'emblée cette banque centrale. Le clan des grands planteurs de Virginie voyait l'avenir du pays comme un paradis bucolique, agricole et décentralisé. La vision qu'avait Hamilton était strictement inverse : il ne pouvait y avoir de puissance qu'industrielle, financière et centralisée. Le clivage profond entre le Nord et le Sud des États-Unis, entre la côte industrielle, financière et « progressiste » et l'intérieur agricole, religieux et conservateur, entre les libre-échangistes et les protectionnistes, perdure aujourd'hui, au point de bloquer bien souvent la politique américaine.

On traita Hamilton de « monarchiste », parce qu'il voulait un exécutif fort. Les Virginiens tentèrent de faire déclarer la banque inconstitutionnelle et, n'y parvenant pas, essayèrent de convaincre George Washington d'exercer pour la première fois son droit de veto. Ils n'y parvinrent pas non plus. Dépité, Jefferson s'écria que « les affaires bancaires sont une suite de félonies et de larcins ». John Adams, futur deuxième président des États-Unis, déclara que « les banquiers sont des escrocs et des voleurs, je mourrai en détestant toutes les banques», ajoutant qu'«une aristocratie de papier bancaire était aussi néfaste que la noblesse française ou anglaise». La banque centrale restera un sujet de haine dans la politique américaine. En 1811, la charte de la First Bank of the United States ne fut pas renouvelée, mais comme Hamilton avait eu raison, il fallut se résoudre à en créer une nouvelle en 1816, The Second Bank of the United States, laquelle fit faillite en 1841. Seule la terrible crise de 1907 convainquit les États-Unis de créer la Federal Reserve en 1913, la troisième banque centrale que nous connaissons aujourd'hui, mais qui n'a rien de centralisé «à l'européenne».

Voilà pourquoi Hamilton, qui avait constamment vu juste, fut injustement honni. On le détesta parce qu'il favorisa les industriels du Nord, parce qu'il choisit la région de New York comme futur centre industriel. Car c'était l'homme de New York, au point que cette ville faillit se nommer Hamiltonia! Dès 1787, alors que la montée en influence d'Alexander Hamilton devenait évidente, les rédacteurs de la Constitution américaine indiquèrent en toutes lettres qu'il fallait être né sur le sol américain pour être président, et l'on soupçonna une manœuvre de basse politique pour éliminer l'influent Hamilton. Woodrow Wilson dira de lui : «Ce fut incontestablement un grand homme, mais pas un grand Américain.» Même Noah Webster, sorte de Jules Ferry américain, écrira : «L'ambition, la fierté et son caractère emporté firent de lui le génie malfaisant du pays.»

Pourtant, d'une impeccable intégrité, grâce à sa formidable énergie et à sa compétence, Hamilton jeta les bases de la future puissance américaine. Contrairement à Thomas Jefferson, il avait compris le rôle crucial que devait jouer le système bancaire, même s'il était susceptible d'abus. En matière économique, c'est Hamilton qui sera le révolutionnaire, face à un Jefferson qui pensait que « le gouvernement restera vertueux, et pour des siècles, aussi longtemps que nous resterons des agriculteurs ». Il fut heureux pour les États-Unis que George Washington ait su avoir confiance en la vision d'Hamilton ! Car celui-ci mit en place les cadres juridiques et fonctionnels qui ont rendu possible le décollage du capitalisme en Amérique. Le prix à payer par Hamilton fut une image de ploutocrate et d'aristocrate de l'argent.

## Tragique interview

Le 11 juillet 1804, à 5 heures du matin, au bord de l'Hudson River, un homme attendait. La veille au soir, avant de se mettre au lit, il avait rédigé un dernier courrier à Eliza, son épouse chérie : « Les cieux peuvent très bien me préserver, mais dans le cas contraire, j'espère humblement que tu te souviendras que tu es chrétienne. Que la volonté divine soit faite. » Cette lettre était signée « A. H. ».

A. H. aperçoit une petite embarcation à bord de laquelle se trouvent son second et son médecin. Il y prend place. Quatre solides rameurs propulsent alors la petite embarcation en direction du New-Jersey. Le temps est clair et frais, il souffle une agréable brise sur le fleuve. L'homme qui doit rencontrer A. H. est déjà arrivé sur les lieux. Bientôt, A. H. et son partenaire se retrouvent face à face, exposant leur flanc, afin de débuter « l'interview ». Chacun d'eux est armé d'un élégant pistolet calibre 54. Chacun des deux hommes est appelé par son nom et répond « présent ». Les coups de feu retentissent et l'un des deux s'effondre.

Dans le duel le plus célèbre des États-Unis – que l'on nommait à l'époque « *interview* » car les duels étaient fortement réprimés à New York – le colonel Aaron Burr, vice-président des États-Unis, venait de blesser mortellement Alexander Hamilton, 49 ans. On le transporta dans la maison proche d'un ami, où il mourut, entouré des siens, le lendemain. Sa dernière pensée fut pour son œuvre, les États-Unis d'Amérique : « S'ils brisent cette union, ils briseront mon cœur ».

Les funérailles furent grandioses. Tout le peuple de New York, qui adorait Hamilton, porta un brassard noir pendant trente jours. Ainsi se termina l'illustre carrière de cet homme exceptionnel : poète, essayiste, capitaine d'artillerie, chef d'état-major de Washington, *congressman*, avocat, théoricien de politique étrangère, général, Père fondateur des États-Unis.

## HAMILTON ET NOUS

L'Amérique actuelle, étrangement, ressemble encore fort à celle de Hamilton. D'un côté, une Amérique agricole (celle des grands planteurs jeffersoniens) très décentralisée, qui se méfie de l'État central, lit la Bible, veut moins d'impôts. On la retrouve chez les Républicains et leur épigone extrémiste : le Tea Party. On trouve cette même inclination chez les souverainistes européens. D'autre part, une Amérique industrielle, savante, artistique, scientifique, ouverte sur le monde parce qu'elle réside principalement sur la côte est ou sur le Pacifique, qu'en Europe on appellerait « progressiste ». Le legs de Hamilton est une grande leçon universelle, sur laquelle on s'est assis lors de la création de l'euro : on ne peut pas créer une monnaie sans créer en même temps les instruments de sa gestion au niveau de la monnaie. En clair : créer l'euro en laissant la gestion de la dette et l'émission de papier public qui en découle, au niveau des États européens, pour ne pas nuire à leur souveraineté, peine à fonctionner. Créer une monnaie fédérale sans État fédéral préalable, en espérant que le miracle de cette monnaie va faire plus tard l'union politique, est une illusion. Décider d'une politique monétaire au niveau européen et d'une politique budgétaire et fiscale au niveau de chacun des États ne marche pas. Hamilton aurait-il signé le traité de Maastricht ?

# Chapitre 3

# Napoléon, maître de la confiance : le franc germinal

Le Directoire s'installe le 26 octobre 1795 et se termine le 9 novembre 1799, date plus connue sous le nom de coup d'État du 18 Brumaire, où le général Bonaparte met tout le monde d'accord en prenant le pouvoir. Ce Directoire fait suite à la Terreur. Les Français sont fatigués, ils veulent souffler. Le Directoire sera donc une période de jouissance et de plaisirs. Les femmes, les « merveilleuses », portent des robes couleur chair aux décolletés vertigineux ; leurs cavaliers, les « incroyables » n'en sont pas non plus à une extravagance près. L'homme fort du régime, Paul Barras, vicomte de petite noblesse provençale, règne sur un État en faillite. La dette, la lancinante dette, hante toujours les allées du pouvoir. Napoléon Bonaparte estime peu Barras, qu'il traite de « roi des pourris ». Il dira de lui que « la passion avec laquelle il parlait l'aurait fait prendre pour un homme de résolution, mais il ne l'était point : il n'avait aucune opinion faite sur aucune partie de l'administration publique ». C'est pourtant le Directoire de Paul Barras qui aura une inspiration de génie.

## LE TIERS CONSOLIDÉ

Il faut en effet procéder d'urgence à un assainissement de la situation, mais comment? Les hommes du Directoire trouvent enfin une idée, mais encore faut-il la «vendre» au public. Avec deux siècles d'avance sur les techniques de la publicité et du *marketing* financier le plus sophistiqué, ils lui donnent un nom, un nom attrayant: ce sera le «tiers consolidé».

Le principe en est incroyablement simple. Sur une dette de 300, l'État ne paiera les intérêts que sur 100 et ne remboursera que 100 à l'échéance. Pas de doute, l'État est allégé des deux tiers de sa dette, mais les créanciers sont spoliés d'autant. C'est ce que les marchés, de nos jours, appellent un «*haircut*», une perte subie par les créanciers en cas de restructuration de la dette. Mais attention! Dans ce cas, affirme le Directoire, le dernier tiers est «consolidé». En clair, ce dernier tiers sera payé, le public peut compter là-dessus!

C'est bien le moins auquel peuvent prétendre ceux à qui l'État doit de l'argent, en priorité ceux qui ont acquis des biens nationaux. Un certain nombre de petits bourgeois, d'agriculteurs aisés – on dirait aujourd'hui de classes moyennes supérieures – ont en effet acheté des biens d'Église, des terres, des vignobles, des dépendances d'abbayes. Ils n'ont pas d'autre choix que de faire confiance au Directoire, mais on ne dit pas trop quand, ni comment on va les rembourser. L'opposition hurle en nommant le tiers consolidé «la banqueroute des deux tiers». Mais on a envie d'en finir. Et le miracle se produit: le public accepte ce tour de passe-passe. Parfois, un seul mot bien trouvé peut rétablir un équilibre magique, cet état de grâce qui porte un nom banal et terriblement complexe: la confiance.

## MAGIE DE LA CONFIANCE

En agissant ainsi, le Directoire parvint à assainir les finances de la France, pour le plus grand profit de Bonaparte d'ailleurs, qui profita à plein de cette situation rétablie après le 18 Brumaire. Après le coup d'État, Napoléon, qui voulait un jour s'amuser à embarrasser Talleyrand en public, lui lança :

« Citoyen Talleyrand, savez-vous que vous passez pour avoir fait fortune ?

— Ce n'est pas sans raison, lui rétorqua celui-ci. J'avais mis tout ce que je possédais en tiers consolidé à la veille du 18 Brumaire et j'ai tout revendu le surlendemain. La rente valait 11 francs le 17 et 20 francs le 21. »

Napoléon fut frappé de cette réplique superbe qui disait tant de choses en si peu de mots. Talleyrand rappelait en effet au Premier consul qu'il lui était tout dévoué, mais qu'il n'oubliait pas que ce dernier était arrivé au pouvoir par la force et surtout que la remontée du cours du tiers consolidé illustrait bien des espoirs que l'opinion publique plaçait en Bonaparte pour mettre fin aux désordres monétaires. Sur ce sujet, Napoléon ne déçut pas. Il établit la confiance sur une base durable, en asseyant sa puissance sur une monnaie forte et stable.

La confiance, donc, toujours la confiance, qui se donne ou qui se refuse sans qu'on en comprenne les raisons, de tout temps au cœur du fonctionnement des systèmes financiers, avec d'un côté une poignée de décideurs et de l'autre une foule d'utilisateurs, c'est-à-dire vous et moi, usagers de ce bien commun qu'est la monnaie sous toutes ses formes. La monnaie ne vaut donc que par la crédibilité qu'elle a à nos yeux.

«Arroser un problème avec de l'argent», comme disent les Américains, permet certes de gagner du temps, mais ne résout pas les problèmes au fond. Ainsi, injecter 750 milliards d'euros – un trillion de dollars ! – pour sauver l'euro en 2010 n'aura réussi qu'à le plomber un peu plus à terme. Tenter d'imposer une solution monétaire par la force, comme le firent à dix-sept siècles d'intervalle Dioclétien et Richard Nixon (voir chapitres 8 et 10), ne peut que perturber le bon fonctionnement de l'économie. Ce n'est ni en inondant le marché de billets, ni en violentant les opinions que l'on peut régler le problème. Roosevelt, au milieu d'une crise bancaire, n'eut pas besoin de débourser un seul centime, on le verra plus loin, pour ramener la confiance. Bien sûr, l'art de parler aux marchés et aux peuples est difficile. On n'utilise ni les mêmes mots, ni les mêmes concepts dans l'un et l'autre cas : les marchés n'entendent vraiment que ceux qui parlent leur langage, lequel est incompréhensible ou inacceptable pour l'opinion, et inversement. C'est aujourd'hui le problème de l'euro et du dollar, à l'encontre desquels vacille la confiance.

## La caisse de l'extraordinaire

Napoléon, qui n'était pourtant pas un homme de marchés financiers, comprit cela beaucoup mieux que bien de nos dirigeants contemporains. En outre, il ne commit pas l'erreur de Dioclétien. Non pas qu'il n'ait pas voulu «le beurre et les canons», loin de là, mais, puisant dans l'Histoire, il trouva un moyen ingénieux de financer les deux ! Car dès 1802, Napoléon réussit à rétablir l'équilibre budgétaire. Cela peut paraître étonnant, considérant que l'empire fut presque constamment en guerre, mais ça l'est beaucoup moins lorsque l'on connaît la philosophie de l'empereur en cette matière : pour lui, la guerre finançait la guerre, tout simplement. Comment ? Par le butin ! Les vaincus devaient en effet payer d'énormes dommages de guerre, qui remboursaient la campagne terminée et donnait des liquidités pour la campagne suivante. C'est ainsi que la Prusse fut saignée à blanc. L'État avait donc *deux* comptabilités : une à usage strictement intérieur et une autre, une caisse noire dite « caisse de l'extraordinaire », destinée à financer les conflits. Le plus étonnant est que – à l'exception des deux dernières années – les guerres de Napoléon n'ont pas ruiné la France.

## LE FRANC GERMINAL

Ayant rétabli les équilibres budgétaires, Napoléon s'attela à une réforme monétaire de fond. Les mesures prises restent dans l'histoire comme l'un des plus grands succès monétaires de tous les temps. Le 7 avril 1803 (17 germinal an XI), Napoléon crée une nouvelle monnaie, le franc, qui deviendra vite le « franc germinal ». Voilà une monnaie qui sera aussi pérenne que le solidus de Constantin, puisque le franc germinal assurera prestige et stabilité financière à la France pendant 111 ans.[1] Napoléon fit incontestablement preuve de génie financier, plus en assemblant des éléments déjà mis en place dans le désordre par ses prédécesseurs du Directoire qu'en inventant lui-même des choses extraordinaires, d'ailleurs. Il est cependant l'homme providentiel parce qu'il a rétabli la confiance.

---

1. C'est la loi du 5 août 1914 qui mettra fin à la convertibilité du franc, car il fallait cette fois financer l'effort de guerre avec du papier. Après la guerre, et se souvenant du succès du franc germinal, le gouvernement français rétablit la convertibilité en 1928, et encore, à un cours 5 fois inférieur. Cette convertibilité, même au rabais, ne durera pas bien longtemps, car il faudra l'abandonner dès 1933. La crise de 1929 était passée par là.

Les débats du Conseil d'État qui examinèrent cette loi sont remarquables. L'un de ses membres éminents, Béranger, posa à ce moment-là un certain nombre de principes :

– l'utilité de la monnaie consiste dans la propriété qu'elle a de faciliter et de multiplier les échanges ;

– la monnaie est d'autant plus favorable à la multiplication des échanges que sa valeur est invariable ;

– la valeur des monnaies est indépendante de la volonté des législateurs. Elle tient uniquement à la nature et à la quantité du métal précieux qui la constitue et la fixité de cette valeur ne saurait être autre chose que la fixité de ce poids et de cette matière ; il faut faire coïncider monnaie de compte et monnaie réelle.

Ces principes, qui apparaissent simples et de bon sens, étaient indispensables après la période agitée qu'avait connue la France.

Ce sont les Thermidoriens, ces députés qui en 1794, avaient fait arrêter et exécuter Robespierre, qui « réinventèrent » le franc de 5 g d'argent. Vieille idée en vérité, puisque le franc de 3,88 g d'or avait été établi par Jean le Bon en 1360, modifié sous Charles V en 1365, rétabli en 1607 par Henri IV après une éclipse de deux siècles (en argent, cette fois, on le nommera donc le « franc blanc »), puis confirmé sous Louis XIII en 1618. Après une nouvelle disparition, il réapparaîtra à nouveau sous Louis XIV sous le nom de livre tournoi. Pour le public, livre et franc étaient la même chose, comme le dit le valet Cléante dans *L'Avare* de Molière : « De quinze mille francs qu'on demande, le prêteur ne pourra compter que douze mille livres. » En fait, la livre était une monnaie abstraite, une monnaie de compte, le franc étant la monnaie physique, la pièce de métal. Quand le franc réapparaît le 15 août 1795, il a donc déjà une longue histoire.

## FOIN DE L'ANARCHIE

Il régnait au début du règne de Napoléon une grande anarchie, aggravée par le fait que l'on se trouvait dans un système bimétallique or-argent. La circulation monétaire était chaotique : il y avait 3,25 milliards sous forme de pièces d'or datant d'avant 1785, 746 millions de pièces d'or fabriquées sous Calonne, 1,7 milliards d'écus d'argent de 6 livres, 80 milliards de pièces d'argent de 24, 12, et 6 sous, une énorme quantité de pièces de cuivre ainsi que toutes sortes de monnaies étrangères. Comme dans toute période troublée, on trouvait dans ce foisonnement beaucoup de monnaies trafiquées « de mauvais aloi », que les comptables refusaient, provoquant des émeutes périodiques. Les salaires journaliers étaient réglés en monnaie de cuivre, mais les petits commerçants, qui affichaient leurs prix en monnaie d'argent, les acceptaient souvent à perte, en compensant ensuite par une augmentation de leurs prix. C'était à y perdre son latin !

La loi de germinal décide de remplacer tout ce fatras par une seule monnaie d'argent : le franc. Le bimétallisme or-argent continue certes de prévaloir. Les espèces nobles pour les transactions importantes sont d'or, mais l'argent est la monnaie courante, avec un taux de change fixe par rapport à l'or. On décide de frapper des pièces de 20 et 40 francs en or, des pièces en argent de 5, 2, 1 franc et aussi ¼ de franc et ½ franc. On peut enfin s'y retrouver ! Pour couronner la réforme, un arrêté du 17 prairial an XI publie un tarif exhaustif du prix auquel sont reprises les pièces étrangères. Elles seront refondues en nouvelle monnaie. Par l'effet d'une heureuse conjonction historique, l'approvisionnement en argent ne pose pas de problème sous l'Empire. En effet, après la paix signée avec l'Espagne, le métal des colonies latino-américaines espagnoles arrive en abondance *via* l'Espagne dès 1796. Napoléon a donc l'astuce de surfer sur une vague favorable.

D'un coup, dès l'établissement du franc germinal, l'anarchie se calme. L'opinion croit à cette monnaie. Elle est la synthèse attendue de toutes les bonnes idées depuis quelques années, certes. Elle tire un trait définitif sur la période noire des assignats, bien sûr. L'opinion y croit surtout parce qu'elle a envie d'y croire. L'homme providentiel qu'est Napoléon coïncide avec l'espérance, immense et diffuse, de tout un peuple. Le peuple a besoin de stabilité : le franc germinal en est le symbole, bien plus que l'instrument technique. Dostoïevski disait : « Quand une fleur pousse en hiver dans mon pays, c'est de la politique ». En nourrissant le peuple de symboles, de rituels quasi religieux, de mots frappants, Napoléon a tout compris à la politique, de façon superlative.

Le franc germinal va être la référence incontournable jusqu'au franc Poincaré de 1927, le signe éclatant de stabilité, le gage de sécurité, pour une raison floue, inexplicable, mythique : la confiance.


## Napoléon et nous

Après les désordres monétaires, Napoléon voulut imposer une monnaie forte, préalable nécessaire à la reconstruction de la France. Pour cela, il fallait d'abord se débarrasser d'une dette excessive. Tout comme dans le cas de la Grèce contemporaine, il imposa aux débiteurs privés une perte volontaire (ce que les Anglo-Saxons nomment un *haircut*) qui, curieusement, était du même ordre de grandeur, soit des deux tiers. Pour que cela fonctionne, il fallait que ce fût volontaire. Napoléon utilisa donc des méthodes dignes d'un grand publicitaire. Par ailleurs, il inventa sa «règle d'or» à lui, estimant qu'une monnaie forte avait besoin d'un budget équilibré. Aurait-il ainsi inspiré les dirigeants européens actuels, même si ces derniers l'ignorent ?

Chapitre 4

# Schacht sauve le mark…<br>en ne faisant rien !

Suivant la voie ouverte en 1821 par l'Angleterre, les grandes puissances avaient toutes adopté l'étalon-or dans les années 1870. Le système était en ordre. L'émission de monnaie était strictement gagée sur l'or, au nom du *currency principle*. Les banques centrales avaient le monopole de ladite émission, et non plus telle ou telle banque comme auparavant. Jusqu'à la Première Guerre mondiale, cette stabilité monétaire assura des bases saines à l'économie. Certes, l'Angleterre, puissance dominante, se permettait quelques libertés. Sa couverture or n'était pas de 100 %, mais de 40 %, mais tant qu'il n'y avait pas de crise, on lui pardonnait. Le système était stable à défaut d'être dynamique. Il avait effectivement des effets déflationnistes et bridait la croissance européenne, qui ne fut en moyenne que de + 1,4 % par an entre 1870 et 1914, mais l'atout du système était l'absence d'inflation.

La Première Guerre mondiale fit exploser ce bel équilibre. Pour financer le conflit, les belligérants durent suspendre l'étalon-or et la convertibilité des monnaies. La « planche à billets » fonctionna à plein : selon les pays, l'émission monétaire en Europe fut multipliée par 2, 3, voire 4 ! Le dommage collatéral immédiat en fut une montée inexorable de l'inflation.

L'Angleterre réussit en 1921 à ramener le cours du sterling à celui d'avant-guerre, mais au prix d'une politique déflationniste forcenée qui fit grimper le chômage à 10 %. La France fixa le cours du franc à un niveau trop bas, poussant ses exportations et accumulant de l'or, certes, mais provoquant aussi l'animosité de ses partenaires.

L'Allemagne vaincue, elle, n'en pouvait mais. Le 28 juin 1919, c'est dans la galerie des Glaces à Versailles qu'elle avait dû accepter le traité de paix, dicté sous le signe de la revanche. Sous un tableau représentant Louis XIV traversant le Rhin, la cérémonie fut expédiée en quarante-cinq minutes, sans décorum ni musique. Rien qu'une signature, où le « père la victoire », le Français Georges Clemenceau, tint la vedette, flanqué de ses collègues américain, britannique et italien, sous le regard de 27 délégations.

## L'ALLEMAGNE PAIERA !

Les termes du traité étaient excessivement durs. L'Allemagne perdait un huitième de son territoire et 10 % de sa population. La France récupérait l'Alsace et la Lorraine, la Pologne renaissait, l'armée allemande devait passer de 400 000 à 100 000 hommes, les Alliés occupaient la rive gauche du Rhin, Guillaume II perdait sa couronne et la République de Weimar était proclamée. Mais par-dessus tout, le traité infligea à l'Allemagne de lourdes réparations. On mit 2 ans à en fixer le montant exact. Les experts les plus pointus (dont Keynes) indiquaient que l'on ne pourrait pas aller au-delà de 80 milliards de marks-or pour quantité de raisons, mais la France voulait une punition à la hauteur de ses souffrances, contre toute raison politique. Le montant finalement décrété abasourdit tout le monde lorsqu'il fut annoncé, en 1921, à commencer bien entendu par les Allemands : une somme colossale de 269 milliards de marks-or !

Walter Rathenau, ministre des Affaires étrangères de la République de Weimar, écrivit : « Ils sont assis à leurs bureaux et étudient les documents qui s'étalent en face d'eux et sur lesquels sont écrits des chiffres… Il y a des zéros et neuf zéros font un milliard. On prononce aisément le mot milliard, mais personne n'imagine ce que c'est qu'un milliard. Qu'est-ce donc qu'un milliard ? Est-ce qu'il y a un milliard de feuilles dans une forêt ? Y a-t-il un milliard de brin d'herbe dans un pré ? » À ce problème de réparations exorbitantes venait s'ajouter celui de l'endettement public. Le PIB de l'Allemagne était de 85 milliards de marks en 1918 mais l'endettement public était de 145 milliards, soit 170 % du PNB. Cet endettement sera de 288 milliards en 1920, soit 300 % du PIB et ne cessera d'augmenter. En effet, pour financer la guerre, le gouvernement allemand avait choisi l'emprunt – domestique plutôt qu'international, l'Allemagne n'ayant pas accès aux marchés obligataires internationaux – plutôt qu'une augmentation massive des impôts, comme en Angleterre. C'était une erreur fiscale funeste. Les fortunes privées et les classes moyennes allemandes souscrivirent à ces emprunts patriotiques. La dette de l'État à leur égard augmenta d'autant, et comme ce dernier était devenu insolvable, leurs créances s'évaporèrent après la guerre.

Les finances publiques étaient sous le choc, avec des déficits budgétaires massifs (14 % du PIB en 1921). Le pays tout entier allait à vau-l'eau. Les riches, ne reconnaissant pas la légitimité de la République de Weimar, ne payaient plus l'impôt. Les syndicats, titillés par des velléités révolutionnaires, réclamaient à tout va des augmentations de salaires irresponsables. Les grandes entreprises laissaient volontiers courir l'inflation car celle-ci dépréciait la monnaie et favorisait les exportations allemandes.

Il ne restait plus qu'à faire fonctionner la planche à billets, piège mortel. «Il n'y a pas de moyen plus subtil et plus sûr de renverser les fondements de la société actuelle que de corrompre la monnaie», avait déclaré Lénine. L'un de ses compagnons bolcheviks, Preobrajensky, en rajouta dans la phraséologie communiste: «La planche à billets est la mitrailleuse du commissariat à la Finance arrosant de feu les arrières du système bourgeois.»

## L'HYPERINFLATION

Avant la guerre, la quantité de monnaie en circulation en Allemagne était de 2,7 milliards de marks. Elle sera de 27 milliards en 1918 et 77 milliards en 1923. Les journaux allemands, autistes, niaient le phénomène: «L'opinion selon laquelle un flot excessif de papier-monnaie serait à l'origine de la dépréciation du mark est non seulement fausse, mais dangereuse», écrivait le *Vossiche Zeitung*. C'est que la dépréciation du mark ne faisait pas que des malheureux. L'État y trouvait son compte en allégeant sa dette et les industriels qui étaient suffisamment proches de groupes bancaires pouvaient emprunter du mark faible pour acheter des biens réels. Ceux qui souffraient, c'était les classes moyennes: un retraité qui recevait 10 000 marks par an avait vu son pouvoir d'achat amputé de 94 % entre 1914 et 1920! Face à ce désarroi, on en revenait au troc, ou à son équivalent. La banque d'Oldenburg émit des roggenmarks indexés sur le prix du seigle (*roggen* signifie seigle).

Le dollar valait 4 marks en 1918, 160 000 en 1923, 4 200 milliards en décembre de la même année ! Le fameux kilo de seigle, qui valait 3,9 marks en décembre 1921, en valait 399 milliards en décembre 1923. Le mark-or, qui valait 45,69 marks papier en janvier 1922, en valait un trillion en décembre 1923. Car 1923 fut l'année du pire : le 29 juillet, un gramophone coûtait 5 millions de marks à 10 heures du matin, mais 12 millions à 15 heures ! Albert Speer, ministre de Hitler, écrira dans ses mémoires : «Au cours d'une excursion en bicyclette à travers la Forêt-Noire, j'écrivis, à la mi-septembre 1923 : très bon marché, ici. 400 000 marks la nuit et 1 800 000 marks le dîner ; 250 000 marks le demi-litre de lait. Six semaines plus tard, peu avant la fin de l'inflation, un déjeuner au restaurant coûtait 10 à 20 milliards de marks et, à la même date, plus d'un milliard au restaurant universitaire.»

Dans sa magnifique *Histoire d'un Allemand*, Sebastian Haffner raconte : «Le 31 ou le premier du mois, mon père touchait son traitement… il était difficile d'estimer la valeur de ce traitement, qui changeait d'un mois à l'autre. Une fois, cent millions pouvaient représenter une somme respectable. Peu de temps après, un demi-milliard n'était que de l'argent de poche… Le lendemain, on se levait à quatre ou cinq heures du matin pour se rendre en taxi au marché de gros. On achetait en grand, et une heure plus tard, le traitement mensuel d'un conseiller au gouvernement était transformé en denrées alimentaires périssables. On chargeait dans un taxi des fromages gigantesques, des jambons entiers, des quintaux de pommes de terre.»

L'Allemagne n'en pouvait plus. Le chancelier allemand proposa un moratoire de 2 ans sur les réparations. Raymond Poincaré – président du Conseil des ministres après avoir été le président de la République pendant la Grande Guerre – le rejeta. Pour la France, «l'Allemagne paierait»! David Lloyd George décrira plus tard Raymond Poincaré: «M. Poincaré est un Lorrain originaire d'une province plusieurs fois envahie par les hordes teutoniques. Il est froid, réservé, rigide et doté d'un esprit légaliste incontrôlable et sans imagination. Il n'a ni humour ni bonne humeur. Une paix juste n'était pas son souci, et encore moins une paix magnanime. Il voulait affaiblir l'Allemagne et rendre impossible toute future agression.»

## RETOUR À L'ÉTALON-OR?

Le reste de l'Europe était un peu moins mal loti, mais les ravages de la guerre avaient détruit les économies et les monnaies. Après la guerre, les dirigeants des pays percevaient bien la nécessité de stabiliser les prix et les changes afin de faire redémarrer le commerce international. Le rétablissement de l'étalon-or, qui avait si bien fonctionné dans les 40 ans ayant précédé la Grande Guerre, semblait à tous une évidence et une condition *sine qua non*. En Angleterre, la commission Cunliffe de 1918 avait recommandé «qu'après la guerre, les conditions nécessaires à la mise en place d'un véritable étalon-or soient restaurées sans délai». Mais où trouver l'or?

On se souvint alors qu'avant la guerre, l'Angleterre avait pratiqué un étalon-or un peu particulier dans ses colonies africaines: les *currency boards*. Dans ce système, les colonies émettaient des billets locaux en contrepartie d'avoirs en livres sterling détenus à Londres, eux-mêmes garantis par de l'or. En 1913, Keynes, dans son livre *Indian Currency and Finance*, avait d'ailleurs lui-même proposé une réforme du système monétaire indien par lequel la monnaie en circulation serait certes garantie par de l'or, mais aussi par des réserves de change en livres sterling. Euréka ! On avait trouvé l'idée, et l'Angleterre allait tenter de l'imposer au monde lors de la conférence de Gênes.

Celle-ci eut lieu du 10 avril au 19 mai 1922, sous l'égide de la Société des Nations, aïeule de l'ONU nouvellement créée, et réunit 27 délégations, vainqueurs et vaincus confondus. L'Angleterre avait trois objectifs : restaurer la place de Londres et la primauté du sterling ; réinsérer l'Allemagne et la Russie dans le concert des nations pour faire contrepoids à la France ; reconstruire l'Europe pour assurer des débouchés aux produits anglais.

Pour ce faire, l'Angleterre utilisa la ficelle un peu grosse des *currency boards*, qu'elle présenta au monde sous le nom de *Gold Exchange Standard*, ou étalon de change-or. Dans ce système, la livre sterling était présentée comme « *as good as gold* », aussi bonne que l'or. Les banques centrales des pays qui l'adopteraient pourraient garantir la circulation monétaire, non seulement par de l'or, mais aussi par des réserves en livres sterling. CQFD : un pays qui enregistrait un excédent commercial avec l'Angleterre et accumulait des livres sterling, au lieu de les présenter à l'Angleterre pour paiement en or – que l'Angleterre n'avait pas de toute façon – les garderait en réserve. Ce tour de passe-passe fonctionna sans enthousiasme jusqu'en 1931, date à laquelle l'Angleterre se vit contrainte d'abandonner l'intenable étalon-or qu'elle avait rétabli en 1925, décision désastreuse prise par le chancelier de l'échiquier du moment, un certain Winston Churchill. Et le système de l'étalon de change-or tomba aux oubliettes. L'idée géniale n'était cependant pas tombée dans l'oreille d'un sourd :

après la Seconde Guerre mondiale, les États-Unis la ressortiront des cartons, cette fois avec succès et à leur entier bénéfice.

## UN PACTE GERMANO-SOVIÉTIQUE

En marge de la grande conférence de Gènes, le chef de la délégation allemande, le ministre des Affaires étrangères Walter Rathenau, concocta une surprise… explosive. Sur le chemin de l'Italie, en effet, la délégation soviétique, menée par le germanophile commissaire du peuple aux Affaires étrangères Georges Tchitcherine, s'était secrètement arrêtée à Berlin. Lénine et Trotsky venaient d'approuver l'idée d'une nouvelle alliance germano-soviétique : aide technologique allemande contre aide militaire russe, rien de moins. Les deux délégations arrivèrent séparément et innocemment à Gênes, où l'idéaliste Aristide Briand – comme les autres dirigeants européens d'ailleurs – ne se doutait pas de ce qui se tramait.

Pendant la conférence, les délégations russe et allemande s'échappèrent discrètement dans la charmante petite station balnéaire de Rapallo, toute proche, pour finaliser leur affaire. Et c'est avec stupéfaction que les participants apprirent, le 16 avril 1922, l'annonce de la signature du traité de Rapallo selon lequel l'Allemagne et l'URSS renonçaient à leurs réparations réciproques, et rétablissaient des relations diplomatiques. La Russie fournissait des matières premières à l'Allemagne en échange de hautes technologies et d'aide aux infrastructures, en particulier pour les champs pétrolifères de Bakou. La Russie créait un réseau de distribution d'essence russe en Allemagne. La Russie ouvrait des camps d'entraînement militaires aux

Allemands en Russie, etc. Et encore, beaucoup de clauses secrètes du traité de Rapallo ne furent découvertes par les Alliés atterrés qu'après la chute du Troisième Reich… Cette alliance germano-russe ne sera pas la dernière. Déjà, Bismarck avait dit qu'«une paix durable avec la Russie est plus profitable à l'Allemagne qu'une politique menée par le fer et le sang». On retrouvera cette inclination allemande de *realpolitik* dans le pacte germano-soviétique de 1939, de triste mémoire, ou encore dans le gigantesque accord sur le gaz concocté par le chancelier Gerhard Schröder avec Vladimir Poutine, plus près de nous.

Les participants à la conférence de Gênes virent dans ce traité de Rapallo un sinistre coup de poignard dans le dos. Rathenau n'y vit que la réponse légitime de l'Allemagne à l'intransigeance de la France face au problème de réparations finalement impossibles à payer! Cela ne lui porta pas chance. Le 24 juin 1922, il fut assassiné dans sa voiture par un groupe d'extrême droite.

## Hjälmar Schacht

Gustav Stresemann arrive au pouvoir en 1923 sur une plate-forme antisocialiste. Dans son cabinet, Hjälmar Schacht est chargé des questions monétaires. Les dépenses publiques sont alors *mille* fois plus élevées que les recettes! La dette publique a été multipliée par quinze. Les fonctionnaires du ministère des Finances sont payés en pommes de terre. La livre sterling vaut 18 000 milliards de marks. À son plus haut niveau, l'inflation a atteint le pourcentage fabuleux de 182 milliards pour cent. Les prix, en 1923, sont 1 260 milliards de fois plus élevés que ceux de 1913!

Et pourtant, miracle incroyable, Schacht rétablit la confiance. Pourquoi? Mystère. Le 1<sup>er</sup> décembre 1923, il introduit une nouvelle monnaie, le rentemark, au cours de 4 200 000 000 000 pour un dollar. Il augmente les impôts et réduit les dépenses. Et cela marche. Comment? Sa secrétaire, Fraülein Steffeck, nous en donnera plus tard une idée: «Que fit-il? Il était assis dans son fauteuil et fumait dans sa petite pièce sombre qui sentait le renfermé. Lisait-il des lettres? Non. Écrivait-il des lettres? Non, il n'écrivait pas de lettres. Mais il téléphonait sans arrêt et dans toutes les directions, en Allemagne et à l'étranger, partout où l'on pouvait parler de monnaie et de change, à la Reichsbank, au ministère des Finances, dans les chancelleries européennes. On ne mangea pas grand-chose durant cette période. On rentrait chez soi tard le soir, souvent par le dernier train et en troisième classe. À part cela, il ne fit rien».

Vis-à-vis de l'opinion publique de son pays, ce n'est pas d'explications techniques qu'il usa: l'économie et la monnaie étaient en coma dépassé. Il appliqua instinctivement la psychologie des profondeurs, simplement par son attitude publique, faisant sien sans en faire jamais état le précepte malicieux de Chateaubriand (piraté ensuite par Jean Cocteau!): «Puisque ce mystère nous dépasse, feignons d'en être l'organisateur»!

Finalement, 1 an après le rentemark, Schacht introduisit un nouveau reichsmark, accroché à l'or d'une manière complexe. Cette monnaie était conçue de telle manière que l'on ne pouvait la sortir de l'étalon-or. L'objectif central était de ramener la confiance des investisseurs étrangers. Et cela marcha, les capitaux internationaux affluèrent en Allemagne, créant un *boom* de prospérité, mais surtout entraînant une hausse des salaires bien supérieure aux gains de productivité. Magie de la confiance, comme Napoléon après la Révolution ? Purge soudaine d'une crise si profonde qu'elle ne pouvait se terminer que dans une catharsis suivie d'un grand calme, dont les ressorts de psychologie collective nous sont encore inexplicables ?

Mais l'idylle s'étiola en 1931, dans les chocs collatéraux de la crise de 1929. Les capitaux prirent massivement la direction de la sortie. Les banques, soudain à court de liquidités, durent être en urgence sauvées par l'État. Les salaires durent être fortement réduits pour rendre à l'Allemagne sa compétitivité. Des déficits budgétaires étant apparus, il fallut violemment réduire les dépenses publiques, augmenter les impôts et aussi instaurer un contrôle des capitaux. Les parlementaires étaient furieux : ceux de gauche hurlaient contre les coupes dans les dépenses publiques, ceux de droite contre les hausses d'impôts. Le gouvernement décida de passer outre aux injonctions du Parlement en utilisant des clauses d'urgence. Hitler n'eut qu'à cueillir les fruits mûrs de ce chaos en 1933, largement à cause d'un étalon-or qui n'était plus adapté et dont on ne pouvait se débarrasser.

## Schacht et nous

L'hyperinflation des années 1920 est un souvenir encore brûlant aujourd'hui dans la mémoire de tous les Allemands. Ceci explique leur grande méfiance à l'égard de tout laxisme monétaire et une bonne partie de leurs réactions face à l'euro, à la Banque centrale européenne, aux dettes de la Grèce, etc. L'Allemagne, qui de surcroît a fait le sacrifice de sa monnaie vertueuse, le deutschemark, à la création de l'euro, ne supporte plus le manque de vertu. La Banque centrale allemande est un modèle de rigorisme, au point souvent d'aveuglement politique. Il faut comprendre qu'après tous leurs traumatismes insensés du XX$^e$ siècle, la discipline économique et monétaire est pour les Allemands, bien plus qu'un mode de gestion : un pilier fondamental de l'identité allemande.

# Chapitre 5

# Poincaré et le franc à quat'sous

Un certain Eugène Turpin possédait un laboratoire à Colombes, dans le même bâtiment que la société des parfums Guerlain. Mais Turpin n'était pas un « nez », c'était un chimiste. En 1885, en faisant des recherches sur la vulcanisation du caoutchouc, il invente la mélinite, un explosif révolutionnaire. La mélinite pouvait permettre aux canons de tirer plus loin et sans se faire repérer par l'ennemi, mais l'état-major français, approché par Turpin, n'en veut pas. Turpin cherche alors à vendre son invention aux Allemands. Il est arrêté, jugé, condamné, incarcéré, innocenté, et finalement gracié en 1893.

Un autre inventeur de génie apparaît alors, un certain Thomas Roch. Celui-ci invente le « fulgurateur ». Il reste incompris de ses pairs et se retrouve incarcéré dans un asile d'aliénés. Le problème, c'est que Thomas Roch est un personnage imaginaire, héros de *Face au drapeau*, publié par Jules Verne en 1896. Eugène Turpin accuse Verne de s'être inspiré de lui pour son roman. Procès. Jules Verne, bien défendu, finit par gagner : « Il ne peut être défendu à un romancier de s'inspirer de faits notoires et de personnes connues pour les faire servir à une œuvre d'imagination, sinon, il faudrait interdire le roman et fermer les théâtres », énonce l'arrêt de justice qui fait encore jurisprudence aujourd'hui. Jules Verne et son avocat n'étaient pourtant *a priori* pas faits pour s'entendre. Verne est antisémite et antidreyfusard. Son jeune avocat de 37 ans est, lui, un ardent dreyfusard. Il se nomme Raymond Poincaré, et il est promis à un bel avenir.


## L'INTRANSIGEANT

La Première Guerre mondiale devait être courte ; elle fut longue. Alors qu'elle devait coûter 20 milliards de francs, soit 5 fois le budget annuel de la France, elle en coûta 200 ! Tout comme l'Allemagne, la France eut recours à l'emprunt pour financer l'effort de guerre : sur les 200 milliards, 85 % furent financés par l'emprunt. Comme il fallait bien rembourser, la France eut recours à une méthode éprouvée : la planche à billets. La circulation monétaire, qui était de 6 milliards de francs en 1914, se retrouva à 26 milliards après la guerre.

Mais pas de souci : «l'Allemagne paiera»! Dans un exercice de «cavalerie» qui conduirait un commerçant tout droit à une faillite frauduleuse, on inscrivit sans sourciller dans le budget de l'État, au titre des recettes, des «réparations à venir». Raymond Poincaré était devenu l'homme politique incontournable – tout comme Georges Clemenceau – d'abord président du Conseil à partir de janvier 1912, puis président de la République du temps de guerre, de février 1913 à 1920. Puis de nouveau président du Conseil de 1922 à 1924, et encore rappelé au gouvernement de 1926 et 1928 ! Nul mieux que lui ne reprenait l'antienne : «l'Allemagne paiera».

Mais la France avait aussi emprunté 40 milliards à l'Angleterre et aux États-Unis, et à partir de 1919, ces 2 pays commencèrent à s'impatienter. Pour résumer, la

France était financièrement à genoux et, la spéculation s'en mêlant, le franc s'effondra. On était dans un désordre monétaire total. L'étalon-or avait été mis de côté au moment de la guerre et toutes les monnaies flottaient les unes par rapport aux autres. La conférence de Gênes de 1922 avait entériné le tour de passe-passe britannique de «l'étalon de change-or» mais n'avait rien résolu sur le fond. Pour tenter de survivre, des blocs monétaires compétitifs se constituèrent. Le «bloc-sterling» de 1931 rassemblait l'Angleterre, les pays scandinaves, l'Égypte et le Commonwealth britannique. La «zone dollar» réunit en 1933 les États-Unis, l'Amérique latine et les Philippines. En 1933, la France, la Belgique, l'Italie, les Pays-Bas, la Pologne et la Suisse crurent avoir trouvé la panacée en créant le «bloc-or» afin d'éviter les dévaluations «compétitives». Le «bloc-or» eut un catastrophique effet déflationniste et se délita pour exploser finalement avec la dévaluation du Front populaire de 1936.

Dans la valse des spéculations de toute cette période, la France fait figure de souffre-douleur. La livre sterling vaut 85 francs en 1923, 120 en 1924, 243 en 1926! L'opinion publique a une explication: c'est la faute aux «gnomes de Zurich», expression qui date de cette époque. Le 26 juillet 1926, comble d'imbécillité, un car de touristes est attaqué à Paris devant l'Assemblée nationale, les touristes étant accusés d'abuser du franc faible! La banque Lazard, temple de la finance, le dit également, à sa façon: «La spéculation étrangère procède à des manœuvres de large envergure destinées à créer à l'intérieur de notre pays une panique lui permettant de racheter, avec de gros bénéfices, les francs qu'elle avait vendus à découvert.»

En janvier 1922, Raymond Poincaré est appelé à la présidence du Conseil pour redresser cette situation. Il augmente les impôts de 20%, reste intransigeant sur les réparations, occupe la rive allemande du Rhin et la Ruhr en 1923. Cela ne marche toujours pas. Au moment où le mark allemand sort du trou, en 1923, grâce à Hjälmar Schacht, le franc s'y enfonce. *Exit* Poincaré. Arrive au pouvoir le « Cartel des gauches », qui accepte le plan américain (plan Dawes) de rééchelonnement des réparations allemandes indiquant qu'elles se monteront à 1 à 2 milliards annuels pendant 5 ans. On est loin du compte. Le Cartel se heurte alors à ce qu'Édouard Herriot, chef du gouvernement, nomme le « mur d'argent ». La Banque de France refuse de faire de nouvelles avances à l'État, prétextant – avec exactement les mêmes arguments qu'utiliseront les Républicains américains en 2011 – que le plafond de la dette est atteint, sans donner d'ailleurs de chiffrage ni de justification précise.

Le Cartel des gauches soupçonne de plus sinistres mobiles. La Banque de France, en effet, était depuis Napoléon une banque privée, contrôlée statutairement par ses 200 actionnaires les plus riches (Hottinguer, Lazard, Dreyfus, Mallet, Mirabaud, Rothschild, Schlumberger, Vernes, Wendel, Worms, etc.). Le mythe des « 200 familles » est jeté en pâture à l'opinion publique : « Deux cents familles sont maîtresses de l'économie française. Ce sont des forces que Richelieu n'eût pas tolérées dans le royaume de France », déclarera Édouard Daladier en 1934. Mais c'est un peu court pour redresser la situation monétaire catastrophique.

## « POINCARÉ LA CONFIANCE »

Bref, le Cartel des gauches chute en juillet 1926, et on rappelle Raymond Poincaré. Pour marquer l'importance de la crise financière, ce dernier cumule le poste de président du Conseil et de ministre des Finances. Cette fois sera la bonne, il va faire merveille. L'homme, à 68 ans, en impose : ancien président du Conseil, ancien ministre des Affaires étrangères, ancien ministre de l'Instruction publique, ancien président de la République, académicien, il a derrière lui une exceptionnelle carrière. Il n'a certes pas que des amis. Georges Clemenceau, le Tigre, le trouve mou : « Le don de Poincaré n'est pas à dédaigner, c'est l'intelligence. Il pourrait faire remarquablement à côté de quelqu'un qui fournirait le caractère… »

Mais il suffit parfois d'un homme providentiel, étrange rencontre d'un destin individuel et d'une profonde aspiration populaire, lassée de la confusion ambiante. Miracle de la confiance ! Et la confiance revient par la simple réapparition de Poincaré. La rue va le surnommer « Poincaré la confiance ».

Cette fois, il n'y va pas de main morte. Il choisit l'austérité : 12 milliards de majoration d'impôts, fermeture de 106 sous-préfectures et de 56 centres de recettes des finances, augmentation des droits de douane, majoration de l'impôt sur les boissons, taxe sur le capital immobilier, impôt unifié sur le chiffre d'affaires, tout y passe. Puis il prend une décision monumentale : le 25 juin 1928, il dévalue le franc germinal de 80 %. Il fallait oser le faire. L'étalon-or est rétabli, mais avec l'innovation d'un *gold bullion standard*: il faut au moins en demander 12 kilos d'un coup (le lingot, ou *bullion*) pour en obtenir, ce qui limite singulièrement la demande courante.

Nous savons aujourd'hui que Poincaré hésita beaucoup avant de prendre cette décision. D'un côté, il y avait les « révaluateurs » qui voulaient rétablir le franc germinal à son ancienne valeur, suivant l'exemple anglais. De l'autre, il y avait les « stabilisateurs », souvent des industriels soucieux de compétitivité, qui prônaient la dévaluation. Mais Poincaré avait un avantage : il avait eu 3 ans pour mesurer en vraie grandeur l'erreur monumentale commise par le ministre des Finances anglais Churchill en 1925. Le 13 juin 1928, au Conseil des ministres, il annonça sa décision : « Quoique révaluateur, je signerai le décret de stabilisation. »

Calme après la tempête : l'activisme spéculatif des mythiques « marchés » s'apaisa d'un coup. Certes, pour le public, le franc Poincaré devint le « franc à quat'sous », car le franc germinal, qui valait 20 sous, avait été dévalué des quatre cinquièmes. Ce fut pourtant un grand succès et surtout un comble : une monnaie dévaluée de 80 % prit l'allure de devise forte !

Poincaré se retira en 1929 pour cause de prostate. Après lui, tous les gouvernements français se sentirent obligés, au nom d'une monnaie forte, de défendre le franc Poincaré. Tous s'accrochèrent à cette orthodoxie devenue mythique, sous peine de déflation : socialistes, communistes, Banque de France, Trésor public. Du coup, après la crise de 1929, toutes les grandes monnaies dévaluèrent, à l'exception du franc, qui se retrouva trop fort, jusqu'à ce que le Front populaire prenne enfin la bonne décision en 1936 et le dévalue.

Dernier épisode monétaire : l'Allemagne nazie, ayant écrasé la France en 1940, imposera un taux de change exorbitant (1 reichsmark pour 20 francs), afin de piller le pays en toute légalité, et imposera une réparation de 400 millions de francs par jour pour frais d'occupation.

## ANTOINE PINAY

Un autre Poincaré alimentera la petite histoire de la stabilité du franc après la Seconde Guerre mondiale : Antoine Pinay. Avec son petit chapeau mou et son allure terne de notaire de province, Pinay cache bien son jeu. L'homme est roué, brillant en privé, souvent chaud lapin dans les alcôves ! Mais son costume gris trois-pièces et son art oratoire soporifique rassurent le bon peuple. Grand argentier de la Quatrième République dans les années 1950, il va mener les finances de main de maître et réussir son fameux grand emprunt national, destiné à redonner du souffle au franc, lequel sera un modèle de réussite. Cet emprunt – à la différence des dettes contemporaines – sera entièrement souscrit par des citoyens français, hors des humeurs des marchés internationaux. Au panthéon des architectes de confiance, Antoine Pinay a rejoint Raymond Poincaré dans la mémoire populaire.

## POINCARÉ ET NOUS

Poincaré rétablit la confiance dans une monnaie certes chahutée mais forte… en la dévaluant massivement ! Voilà une leçon qui pourrait nous être utile : monnaie forte ne signifie en aucun cas monnaie surévaluée, tout comme être fort ne signifie pas nécessairement être gros.

Or l'euro actuel est l'un et l'autre. Si de surcroît on sait expliquer au public pourquoi les réformes et les coupes budgétaires sont nécessaires, le peuple l'acceptera. Pour le mode d'emploi, voyez Solon.

# Seul contre tous, Roosevelt ressuscite le dollar

Franklin Delano Roosevelt était un patricien et cela se voyait. Le trente-deuxième président des États-Unis était de lointaine origine hollandaise et française. Côté paternel, les Van Roosevelt étaient arrivés en Amérique en 1640. Côté maternel, l'ancêtre Philippe de la Noye, d'origine française, avait débarqué en 1641 et changé son nom en Delano. Sa grand-mère était cousine du président James Monroe. Son grand-père, Warren Delano, avait fait fortune à Hong-Kong dans le commerce du thé avant de tout perdre lors de la crise de 1857 et de refaire fortune dans le trafic d'opium. FDR, élevé dans l'opulence, fréquenta l'université Harvard pendant la présidence de son cousin Théodore Roosevelt. C'est lors d'une réception à la Maison-Blanche qu'il rencontra sa cousine éloignée Eleanor, qu'il épousa.

Son origine sociale lui donnait une grande confiance en lui-même et en son jugement. C'est pourquoi il n'hésita jamais à penser par lui-même avec une grande liberté et souvent à s'écarter de l'avis des experts de ses conseillers. Son aura patricienne lui donna une véritable autorité morale sur les financiers de Wall Street. Ce repaire de banquiers impérieux et de spéculateurs brutaux eut toujours peur de ce président-là. Sans se l'avouer, ils rêvaient en réalité de lui ressembler. C'est en jouant sciemment sur ce rapport de forces et cette fascination que FDR n'hésita jamais à prendre de front les intérêts corporatistes de Wall Street et à les amener à résipiscence.

## LA DÉBÂCLE

Franklin Roosevelt est élu président des États-Unis en novembre 1932. Depuis 3 ans, la crise de 1929 étend son ombre funeste sur l'Amérique. En octobre 1929, on le sait, la Bourse de New York a brutalement dévissé. La récession ne s'est pas fait attendre : en 1930, le PIB américain régresse de 30 % par rapport à l'année précédente. Il y a 5 millions de chômeurs. Des milliers d'usines font faillite. Certains États américains en viennent à fermer leurs banques en 1932, une semaine avant les élections présidentielles, pour tenter de calmer la panique des clients : le Nevada, l'Iowa, la Louisiane. De 1929 à 1932, l'indice boursier Dow Jones perd 90 % : 50 milliards de dollars – la moitié du PIB américain – se sont évaporés. Roosevelt ne prend ses fonctions qu'en mars 1933, c'est la règle à l'époque. Ce *timing* est diablement important, car la période d'intérim est épouvantable.

En janvier 1933, le dollar est violemment attaqué, surtout, comme on s'en doute, sur la place financière superlative qu'est Wall Street. La Fed de New York – équivalent de la banque centrale américaine depuis 1913, mais éclatée en 12 entités régionales autonomes distinctes – se porte au secours du dollar en puisant dans ses réserves d'or, mais son stock fond rapidement. En février, un quart de son or – 250 millions de dollars-or de l'époque, environ 3 milliards de dollars actuels – a disparu. Hoover, qui est toujours président, reste passif à son habitude. Il n'a pris que de mauvaises décisions, en ne déclenchant pas de plan de relance en 1930, en sortant du libre-échange, en ne bougeant pas face au tsunami économique et financier. Roosevelt n'est encore que président élu et refuse de dévoiler ses intentions.

La crise de confiance est à son comble. Les déposants commencent à faire le siège des banques pour retirer leurs économies. Le 14 février 1933, le gouverneur du Michigan ferme les banques de son État pour huit jours. La situation s'aggrave à vue d'œil : l'Indiana, le Maryland, l'Arkansas, l'Ohio, le Kentucky, la Pennsylvanie suivent le Michigan. La panique est telle qu'en février, un tiers des dépôts placés dans les banques des États-Unis en sont retirés. La pression sur le dollar s'intensifie. Le 3 mars, la veille de l'intronisation de Roosevelt, la Fed de New York subit une nouvelle hémorragie de 350 millions de dollars en une seule journée. Toutes les banques sont en état de choc.

Le président sortant, Herbert Hoover, ne veut pas attacher son nom à une décision – sa dernière – de fermeture des banques. Des coups de téléphone fébriles sont échangés toute la soirée entre Eugene Meyer, le président de la Federal Reserve, et Hoover, Roosevelt, les principaux banquiers de la place. Roosevelt – qui n'est toujours pas formellement président – va se coucher à 1 heure du matin. Personne n'ose le réveiller, mais une heure plus tard une lettre est glissée sous la porte de sa chambre d'hôtel. Elle émane de la Fed et demande la fermeture du système bancaire américain. Sans réaction.

La Fed, aux abois, ne s'en tient pas là et se tourne vers Herbert Lehman, le gouverneur de l'État de New York, grand banquier lui-même, président de Lehman Brothers. À 2 h 30 du matin, Lehman signe finalement un décret de fermeture des banques de l'État pour trois jours, suivi une heure plus tard par le gouverneur de l'État de l'Illinois et quelques heures après par ses collègues du Massachussetts et du New-Jersey.

Le 4 mars 1933, alors que Franklin Delano Roosevelt devient président des États-Unis devant une foule de 100 000 personnes, les banques sont fermées dans 28 états de l'Union. Le volume des crédits a diminué de près de 50 %, les prix de l'immobilier de 30 %, la production industrielle est réduite de moitié, le chômage atteint 25 % de la population et un quart des banques du pays a fait faillite.

## INCROYABLE PARI

Le lendemain de son entrée à la Maison-Blanche, Roosevelt ferma finalement toutes les banques du pays. On pouvait craindre qu'il s'ensuivrait un indicible chaos. Ce ne fut pas le cas : commerçants et professions libérales firent dans l'ensemble crédit à leurs clients ; certaines villes, et même des entreprises privées, émirent leur propre monnaie et recoururent au troc quand il n'y avait pas d'autre solution. Les produits les plus usuels tels les chaussures, les cigares, le savon et les sacs de pommes de terre remplacèrent les billets devenus introuvables.

L'administration Roosevelt profita de ce court répit pour mettre en place très rapidement une nouvelle stratégie bancaire. Dès le 9 mars, l'*Emergency Banking Act* fut soumis au Congrès : les banques seraient rouvertes en commençant par les plus solides. Surtout, l'argent placé en dépôt par le public dans les banques fut garanti *de facto* par la Fed. Tout d'un coup, on prenait le problème à bras le corps après quatre mois d'inaction catastrophique.

Le dimanche 12 mars, à 10 heures du soir, le nouveau président donna à la radio la première de ses fameuses « causeries au coin du feu » :

« Mes amis, dit-il d'une voix calme et pleine d'autorité, je veux pour quelques instants entretenir le peuple américain de problèmes bancaires. Je veux vous dire ce qui a été fait dans ces derniers jours, pourquoi cela a été fait, et vous décrire les prochaines étapes. Quand vous déposez votre argent dans une banque, elle ne le met pas dans un coffre. Elle investit cet argent, le fait travailler. Je sais que vous êtes inquiets, mais je peux vous assurer, mes amis, qu'il est plus sûr de mettre votre argent dans les banques qui rouvriront que sous votre matelas. »

Franklin Roosevelt venait de faire le premier grand pari de ses mandats présidentiels. Que se passerait-il le lundi 13 mars quand les banques rouvriraient ? La panique allait-elle se poursuivre ? Si cela devait être le cas, plus rien n'arrêterait la chute. À la réouverture du système bancaire américain, de longues files se formèrent devant les établissements. Mais ô miracle ! Ce n'était pas pour retirer de l'argent mais au contraire pour en déposer.

Mercredi 15 mars, quand la Bourse de New York rouvrit, l'indice Dow Jones grimpa en une seule journée de 15 %. À la fin de la semaine, un milliard de dollars, soit pratiquement tout ce qui avait été retiré du système bancaire dans les semaines précédentes, y était retourné. FDR avait gagné un incroyable pari. Ce magistral rétablissement de situation, cette restauration extraordinaire de la confiance avaient été rendus possibles par l'inflexible calme du nouveau président des États-Unis et par la sûreté de son jugement qu'il sut partager avec l'Amérique tout entière.

Roosevelt avait été élu sur le thème : « *Happy days are here again* » (les jours heureux sont de retour), ce qui était osé vu la situation épouvantable. Après les premières décisions financières d'urgence, que faire pour conjurer la crise économique ?

Il suivit alors des principes keynésiens avant la lettre – la *Théorie générale* de Keynes ne devait paraître que 3 ans plus tard – en inventant le *New Deal,* dont les réalisations donnent le vertige, à l'aune du dynamisme et de la puissance américaine :

– grands travaux publics pour créer de l'emploi ; création de la *Tennessee Valley Authority* pour construire de grandes infrastructures ;

– déficits budgétaires pour relancer l'économie et reflation pour la stabiliser ;

– *Federal Housing Administration* et crédit foncier d'État *Fannie Mae,* pour assurer l'accès au logement de millions de ménages ;

– système de sécurité sociale ;

– *Security and Exchange Commission* pour réguler la Bourse de New York ;

– passage de la loi Glass-Steagall, dès le 16 juin 1933, afin de séparer drastiquement les activités de banques de dépôts et celles (plus spéculatives) de banques d'affaires, dont la confusion avait été largement à l'origine de la crise de 29.

Quelle œuvre titanesque !

## Seul contre tous

Mais sa décision la plus spectaculaire, celle qui entraîna les conséquences les plus profondes, ce fut la dévaluation du dollar. Le 5 avril 1933, le *Gold Recall Act* fait passer l'once d'or de 20 à 20,67 dollars, et *interdit* aux particuliers de détenir désormais de l'or par devers eux. Le 30 janvier 1934, le *Gold Reserve Act* fait passer l'once d'or de 20,67 à 35 dollars. Cette fois, le dollar est dévalué de 69,3 % !

Il fallut à Roosevelt un courage extraordinaire pour prendre une décision qui allait à l'encontre de toutes les idées reçues, contre l'avis de tous ses conseillers et autres experts de la chose monétaire, lesquels prédisaient une catastrophe. Les délégués à la *World Economic Conference* (l'ancêtre du G20) de 1933 à Londres, qui débattaient prioritairement de cette question, préconisaient le contraire. Ils furent consternés. Seul Keynes approuva Roosevelt : « Le président Roosevelt a magnifiquement raison », écrivit-il dans un éditorial. Mais il n'avait pas encore l'influence qu'il acquit après sa *Théorie générale*.

Absolument seul dans la pénombre de son bureau, Roosevelt trancha. Ce fut la bonne décision. Non seulement l'économie américaine pouvait repartir sur des bases stabilisées, ce qu'elle fit, mais la stabilisation du dollar par rapport à l'or permit aux États-Unis de passer la terrible période de la Seconde Guerre mondiale et de construire son hyperpuissance dans les 30 ans qui suivirent. Le cours du dollar fixé par Roosevelt perdura sans failles jusqu'en 1971.

On n'insistera jamais assez sur l'extrême rapidité, sinon la brutalité, avec laquelle Franklin Roosevelt imposa ses mesures, en y incluant la lourdeur des prises de décisions dans les institutions parlementaires américaines. Le *Gold Reserve Act* garantit la stabilité monétaire pendant trente-sept années cruciales qui transformèrent le XX<sup>e</sup> siècle. Le *Glass-Steagall Act* assura 50 ans de stabilité financière sans crise. Mais surtout, l'homme providentiel, arrivé à la charnière d'une profonde crise, en faisant table rase du passé, avait su provoquer la rencontre improbable d'un homme et d'un peuple vers un avenir radieux auquel ce dernier ne demandait qu'à croire. Encore le coup de la confiance.

## ROOSEVELT ET NOUS

Non seulement Roosevelt sauva les banques sans dépenser un sou. Non seulement il résista à tous ses technocrates sans exception pour décider absolument seul de la dévaluation massive du dollar, qui fut une formidable réussite. Mais il fit bien plus. Il sut se rendre crédible auprès de la fameuse « opinion publique ». Avec le plus grand calme, il expliqua à la radio pourquoi il ne fallait pas avoir peur. Il réussit à rétablir la confiance, la fameuse confiance, et par la force de sa personnalité, par son charisme, par son calme, il rendit au peuple américain foi en l'avenir. Le message de Roosevelt à nos dirigeants actuels : la situation ne sera pas rétablie à coup d'arrosage de centaines de milliards, mais en trouvant les mots crédibles pour rendre foi dans le système. Encore faudrait-il un homme (ou une femme) d'État charismatique pour que le peuple y adhère. C'est sans doute le problème : le système européen disparate ne génère plus de Solon, de Napoléon ou de Roosevelt. C'est peut-être un progrès démocratique, mais personne ne peut plus décider.

# Chapitre 7

# Anatomie de la confiance

Un constat renversant traverse toutes les grandes décisions monétaires. Depuis Solon jusqu'à Napoléon et Roosevelt, aucune des grandes décisions fondatrices d'un ordre monétaire nouveau n'a eu pour origine une intuition conceptuelle fracassante. Pas plus qu'un mode de prise de décision révolutionnaire. La virtuosité technique, non plus, n'a jamais été déterminante. Alors quoi ?

Ces décisions sont toutes intervenues à l'instant crucial où le peuple, rencontrant un homme providentiel, se trouva disposé à lui accorder la confiance. Ce basculement inouï, du jour au lendemain, put ensuite se consolider dans le temps. Voici donc un coin du voile levé. La monnaie serait donc beaucoup plus qu'une unité de compte, qu'un étalon de référence, que la mesure de la valeur d'un échange. La monnaie serait un ciment collectif de l'ordre de la croyance, de l'empathie, presque exclusivement une affaire de confiance, depuis les monnaies métalliques jusqu'aux monnaies fiduciaires. Mais encore ?

Sur la confiance, il existe une marée d'éclairages ou d'approximations, pas forcément convaincantes, depuis la tradition philosophique ou littéraire jusqu'aux sciences sociales, ces dernières étant censément plus « rationnelles ». Les définitions des dictionnaires ne sont pas non plus toujours éclairantes[1]. La première approche, la plus générale, est personnelle : on a confiance en quelqu'un, dans un rapport individuel de personne à personne, soit parce que l'on ne craint pas vraiment de s'abandonner un instant. Ainsi le serveur de café vous apporte votre consommation avant d'en avoir reçu le paiement. Hobbes le relève dans son *Léviathan* (1651) : « Celui qui s'exécute le premier n'a aucune assurance que l'autre s'exécutera après », dans ce qu'il appelle « l'incertitude radicale de l'état de nature ». Le serveur prend le risque que vous preniez la poudre d'escampette, mais ce risque est limité par une coutume générale). Soit parce que la compétence d'un dentiste auquel on confie sa bouche est attestée par un diplôme affiché, soumis aux règles strictes de normes d'État. Soit enfin parce que le garagiste qui change vos plaquettes de freins apparaît sérieux en installant une pièce d'un fabricant connu, vraisemblablement garantie. La confiance, dans ces trois cas, n'est pas un contrat qui serait censé réduire tous les risques à la portion congrue. Elle se coule simplement dans certaines normes communes de la vie d'une société, qui minimisent le risque courant, sans bien sûr l'annuler. Elle est aussi variable selon la société : il y a beaucoup d'endroits du monde où je ne confierai pas

---

1. Le vénérable *Journal intime* d'Amiel (1866) indique : « Confiance : croyance spontanée ou acquise en la valeur morale, affective, professionnelle [...] d'une autre personne, qui fait que l'on est incapable d'imaginer de sa part tromperie, trahison ou incompétence ».
La définition du *Dictionnaire Littré* (1872) est tellement mauvaise qu'on ne la reprendra pas !
*Dictionnaire Hartzfeld & Darmstetter* (1920) : « Confiance : sécurité de celui qui compte entièrement sur le caractère ou la capacité de quelqu'un. »
*Dictionnaire Quillet* (1963) : « Confiance : espérance ferme en une personne, une chose, foi en la probité et les bonnes dispositions. » (une vertu théologale, en quelque sorte) ;
Le *Code pénal* (Article 314) définit quant à lui l'abus de confiance et le *Code de la santé publique* (Article 1111) la personne de confiance.

à n'importe quel garagiste la sécurité de ma voiture et de ma vie, en faisant confiance à son bricolage plus ou moins douteux : je ne le ferai que si un « intermédiaire de confiance » me l'a recommandé.

## De l'individu à la sphère collective

Cela se complique lorsque l'on entre dans la sphère collective. Comment puis-je accepter de me confier non pas à une seule personne, mais à plusieurs, par exemple à une « personne morale » (l'entreprise) aux contours flous ? Le lait que j'achète pour mon enfant est-il sûr ? Sans doute en France, mais en Chine ? La banque à qui je confie mes économies a certes bonne réputation, mais quelle sécurité réelle m'offre-t-elle ? À rebours, comment plusieurs personnes acceptent-elles de faire simultanément confiance à une institution qu'elles ne peuvent pas voir et toucher directement ? Qu'est-ce qui fait que j'accepte d'interagir avec des inconnus qui ne partagent même pas avec moi une solidarité – présupposée – de famille ou de clan ?

Dans tous les cas, individuels et collectifs, la confiance est un acte volontaire auquel personne ne m'oblige. C'est en même temps un pari qui ne repose que sur des bribes d'information, sur des éléments irrationnels. Accorder sa confiance n'est pas un acte raisonnable ! La confiance repose sur l'anticipation d'un comportement attendu, sans avoir à contrôler ou à vérifier. On y trouve « l'espoir d'un individu ou d'un groupe que la parole, promesse, engagement écrit ou oral d'un autre individu ou groupe sera tenu », nous dit l'*Oxford English Dictionnary*. Un auteur central sur la confiance financière, Georg Simmel, définit en 1900 la confiance comme « une hypothèse sur une conduite future», mais aussi «un état intermédiaire entre le savoir et le non-savoir sur autrui», comme le rappelle la recension d'Éloi Laurent dans son *Économie de la confiance*[1].

Le mot «confiance» ne dérive probablement pas de la *fides* latine (se fier à, croire, foi…), même si la confiance et la croyance sont liées. *Confidere* est plus proche : c'est se confier, s'abandonner à la discrétion de quelqu'un, et le nom *confidentia* signifie à la fois confiance et confidence (un secret que je vous livre). La confiance n'existe pas comme un état de la matière : elle se gagne. On retrouve cette idée dans la *fiducia*. Le terme juridique *fiduciaire* qui en dérive évoque un transfert de droits − notamment de propriété − porté par une personne sûre. On retrouve la notion proche de «personne de confiance» dans le champ médical (une personne que j'ai consciemment désignée, qui peut prendre des décisions lourdes à ma place et qui est légalement admise dans le secret médical). Commence à poindre l'idée que la confiance est un transfert (mais pas au sens où Freud l'entend) : on externalise le fardeau sur une tierce personne, ou vers l'avenir par une forme de sous-traitance psychique, d'abandon. Celui-ci ressemble fort à l'une des trois vertus théologales : l'espérance. On avait déjà la foi (en partie au moins). Il ne manquerait plus que la charité pour compléter le trio ! Nous voici presque dans le champ religieux. Décidément, la confiance rejoint des racines bien profondes…

La traduction anglo-saxonne du mot confiance hésite entre *trust* et *confidence*. Les politiques nous concoctent régulièrement des «*confidence building initiatives*» comme une sorte d'assurance sur leur compétence. Mais *trust* est plus complet et plus subtil, car la notion recouvre la

---

1. Éloi Laurent, *Économie de la confiance*, La Découverte, 2012.

dimension du risque. C'est d'ailleurs le même mot de *trust* qui sert à désigner la forme d'entreprise ou de convention de «fiducie», qui existe de tout temps en droit anglo-saxon et seulement depuis 2007 en droit français. La notion de *trustworthiness* (fiabilité) conforte encore l'édifice de la confiance.

On pourrait penser que le contraire de la confiance est la méfiance ou la défiance. Il n'en est rien. Littré − après être passé complètement à côté de sa définition de la confiance − se rattrape en expliquant: «La méfiance fait qu'on ne se fie pas du tout; la défiance fait qu'on ne se fie qu'avec précaution. Le défiant craint d'être trompé; le méfiant croit qu'il sera trompé.» Dans les deux cas, le méfiant ou le défiant ont peur d'être abusés. Ils refusent de s'en remettre à une personne ou à une institution. Ils recherchent des preuves. Ce faisant, ils sont inaccessibles *a priori* à l'abandon, ils n'entrent pas dans le processus mental de la confiance. Pour ceux qui acceptent d'entrer dans le processus, la confiance est une promesse à laquelle ils souscrivent («de bonne foi»!). La confiance est brisée par le doute. Pour le grand Paul Ricœur, le contraire de la confiance est le soupçon.

## LE VIVRE-ENSEMBLE

Qu'est-ce qui lie les hommes entre eux? Qu'est-ce qui fait que des sociétés fonctionnent à un moment donné dans un espace donné? Le souci de se mettre ensemble, sûrement, pour conjurer ensemble l'insécurité qui est la nôtre depuis les origines de l'homme: la précarité, la pauvreté, la guerre, la maladie, la mort. La famille, le clan, sont les formes archaïques de ce vivre-ensemble. La confiance interpersonnelle est dans ce cas plus puissante que celle dans des institutions – toujours un peu virtuelles – auxquelles on ne croit pas forcément. La norme privée, celle des réseaux lentement bâtis par apprivoisement – comme dans les systèmes chinois des *Guanxi* – est plus prégnante que la norme publique. C'est le premier degré du fonctionnement social. La nation, les principes généraux d'éthique et de morale publique, l'État de droit, les institutions politiques non-arbitraires sont les formes plus élaborées – parce que plus absconses – du fonctionnement social et politique.

Cependant, pour que tous ces corps sociaux cheminent vers l'avenir, il faut un ciment. C'est là qu'intervient la confiance. Plus encore : le besoin de confiance. Chez Freud, chez Marx, chez Nietzsche, la confiance est une notion archaïque, archétypale. La croyance collective forge le mythe. Elle est de nature religieuse. On croit parce que l'on a besoin de croire, gratuitement, et quand on doute de l'existence d'un Dieu que l'on ne peut pas voir, on le remplace par quelque chose de tangible. En s'abandonnant ainsi, on transfère ses incertitudes et ses angoisses à l'objet extérieur de sa confiance. Dans le mythe mosaïque du veau d'or, le peuple adore une valeur fiduciaire à la place de Dieu, que l'on peut littéralement prendre « pour argent comptant » (il s'agit d'or, en l'occurrence : déjà une valeur bimétallique !). On a besoin de suivre un *leader* charismatique, de lui abandonner une part de son libre arbitre, de s'en remettre aveuglément à lui, qu'il soit visible ou invisible, sous forme d'un Dieu mythique ou d'une promesse plus terrestre de lendemains qui chantent.

On surfe aujourd'hui sur la mode du « lâcher prise », qui est devenue la vulgate des revues plus ou moins médicales. On justifie cette forme d'abandon, cette acceptation de ne pas tout avoir sous son contrôle, comme une clé pour dénouer bien des blocages pernicieux qui menacent notre santé mentale et physique, comme si le besoin de confiance avait des vertus thérapeutiques.

La confiance, c'est de la sécurité, du sommeil sans cauchemars. Si je confie mon déménagement à une entreprise de transports, je ne lui achète pas un service de transport : la technique est son problème. J'achète en réalité du sommeil : la certitude que mes meubles seront acheminés d'un point A à un point B dans un délai C sans que j'aie à m'en occuper. Plus surprenant, quand un escroc a réussi à m'endormir de ses arguments, je lui confierai mes économies à l'aveugle, car je lui fais confiance. J'accepte d'être vulnérable dans ses mains, car je recherche d'abord la tranquillité et je crois en sa promesse de rémunération, sans vérifier si celle-ci est vraisemblable. Si de surcroît cet escroc s'appelle Bernard Madoff, on m'a dit qu'il était respectable dans la communauté des affaires (ex-président du Nasdaq) ainsi que dans la meilleure société de sa ville de New York.

## LA MASSE AVEUGLE

En matière monétaire, la confiance dans un système ou dans un homme providentiel (Napoléon, Raymond Poincaré, Antoine Pinay…) est d'autant plus aveugle que la masse ne comprend rien aux considérations techniques qui rendent une monnaie fiable, ou son contraire. Le problème n'est pas qu'elle soit fiable, mais qu'elle soit acceptable ! La politique, qui est l'art du mélange et du moment, si elle sait se rendre crédible, nous rend crédules.

Qu'elle soit techniquement fondée ou non ne change rien à l'affaire. Dans des circonstances extrêmes de délabrement monétaire ou d'hyperinflation, les peuples sont enclins à retirer brutalement leur confiance. Ils sont également disposés, à la fin d'un cycle de turbulences abyssales (révolution française, Allemagne des années 1920…) à s'abandonner non moins brusquement à un nouveau pacte de confiance. Le problème est que la confiance dans la monnaie se déroule « à bas bruit » : elle est invisible en dehors des grands cataclysmes économiques.

La charge émotionnelle de la croyance compterait donc plus que toutes sortes d'arguments rationnels ? La confiance ne se déclenche pas par une analyse détaillée, mais par une intuition d'ordre affectif, voire esthétique. Le filtre émotionnel trie ce qui est désirable ou non. Pour qu'une information soit acceptée, nous dit Jean-Yves Prax, « il ne suffit pas qu'elle paraisse vraie ou fausse : il faut aussi qu'elle ne perturbe pas trop l'équilibre psychique… Le filtre émotionnel peut entrer en conflit avec le filtre cognitif. Une des façons de résoudre ce conflit entre le cœur et la raison consiste à berner le filtre cognitif à l'aide de leurres cognitifs… La crédulité résulte ainsi d'une transaction entre le rationnel (cognitif) et le désirable (émotionnel) ». Bien que le désirable soit fragile, sujet à remise en question périodique, c'est souvent le désirable qui l'emporte. Dans les phénomènes collectifs, en situation d'informations ou de compétences parcellaires ou nulles, le fait de suivre la première personne crédule obéit à des réactions de mimétisme. Bovet, dans son *Instinct combatif*[1] parle d'un « instinct de spectateur » : « Que deux écoliers se mettent à courir, toute la classe courra,

---

1. Pierre Bovet, 1917. Voir bibliographie.

qu'ils jettent des pierres dans le lac, tous ceux qui les verront en feront autant tout de suite.»

Plus fort encore, les réactions collectives font semble-t-il partie d'un patrimoine génétique des êtres vivants. Le grand expert du «viol des foules», Serguei Tchakhotine[1], donne le résultat de nombreuses expériences biologiques de laboratoire : «On pourrait penser que la possibilité de former des réflexes conditionnés est une fonction spécifique du système nerveux, dont tous les animaux sont pourvus. Or les protozoaires unicellulaires, auxquels on ne saurait attribuer un système nerveux, se meuvent aussi, cherchent à éviter le danger, réagissent aux influences du milieu, conservent la mémoire d'un danger pendant un certain temps.»

S'agissant du comportement collectif humain, il fait la part du mimétisme organique et de l'influence sur la foule de meneurs, souterrains ou charismatiques, que la foule est disposée à suivre, en se copiant par vagues successives rapides, ce qu'il appelle une «masse céphalisée», orientée, dirigée. Dans l'*Éthique* de Spinoza (1675), la distinction était déjà faite entre les actes d'imitation et les actes d'émulation, qui sont caractérisés par ce que «nous imitons des desseins et les actes seulement de ceux qui ont à nos yeux du prestige». Dans notre livre *Crises financières*[2], André Orléan a écrit un remarquable texte sur la psychologie des marchés qui éclaire les trois sortes de mimétisme («informationnel», «autoréférentiel», «normatif») dans lesquelles les foules sont toujours prêtes à s'embarquer. Et c'est pour cela qu'il y aura toujours des crises financières !

---

1. Serguei Tchakhotine. Voir bibliographie.
2. Jacques Gravereau, Jacques Trauman, 2001. Voir bibliographie.

La confiance repose sur une promesse. L'anthropologue Marcel Mauss, dans son *Essai sur le don* (1925)[1], indique que la promesse n'a de sens que si l'on s'engage. Elle a une valeur d'échange car si l'on reçoit, on s'engage d'une manière ou d'une autre à rendre. La confiance est également liée à la bienveillance, par un effet autovalidant qui la cimente: en faisant confiance à autrui, je renforce sa bienveillance à mon égard, ce qui diminue d'autant la probabilité de trahison. Hannah Arendt, dans sa superbe *Condition de l'homme moderne* (1958)[2], creuse ce qui est en amont et en aval de la confiance: «Dans cet océan d'incertitudes qu'est l'avenir, les promesses qui nous lient aménagent des îlots de sécurité. Contre l'irréversibilité et l'imprévisibilité de l'action, le remède vient de la faculté de pardonner et de faire des promesses. La faculté de pardon sert à supprimer les actes du passé. Si nous n'étions pas pardonnés, délivrés des conséquences de ce que nous avons fait, notre capacité d'agir serait comme enfermée dans un acte unique dont nous ne pourrions jamais nous relever. Si nous n'étions pas liés par des promesses, nous serions incapables de conserver nos identités.»

## Et aujourd'hui…

Les travaux des économistes modernes ont souvent tendance, au nom d'un positivisme «scientifique», à noyer la question psychologique de la confiance dans une illusion mécaniste. L'information économique est devenue un flot continu de données en tout genre. En sciences sociales comme ailleurs, est devenu «scientifique» (donc sans contestation possible, ni doute) toute approche qui

---

1. Marcel Mauss, 1925. Voir bibliographie.
2. Hannah Arendt. Voir bibliographie.

peut aligner des masses considérables de données, en les ordonnant par des traitements statistiques ou par des corrélations de toute nature. Les marchés financiers, en croissance exponentielle depuis 30 ans, ont fait le reste, jusqu'à confier à des « intermédiaires de confiance » d'un nouveau type une parole d'expert consistant à dire le bien et le mal *urbi et orbi* sur une monnaie, une dette ou un produit financier de toute nature. Ces agences de notation – car il s'agit d'elles – devenues des intermédiaires de réputation, sont aussi irrationnelles ou « auto prédictives », bien souvent, que l'absence d'informations qu'elles étaient censées combattre. Notre livre *L'Incroyable Histoire de Wall Street*[1] en donne toute la mesure.

Le nombre de thèses sur les « anticipations rationnelles » ou sur « la théorie des marchés efficients » donne le tournis. Les acteurs économiques et monétaires, nourris par une merveilleuse « symétrie de l'information » seraient ainsi devenus des petits soldats rationnels, guidés par leurs seules équations, sans souci de réviser leurs jugements ou leurs postures, tant l'approche mathématique piétine la psychologie. Mais la stratégie de décision des acteurs, aspirée dans un cycle aveugle, a déconstruit le bel édifice. La grande crise financière de 2008 a montré que le mimétisme des marchés pouvait être mortel, malgré les équations des quantificateurs à outrance (les « *quants* »). La crise de l'euro de 2011 et 2012 a montré que la monnaie reste fondée sur la confiance, beaucoup plus que sur les décisions en vase clos des technocrates ou sur les fondamentaux de l'économie réelle. On se faisait une idée positive des principes abstraits d'une société avancée, qui devaient guider les gouvernants sur le bon chemin – d'autant plus

---

1. Jacques Gravereau, Jacques Trauman, Albin Michel, 2011. Voir bibliographie.

abstraits que l'on ne connaissait pas personnellement lesdits gouvernants et leurs conseillers – et qui les rendaient «dignes de confiance». Patatras!

L'effet pervers de l'abondance de données économiques est aussi que le peuple est submergé d'informations en flux continu, accumulant autant de doutes que de certitudes, autant d'inconnues que de faits vérifiables. On assiste donc à un retour en force, pour ces raisons également, du recours à la confiance, censément aveugle, comme substitut aux masses d'inconnues. Pourtant, de grands esprits modernes, planchant sur les théories de l'information, avaient prodigué leurs avertissements. Robert Schiller et George Akerlof, dans un ouvrage au joli titre (*Animal Spirits*[1]), avaient souligné l'importance «des garanties informelles non écrites de la confiance» en énonçant une «théorie des coûts de la non-confiance».

Une vaste étude pluridisciplinaire associant des sociologues, des économistes, des psychologues et des experts du *management*, a remis en valeur l'importance de ce qu'ils appellent «le méso-concept de la confiance»[2]. La synthèse de leurs travaux aboutit à un consensus sur la définition de la confiance: «un état psychologique qui produit une intention *d'accepter d'être vulnérable*, fondé sur des espérances positives sur les intentions ou les comportements d'un autre».

Dans la sphère publique, comme le dit Éloi Laurent, «la confiance apparaît comme une des trois institutions invisibles du contrat social, les deux autres étant l'autorité et la légitimité». Une crise de confiance majeure est donc, en même temps, le symptôme d'une grave crise de légi-

---

1. George A. Akerlof et Robert J. Shiller, 2009. Voir bibliographie.
2. Denise M. Rousseau, 1998. Voir bibliographie.

timité. «La crise monétaire, écrit-il, emprunte les traits d'une régression institutionnelle : la crise de confiance dans l'État de droit devient une crise de la norme sociale, qui se mue finalement en crise de la confiance interpersonnelle. La crise monétaire déconstruit la confiance institutionnelle.» Elle est donc beaucoup plus grave qu'une crise financière. Le grand historien Marc Bloch avait déjà écrit en 1933 : «De tous les appareils enregistreurs capables de révéler à l'historien les mouvements profonds de l'économie, les phénomènes monétaires sont sans doute les plus sensibles.» La situation actuelle de l'euro, par exemple, nous donne donc du grain à moudre.

Il est naturel d'essayer d'expliquer l'économie et la monnaie par des facteurs rationnels. Mais on n'a pas fini de parler de la confiance !

PARTIE 2

# QUAND TOUT DÉRAPE

# Chapitre 8

# Dioclétien invente le contrôle des prix

Rétrospectivement, on ne peut s'empêcher de trouver cela miraculeux : comment l'Empire romain a-t-il pu contrôler un territoire beaucoup plus vaste que l'Europe avec seulement 30 légions à son apogée ? Une légion comptait environ 6 000 hommes. Les forces romaines au total n'employaient que 200 000 légionnaires, et encore, dispersés dans des cantonnements à des semaines de marche l'un de l'autre. C'est à peu près l'effectif déployé par les États-Unis lors de l'occupation récente de l'Irak.

La réponse se trouve-t-elle dans la qualité exceptionnelle de l'armement romain ? Certainement pas. Les adversaires de Rome disposaient souvent d'un équipement supérieur, et certains d'entre eux utilisaient la cavalerie avec une bien plus redoutable efficacité. Était-ce donc la supériorité de la tactique romaine qui assurait la victoire ? Pas plus, car la tactique romaine était loin d'être éblouissante. Le soldat romain était plus intéressé par l'avancement et la retraite en fin de carrière que par une charge héroïque, et les généraux romains étaient plus besogneux qu'inspirés. En fin de compte, le succès continu de Rome tient en deux mots : la discipline et la soumission de la force militaire aux impératifs de la politique. La doctrine en effet consistait à montrer sa force pour ne pas avoir à s'en servir et l'aventurisme militaire sera toujours mal vu à Rome dans les cercles du pouvoir. Rome s'appuiera longtemps pour sa sécurité aux frontières sur des États clients qui feront le travail pour elle. Cette doctrine fonctionnera pendant plusieurs siècles.

Mais la croissance démesurée de l'empire rend cette stratégie de plus en plus inopérante. Au IIIe siècle après J.-C., Rome passe à un mode franchement défensif, avec la construction de lignes de défense en dur. Il s'agit là d'un changement radical de mode opératoire. De surcroît, le centre de l'empire est en proie à une instabilité politique préoccupante et à une situation économique très dégradée. Quand Dioclétien arrive au pouvoir en 284, il y aura eu 24 empereurs en 73 ans, soit un tous les 3 ans !

Qui est donc ce nouvel empereur ? Proclamé « *imperator* » par ses troupes, Dioclétien vient d'un tout petit milieu social. Ses parents sont de simples paysans de la côte dalmate, dans l'actuelle Croatie. Mais Dioclétien, enfant brillant, profite de l'ascenseur social qu'est l'armée. Il se révèle redoutable cavalier et ne tardera pas à commander la cavalerie impériale, arme d'élite s'il en est. À ce poste, façonné à la romaine, il deviendra un parfait général discipliné, pragmatique et tout dévoué à la cause et à la grandeur de l'empire.

## Le beurre et les canons

À défaut d'être un visionnaire comme son successeur Constantin – un Serbe qui deviendra chrétien, et l'empire avec lui – Dioclétien sera un très grand réformateur. Sa formation et son expérience militaire lui avaient montré que l'empire était devenu bien trop vaste pour être efficacement géré par un seul homme. Il imposa alors à Rome un très étrange système de gouvernement, la tétrarchie. L'empire sera partagé en deux entre deux «Auguste», chacun flanqué d'un adjoint nommé César. Bien sûr, Dioclétien sera l'un des deux Auguste et gardera quand même l'autorité ultime. Il laissera aussi une autre marque : au bout de 20 ans de règne, comme George Washington quinze siècles après lui, il se retirera du pouvoir, contraignant l'autre Auguste, peu enthousiaste, à faire de même. Dioclétien, déifié, prendra alors sa retraite dans un superbe palais à Salone (l'actuelle Split, sur la côte dalmate) et restera sourd aux voix des sirènes qui lui suggérèrent, à plusieurs reprises, de reprendre les rênes du pouvoir. Il sera le seul empereur romain à se retirer volontairement des affaires.

Mais ce qui nous intéresse ici, c'est que Dioclétien avait compris qu'il ne pouvait plus garantir l'intégrité de l'empire avec seulement 30 légions. Il prit une décision lourde de conséquences : il doubla le nombre des légions à 60. La taille de l'armée romaine passa donc de 200 000 à 450 000 hommes, mais le coût de ce doublement des effectifs se révéla vite insupportable pour les finances romaines. Dioclétien commit en effet une erreur fatale de politique économique : il aurait dû en parallèle faire des économies pour pouvoir financer le surcroît des charges, car même en s'endettant et en augmentant les impôts – privilège régalien qui a toujours autorisé bien des excès – le budget ne pouvait toujours pas être bouclé. Dioclétien ne voulut pas réduire le rythme de ses programmes de grands travaux destinés à faire fonctionner l'économie et à employer les Romains. Comme tant d'autres, il ne sut pas choisir entre «le beurre et les canons». Les conséquences se révélèrent dramatiques. Après l'impasse fiscale, on passa aux expédients, qui aboutirent à une hyperinflation.

Ce dilemme n'avait cependant pas échappé au remarquable esprit d'analyse de Dioclétien. Dès son accession à la fonction suprême, l'*imperator* avait pris en main les affaires monétaires, constatant les désordres, l'inflation et la perte de confiance due à l'instabilité précédente de l'empire. C'est pourquoi, au début de son règne, il réévalua la monnaie en augmentant la quantité de métal précieux dans la monnaie de réserve du budget de l'époque (un peu flou à la vérité), l'aureus d'or. Mais comme la quantité d'or était limitée, il existait en parallèle une autre monnaie, l'argentus (en argent, comme son nom l'indique), qui continuait à régir les affaires courantes, notamment les prix et les salaires. Il existait ainsi un système à deux vitesses, un « bimétallisme » de fait, qui perdurera pendant des siècles. Le problème du passage d'une monnaie à l'autre était un casse-tête et, si l'on n'était pas extrêmement vigilant ou si l'on manipulait les choses en sous-main, pouvait empoisonner tout le paysage financier. Ce « bimétallisme » aura la vie dure. Au début du xxᵉ siècle, par exemple, les ouvriers qui construisaient le canal de Panama étaient payés en argent, alors que les contremaîtres et les ingénieurs – les privilégiés – étaient payés en pièces d'or. Mais enfin, au début du règne de Dioclétien, on avait renoué sainement avec une situation de stabilité monétaire. Les spéculations de tous ordres se tassaient. La confiance revenait. On le devait à une monnaie établie sur des fondements assainis.

La décision de doubler le nombre des légions contraignit cependant Dioclétien à faire machine arrière et à reconsidérer cette sage politique. Après la réévaluation, il procéda à des dévaluations successives – la plupart rampantes – pour financer les dépenses en recourant de manière croissante à de la monnaie de singe. Les manipulations monétaires opacifiaient le paysage et il était tentant d'entretenir un flou propice entre les monnaies d'or et d'argent. De fait, la monnaie n'avait plus de convertibilité. Sa valeur théorique d'antan ne signifiait plus rien. Tout dérapa rapidement. L'inflation grimpa vertigineusement. Les prix et les salaires entrèrent dans une farandole incontrôlable. Les riches comprenaient bien ce qui se passait et avaient les moyens d'accumuler du métal précieux pour se garantir quelque peu, sur fond de spéculation folle. Les plus défavorisés, au contraire, s'appauvrissaient, leur dernier recours étant de se tourner vers le peu qui existait d'assistance charitable. La confiance disparaissait a vue d'œil.

## LE REMÈDE MIRACLE

C'est alors qu'en 301, Dioclétien crut avoir trouvé le remède miracle. Il publia «l'édit du maximum» qui instaurait un strict contrôle des prix et des salaires. En cas de violation du contrôle des prix et des salaires, disait l'édit, une seule sanction était prévue : la mort. Tout était prévu bureaucratiquement dans le moindre détail. Le prix de la bière était bloqué à 2 deniers le *setier*, le prix du fourrage à 2 deniers les 2 livres, celui de l'herbe à 1 denier les 6 livres ; le prix de la soie fut limité à 12 000 deniers, et celui d'un lion du cirque à 150 000 deniers. Les salaires furent bloqués à 2 deniers par jour pour un briquetier, à 25 deniers par mois pour un ouvrier agricole, à 75 deniers pour un peintre en bâtiment, à 250 deniers par élève et par jour pour un sophiste, à 25 deniers pour cent lignes pour un scribe, etc.

La confiance fut-elle pour autant rétablie et la situation monétaire sauvée ? Non, car les chiffres, hélas, ont une vie propre, distincte de la politique. Les marchés financiers n'existaient certes pas sous Dioclétien, mais d'inexorables mécanismes, eux, étaient déjà en place ! La livre d'or, qui valait 50 000 deniers en 301, en valait 100 000 en 307, 300 000 en 324, et 2 milliards en 350. Cette hyperinflation ressemble trait pour trait à la situation désastreuse de l'Allemagne dans les années 1920.

La politique économique de Dioclétien se révéla finalement catastrophique. Il fallut attendre le règne de Constantin pour que le contrôle tatillon des prix soit levé, tout en abolissant drastiquement l'instrument de mesure antérieur qui n'en pouvait plus, par la création *ex nihilo* d'une nouvelle monnaie : le solidus d'or, avec un poids fixe intangible de 4,5 g d'or. Le solidus se révéla un grand succès. Il devint une valeur refuge, continua sa vie dans l'Empire byzantin sous le nom de nomisma, et ne sera finalement dévalué pour la première fois qu'au XIe siècle ! L'un des socles majeurs de la puissance byzantine fut la confiance dans la monnaie. On retrouvera le solidus dans le royaume des Francs sous le nom de sol, puis de sou, qui s'est perpétué en Occident pendant un millénaire.

## Tout vu et rien appris

Les leçons de l'Antiquité ont-elles été retenues ? Pas par tout le monde, apparemment. En 1793, la Convention française crut à cette fausse bonne idée et vota « la loi du maximum », en reprenant le mot même de Dioclétien. Lamentable échec. Le président américain Richard Nixon fut tenté en 1971 par cette même illusion de contrôle des prix et des salaires pour juguler l'inflation et la perte de valeur internationale du dollar. Ne voulant pas choisir entre le beurre et les canons – au plus fort de la coûteuse guerre du Vietnam – il échoua lamentablement, non sans avoir été dûment prévenu par ses conseillers économiques. Peut-être avait-il été briefé sur le contrôle des prix instauré par Franklin Roosevelt en 1942 (la «*general maximum price regulation*»), qui fut le seul exemple historique où cela marcha à peu près… mais au plus fort d'une guerre mondiale où tout était devenu «anormal». Pour faire bonne mesure, Nixon annonça au monde la suppression de la convertibilité du dollar afin de mettre fin aux sorties d'or. Cette décision fatidique de faire flotter les monnaies entre elles fut source de spéculation incontrôlable, d'instabilité permanente et, au final, de défiance généralisée, dont le monde n'est toujours pas entièrement remis aujourd'hui.

Des esprits dotés d'un peu de culture historique rappelèrent opportunément l'échec massif de la politique de Dioclétien. Walter Wriston, brillant dirigeant de la banque Citigroup, prit la plume pour rappeler cet empereur qui «tenta d'imposer sans succès un contrôle des prix sur 900 articles et 130 formes de rémunérations», en ajoutant: «Tous ces contrôles ont un point commun. Si le seul problème consistait seulement en leur échec, cela vaudrait la peine de les utiliser dans le court terme. Mais c'est pire: en échouant, les contrôles faussent le marché, créent des pénuries et sont la cause de beaucoup d'incertitude[1].» À chaque fois que le contrôle des prix a été instauré, dans quelque pays que ce soit, l'histoire s'est montrée sévère avec cette fausse bonne idée. Même punition, même motif lorsque François Mitterrand, au

---

1. Phillip L. Zweig, *Walter Wriston*, 1995, page 338. Voir bibliographie.

début de son premier mandat présidentiel, crut réinventer la roue en instaurant, lui aussi, le contrôle des prix et des salaires pour amener à résipiscence une situation économique qui lui échappait : échec en rase campagne, que l'on eut le plus grand mal à circonvenir en proclamant la « rigueur » en 1983. Au passage, le franc fut dévalué quatre fois en quelques mois.

## DIOCLÉTIEN ET NOUS

Le contrôle des prix et des rémunérations n'a jamais marché. À la décharge de Dioclétien, cet empereur n'avait pas le bénéfice des leçons du passé. Ses successeurs dans l'histoire du contrôle des prix n'ont pas la même excuse. On ne vit pas dans une bulle nationale, même si l'on a des frontières, pas plus Dioclétien que les Soviétiques, la République populaire de Chine ou aujourd'hui la Corée du Nord, qui se crurent à l'abri des mouvements du monde et durent, eux aussi, sérieusement amender leurs systèmes d'administration des prix. Les mêmes velléités agitent certains populistes qui animent le folklore de toutes les campagnes électorales des pays démocratiques. Les idées simplistes peuvent peut-être séduire le bon peuple : attention danger !

# La baguette magique de Talleyrand

En France, la dette publique n'a fait que s'aggraver tout au long du XVIIIe siècle. À la veille de la Révolution, en 1788, le déficit budgétaire est de 120 millions de livres, soit 130 % des recettes, en hausse de 30 % sur l'année précédente. Sur les 600 millions de livres de dépenses publiques, 300 sont consacrées au remboursement de la dette. Les expéditions pour soutenir la guerre d'indépendance américaine ont coûté 5 ans du budget total du royaume. L'État est pratiquement en faillite.

Tout au long du règne de Louis XVI, deux thèses antinomiques s'affrontent. D'un côté, Jacques Necker, banquier genevois, austère et respecté du public. C'est un brillant penseur financier également. Son *Essai sur la législation et le commerce des grains* est le *best-seller* de l'année 1775. D'abord ambassadeur de Genève en France, il est embauché par le roi et fera trois allers-retours comme ministre des Finances entre 1776 et 1790. Mais sa double qualité de protestant et d'étranger ne l'aide guère. C'est l'homme des réformes en profondeur et de l'implacable équilibre budgétaire. Se voyant contraint de réduire le train de vie de la cour, il ne se fera pas que des amis. Necker, c'est l'homme de l'austère rigueur.

En face, Charles-Alexandre de Calonne, contrôleur général des Finances de 1783 à 1787, issu d'une famille d'assez récente noblesse, lié par son épouse aux milieux de la haute finance. Calonne, brillant, sûr de lui, rapide dans la décision, est un cynique insouciant. «Keynésien» avant l'heure, il fulmine contre l'austérité et provoque la relance à tout prix… mais sans trop se préoccuper de l'équilibre des comptes. Les libelles féroces qui circulent à Paris le qualifient du sobriquet de «Monsieur Déficits». Necker et Calonne s'opposeront sans cesse. La dette récurrente a tellement gangrené le système, malgré le dernier sursaut de Necker – rappelé au service en 1787 – qu'elle va conduire tout droit à la chute de la monarchie.

## Le diable boiteux

Déjà, «le diable boiteux» évolue dans les cercles du pouvoir. Dans le domaine financier, il sera le flamboyant émule de John Law, sans parler de tous ses autres talents à multiples facettes. Il servira quatre régimes opposés et s'en servira abondamment sans vergogne. Charles-Maurice de Talleyrand-Périgord n'est pas n'importe qui. C'est un grand seigneur de très ancienne noblesse. Quatre familles ont eu le privilège de tout temps de tenir les cordons du dais du couronnement des rois de France à Reims, à commencer par la sienne. À 4 ans, sa nourrice le laisse tomber par mégarde d'un meuble, il se blesse et restera boiteux toute sa vie, d'où son surnom.

Talleyrand est un homme d'Église. Dans la famille, en effet, il n'y a que deux carrières possibles : les armes ou le clergé. Étant donné son infirmité, il ne lui reste qu'une option. «On me force à être ecclésiastique, on s'en repentira», déclare-t-il en 1775. Il admettra que l'étude de la théologie lui aura apporté «cette mesure d'esprit et d'expression[1] » qui lui donneront tant de poids dans la conduite des affaires du monde. En 1779, il est ordonné prêtre et l'année suivante, à 26 ans, grâce à l'appui de son oncle archevêque de Reims, il est nommé agent général du clergé, c'est-à-dire, en quelque sorte, Premier ministre de l'Église de France. À ce titre, il a rang de conseiller d'État et droit d'entrée au Conseil du roi. Il y défendra vigoureusement les intérêts de l'Église, faisant preuve de souplesse et d'imagination.

En 1783, Talleyrand connaît son baptême du feu financier : une crise bancaire en règle, celle de la Caisse d'escompte. Cette banque, créée en 1776, est à elle seule l'équivalent de la Banque de France. En 1783, elle se trouve à court de numéraire. Le Trésor royal doit voler à son secours en lui apportant 26 millions de livres, mais c'est alors le Trésor qui se trouve en défaut. Le contrôleur des Finances, le jeune incompétent Henri d'Ormesson, enjoint alors au Trésor d'emprunter en secret 24 millions auprès de la Caisse d'escompte. Mais comme rien ne reste longtemps secret à Paris, la Caisse doit bientôt suspendre ses paiements. Paniqué, le contrôleur fait ordonner le cours forcé des billets. Ces mesures ne font qu'aggraver la situation et portent une atteinte terrible au crédit public. Pour subvenir aux besoins du Trésor, d'Ormesson décide d'émettre un nouvel emprunt sur la Loterie nationale à hauteur de 24 millions, à des taux prohibitifs.

Quand Calonne, appelé à la rescousse, prend enfin les choses en main, il s'associe à Talleyrand, avec qui le lie une séduction intellectuelle mutuelle. Talleyrand comprend admirablement la situation. Il conseille habilement au clergé de prendre les devants et de proposer au roi un don

---

1. Georges Lacour-Gayet, 1970. Voir bibliographie.

«spontané» de 15 millions de livres, afin de devancer une taxation exceptionnelle forcée. «Que tout change pour que rien ne change[1]», déclare-t-il alors. Avec ces fonds, Talleyrand et Calonne organisent le sauvetage de la Caisse d'escompte, en augmentant son capital de ces 15 millions de livres. Le clergé lui en est vivement reconnaissant, car il détenait 2 millions de livres de billets émis par la banque, qui se seraient définitivement évaporés si la Caisse d'escompte avait fait faillite. La réputation de Talleyrand est à son zénith. En novembre 1788, il est nommé évêque d'Autun. Louis XVI, qui le connaît bien, s'écrie en signant le décret : «Cela le corrigera[2] !»

## TRAÎTRE À SON CAMP

Mais en cette fin de XVIIIe siècle, l'histoire avance à grands pas. Le 2 avril 1789, Talleyrand est élu député du clergé d'Autun aux états généraux. Le rideau se lève, l'immense carrière peut commencer. Talleyrand comprend vite la situation et, dès le 26 juin, il tourne casaque et rejoint la délégation du tiers état. Il rédige l'article 6 de la Déclaration des droits de l'homme : «La loi est l'expression de la volonté générale […] Elle doit être la même pour tous, soit qu'elle protège, soit qu'elle punisse. […]» Le grand coup de théâtre se produit le 10 octobre 1789.

C'est la dernière séance de l'Assemblée constituante à Versailles. Monseigneur de Talleyrand-Périgord monte lentement à la tribune, ses notes à la main. Il sait qu'il n'est pas un grand orateur, c'est pourquoi il lit ses discours, sans dévier de ce qui est écrit. Mais ses interventions sont tou-

1. Emmanuel de Waresquiel, 2009, page 71. Voir bibliographie.
2. *Ibid.*, page 111. Voir bibliographie.

jours à propos. Celle-ci aura des allures de tremblement de terre. La situation financière de la France est catastrophique, dit-il, chacun le sait. Et chacun sait aussi que la dette de 2 milliards de livres est impossible à rembourser. Pourtant, monseigneur de Talleyrand-Périgord a pensé à une excellente solution. L'évêque d'Autun a été, il le rappelle, agent général du clergé. Il est donc bien placé pour connaître les chiffres. Or, justement, il l'affirme, les biens du clergé valent précisément… 2 milliards ! Il suffit donc de nationaliser les biens du clergé, et le problème sera résolu, CQFD !

C'est le chaos dans l'Assemblée. Le haut clergé et la noblesse conspuent Talleyrand qui déclare benoîtement : «Je suis presque le seul de mon état qui soutienne des principes qui paraissent opposés à ses intérêts. Si je monte à la tribune, ce n'est pas sans ressentir toutes les difficultés de ma position. Comme ecclésiastique, je fais hommage au clergé de la sorte de peine que j'éprouve. Mais comme citoyen, j'aurais le courage qui convient à la vérité[1]». Dans les rangs de l'Assemblée, les députés de la noblesse et du clergé psalmodient : «Parjure, usure, luxure[2]». Mais dans les rangs du tiers état, c'est le délire, surtout chez le bas clergé, mal rétribué, à qui Talleyrand avait pris soin de promettre à l'avance le doublement de son salaire, la «portion congrue».

Une fois le premier enthousiasme passé, l'Assemblée étudie les modalités concrètes de mise en œuvre de l'idée de Talleyrand. On soulève une première objection : alors que l'on venait, à peine deux mois auparavant, de proclamer la Déclaration des droits de l'homme et du citoyen, dans

---

1. *Ibid.*, page 134.
2. *Ibid.*, page 136.

laquelle le droit de propriété inviolable figurait en bonne place, pouvait-on nationaliser ainsi les biens du clergé, enlever à l'Église sa propriété ? Talleyrand n'était pas un expert en casuistique pour rien. Non, répond-il benoîtement, puisqu'il existe dans la fameuse Déclaration la possibilité de confisquer une propriété lorsque la nécessité publique l'impose !

Un obstacle concret apparaît alors, de taille : il n'échappe pas en effet aux parlementaires que si l'on vend d'un coup tous les biens du clergé, qui sont essentiellement immeubles, les prix risquent de s'effondrer. On réfléchit. Finalement, le 19 décembre 1789, la Constituante trouve une solution élégante : au lieu de vendre tous les biens d'un coup, on va émettre du papier gagé sur les biens de l'Église, rapportant 5 % l'an et donnant priorité sur l'achat desdits biens lorsqu'ils seront mis en vente. On nommera ce papier les « assignats ».

## Le diable sort de sa boîte

Prudente, l'Assemblée – tout comme le Congrès américain contemporain pour la dette publique des États-Unis – fixe une limite à l'émission des assignats. Un premier plafond est fixé à 400 millions de livres. Puis, irrésistiblement – comme c'est toujours le cas dans ce genre de circonstances – le plafond augmente. Il passe à 1,2 milliards en 1790, puis à 3,2 milliards. Pourquoi se priver de telles facilités de caisse ? Bien entendu, le robinet des liquidités noie l'économie réelle et provoque une inflation incontrôlable. Le pouvoir d'achat s'effondre. À peine suspendus par l'exécution de Louis XVI, le 21 janvier 1793, des débats enflammés agitent la Convention. Le seul lucide est peut-être Jean-Paul Marat: il proclame clairement que l'abondance des assignats est la cause de tout et qu'elle touche d'abord les pauvres, mais on ne l'écoute pas. Les jacobins réagissent selon leur inclination idéologique à la règlementation, sans se pencher de façon pragmatique sur les causes réelles de l'inflation. Comme si l'on pouvait mettre des nuages en bouteille, comme si une séduisante fausse bonne idée pouvait résoudre le problème… En mai 1793, la Convention fixe autoritairement les prix de certaines denrées de base. Le 29 septembre 1793 – Marat a entretemps été assassiné en juillet – elle vote la «loi du maximum», qui impose un blocage général des prix et des salaires. L'époque est rude: les contrevenants y risquent leur tête. Vieille lune du blocage des prix! Comme si l'on n'avait rien retenu des déboires de Dioclétien, jusqu'à reprendre exactement la même terminologie du «maximum»! Bien entendu, cela ne marche pas plus que sous Dioclétien.

Et l'on continue gaiement. À partir de 1794, tous les freins disparaissent: le plafond d'émission des assignats est relevé à 9,5 milliards. Pourquoi se gêner? Finalement, on en émettra pour… 45 milliards! Cette injection incroyable de liquidités sera la cause, comme toujours, d'une inflation galopante. Entre 1791 et 1796, les prix seront multipliés par 200! Le pouvoir vivra alors d'expédients. Pendant la Terreur (1794), on retirera de la circulation les assignats «à face royale», ceux qui portaient le portrait du roi, pour tenter de réduire un peu la masse monétaire, mais rien n'y fera. En 1795, une miche de pain coûte 1 400 livres, un baril de pommes de terre 17 000 livres! Sous le Directoire (qui s'installe le 26 octobre 1795) il faudra s'y résoudre: les assignats ne valent plus rien. Même les mendiants n'en veulent pas, et, finalement, le troc refera son apparition.

L'opinion publique, se sentant grugée, s'enflamma, et, finalement, le 19 février 1796, on brûla publiquement la planche à imprimer des assignats. On remplaça les assignats par les «mandats territoriaux», mais leur valeur s'effondra presque immédiatement. Quand on les supprima, en février 1797, ils avaient perdu 99% de leur valeur. Il faudra un coup de génie pour redresser cette terrible situation. Et le génie s'appelle Napoléon.

La nationalisation des biens du clergé est un thème qui revient périodiquement à la surface dès qu'un pays est en faillite et que son clergé est omnipotent. Aujourd'hui, la richesse des grands mollahs en Iran n'a d'égale que les propriétés foncières colossales du clergé orthodoxe grec. Il suffirait en principe de les préempter pour régler le problème de la dette. Mais aucun Talleyrand local n'a encore osé !

Sa caste ne pardonnera jamais à Talleyrand. «Quand Monsieur de Talleyrand ne conspire pas, il trafique», écrit de lui Châteaubriand dans les *Mémoires d'outre-tombe*. Après la Révolution, le talent diplomatique de Talleyrand est indispensable à Napoléon, qui se défoule pourtant violemment sur ses intrigues permanentes : «Vous êtes un voleur, un lâche, un homme sans foi, vous ne croyez pas en Dieu, vous avez toute votre vie manqué à tous vos devoirs, vous avez trompé, trahi tout le monde, il n'y a rien pour vous de sacré, vous vendriez votre père[1] » ! Sous la Restauration, un pamphlet dira de lui :

> *Le mensonge incarné, le parjure vivant*
> *Talleyrand-Périgord, prince de Bénévent*
> *Aux autels, à la Cour, doublement apostat*
> *Comme il traita l'Église, il a traité l'État*

---

1. *Ibid.*, page 400.

> *Exercé 40 ans dans les chancelleries*
> *Protée au pied boiteux, Satan des Tuileries*
> *Au pilier du pouvoir il s'est toujours tordu*
> *République, empereurs, rois, il les a tous vendus*[1].

«Je jouis des honneurs de l'exagération», commentera posément Talleyrand à la fin de sa carrière!

## TALLEYRAND ET NOUS

*Horresco referens* : la nationalisation des biens du clergé, une solution pour la Grèce? Confronté à l'épineux problème de la dette, Talleyrand a eu cette idée de génie. Le clergé orthodoxe grec est le plus gros propriétaire foncier national (voir chapitre 12). Il ne paie aucun impôt, très officiellement. L'orthodoxie est religion d'État, de par la constitution grecque. Lors de son intronisation, un nouveau Premier ministre grec prête serment sur la Bible devant les patriarches orthodoxes (aux États-Unis, le serment se fait aussi sur la Bible, mais devant le président laïc de la Cour suprême). On se doute donc que l'idée est pour le moins osée, mais l'énorme fardeau de la dette grecque, comme les indigentes rentrées fiscales demandent d'explorer toutes les pistes. On ne recommandera, en revanche, les assignats à personne!

---

1. *Ibid.*, page 804.

# Chapitre 10

# Le va-tout de Nixon

Le système mis en place à Bretton Woods autorisa sans nul doute la véritable explosion du commerce international qui suivit la fin de la Seconde Guerre mondiale. L'étalon-or n'aurait pu à lui seul permettre le financement d'une telle croissance, et ceci est incontestablement à mettre au crédit du dollar. Jusque dans les années 1970, le monde passera par des phases où le dollar s'imprimait en trop grande quantité à des phases de pénurie, tant les échanges se développaient. Mais dans l'ensemble, les États-Unis abusèrent du système et le monde vécut dans un régime de surliquidité : il y avait bien trop de moyens de paiement en circulation.

## LES SOVIETS INVENTENT LES EURODOLLARS

Certains phénomènes inattendus vinrent même accentuer le phénomène. Dans les années 1920, les Soviets avaient créé une banque chargée de financer leur commerce extérieur, la Moscow Narodny Bank, laquelle avait acheté en 1925 à des émigrés russes la Banque Commerciale pour l'Europe du Nord, basée à Paris. Au faîte de la guerre froide, au début des années 1950, les autorités soviétiques, craignant le gel de leurs avoirs aux États-Unis, transférèrent en masse leurs dollars des États-Unis vers la Banque commerciale pour l'Europe du Nord, donc en France, puis à Londres. En agissant ainsi de manière aussi ridicule, les autorités soviétiques exhibèrent aux yeux de tous leur parfaite méconnaissance des mécanismes bancaires de base, car les dollars se trouvaient quand même en dernière analyse aux États-Unis, détenus cette fois par des banques américaines mais pour le compte de la Banque commerciale pour l'Europe du Nord ! La comptabilité bancaire est ainsi faite qu'une devise ne quitte jamais son pays d'origine.

En fait, rien n'avait changé… sauf un détail. Car, sans en avoir conscience le moins du monde, les Soviétiques venaient d'inventer les eurodollars, c'est-à-dire des dollars déposés dans des banques en Europe. Le directeur général de la Banque commerciale pour l'Europe du Nord, plus malin que ses patrons, se dit qu'il serait bien niais de ne rien faire de cette masse énorme de dollars déposés dans ses livres, et il lui vint l'idée géniale de les reprêter.

L'incompétence des autorités américaines vint donner à ce phénomène une tout autre dimension ainsi qu'un sérieux coup de pouce au directeur général de la Banque commerciale pour l'Europe du Nord. En effet, trois réglementations américaines vinrent inopinément accélérer la croissance du marché des eurodollars, en ayant des effets inattendus par leurs géniteurs. La réglementation « Q » plafonnait le taux d'intérêt que les banques américaines pouvaient payer à leurs déposants. Ceci avait pour but de protéger les banques de crédit hypothécaires américaines, les *Savings and Loans*, équivalent des caisses d'épargne européennes, qui feront en 1987 l'une des plus belles faillites de l'Histoire. Résultat : les banques américaines vinrent s'installer en masse à Londres pour collecter des dépôts, donnant un coup de main bien imprévu à la City !

L'*Interest Equalization Tax* de 1965 taxa les sociétés étrangères qui venaient chercher des capitaux à Wall Street, pour freiner les sorties de capitaux hors des États-Unis. La City de Londres se révéla une excellente alternative pour ces sociétés non américaines. Merci le régulateur américain ! Enfin, le président Johnson, aux abois, établit en 1968 la *Voluntary Foreign Credit Restraint*, incitant les sociétés américaines à ne pas utiliser le marché de New York pour se financer, et pour les mêmes raisons que précédemment. Du coup, ce ne sont pas seulement les sociétés non américaines qui allèrent se financer à Londres, mais les sociétés américaines également ! Et tout cela à un moment où les eurodollars cherchaient des placements. Ceci accéléra encore le développement de la place de Londres, qui devra une fière chandelle aux maladresses et aux ignorances des régulateurs russes et américains, involontairement associés dans cette entreprise de destruction de Wall Street !

## LES MARCHÉS EXPLOSENT

Comme si tout ceci ne suffisait pas, la guerre du Kippour de 1973 et le quadruplement du cours du pétrole qui s'ensuivit vinrent donner au phénomène une ampleur incomparable. Afin de limiter leurs risques, les pays producteurs de pétrole, membres de l'Opep, qui disposaient maintenant de sommes considérables, ne voulaient les placer que dans des banques de premier rang. Quel meilleur endroit que Londres pour placer cette nouvelle manne d'eurodollars, que les banques internationales s'empressèrent, de leur côté, de reprêter à des pays en difficulté, au premier rang desquels l'Angleterre et l'Italie ? La masse de dollars en circulation explosa, augmentant encore une liquidité monstrueuse aux effets potentiellement déstabilisateurs. Première victime : le dollar.

Sa santé s'était déjà gâtée dans les années 1960. Le 14 février 1961 s'était constitué le «*pool* de l'or» regroupant les États-Unis, la France, l'Allemagne, l'Angleterre, l'Italie, les Pays-Bas, la Belgique et la Suisse. Objectif : vendre de l'or pour freiner la chute du dollar. Car le dollar commençait à être mal en point, si mal en point que la mention «*as good as gold*» disparut soudainement du billet vert, comme on le sait. Comme on peut s'en douter, le *pool* de l'or ne servit à rien, ne s'attaquant comme toujours qu'aux symptômes et non aux causes. C'est le général de Gaulle qui sonna l'hallali en février 1967 en s'en retirant. La France, qui détenait alors 3 181 t d'or – contre 487 en 1945 – ne tenait pas à dilapider son or si âprement acquis. Le *pool* de l'or ne se remit pas du retrait de la France et fut dissous le 17 mars 1968. Un double marché de l'or apparut alors : le marché officiel en ligne avec les accords de Bretton Woods et un marché libre où son prix fluctuait en fonction de l'offre et de la demande. La grande réévaluation du prix de l'or était sourdement en marche.

Dans ce désordre monétaire, le dollar n'était pas la seule devise en difficulté. La livre sterling le fut également dès les années 1960. Des accords de *swap* furent donc mis sur pied, selon lesquels une banque centrale en difficulté pouvait emprunter aux autres à court terme. La Banque d'Angleterre utilisa cette facilité à hauteur de 2 milliards de dollars. Ces accords furent sûrement néfastes, permettant à la Banque d'Angleterre de maintenir la livre sterling à un niveau irréaliste pendant trop longtemps. Vieux débat : n'aurait-il pas été préférable de laisser la monnaie anglaise flotter et trouver toute seule son niveau approprié ? D'autant que l'Angleterre ne mit pas à profit le temps ainsi gagné pour faire les réformes nécessaires… L'inévitable finit donc par se produire. Le 18 novembre 1967, le gouvernement travailliste fut contraint de dévaluer la livre sterling. Après le *pool* de l'or, les accords de *swap* se révélaient être un nouvel échec. Le désordre s'installa peu à peu.

C'est alors qu'apparut, à la conférence annuelle du FMI de 1967 à Rio, une nouvelle arme de défense des monnaies : les droits de tirage spéciaux (DTS). Ces DTS n'étaient en fait qu'un dépoussiérage du bancor imaginé par Keynes, puisqu'ils consistaient en un panier de devises constituant une nouvelle unité de compte. Comme il fallait lui donner une valeur, on décida, sans grande imagination, qu'un DTS serait égal à un dollar. Le FMI pouvait les allouer à un pays en difficulté en cas de besoin. Mais là encore, ce ne fut pas l'enthousiasme : de 1970 à 1972, on en créa pour 9,5 milliards, alors que les réserves des banques centrales, elles, augmentaient de… 50 milliards ! Bref, contre vents et marées, le dollar restait la référence.

Cette situation chaotique donna des idées à certains. Le 12 février 1969, Raymond Barre – alors vice-président de la Commission européenne, chargé de l'Économie et des Finances – proposa pour la première fois de créer une union monétaire européenne. Cette idée fut adoptée par le président Georges Pompidou et le chancelier allemand Willy Brandt au sommet de La Haye en décembre 1969. Une date de création de la monnaie unique fut même avancée : ce serait pour 1980.

Mais pendant ce temps-là, le prix de l'or ne cessait de monter, rendant inévitable une remise en cause déchirante. De 1945 à 1971, les réserves d'or des États-Unis n'avaient cessé de diminuer, passant de 21 700 t en 1945 à 3 900 en 1971, soit moins – en pourcentage des réserves mondiales totales – qu'en 1913 ! L'or avait en fait été redistribué au profit de l'Europe, qui relevait la tête.

L'Amérique, telle la Rome de Dioclétien, n'arrivait pas à choisir entre le beurre et les canons. Le conflit vietnamien, dans lequel elle s'était engagée dans les années 1960, était hors de prix. La planche à billets fonctionnait une fois de plus à plein. En 1971, en une seule année, le gouvernement américain imprima tant de billets que la masse monétaire augmenta de 10 % ! Pour ne rien arranger, une panique à Wall Street, le 22 avril 1971, déclencha une chute de l'indice Dow Jones, qui finit par se retrouver 36 % plus bas que son point le plus haut de 1969. Que faire ?

Le président Richard Nixon consulta alors deux gourous de l'économie : James Tobin, qui sera prix Nobel en 1976, et Milton Friedman, qui le sera en 1981. Friedman dit que, les choses étant ce qu'elles étaient, il valait mieux mettre fin à la convertibilité du dollar en or. Tobin dit l'inverse et conseilla l'instauration d'une taxe pour ralentir les fuites de capitaux hors des États-Unis. Le 5 août 1971, lors d'une conférence de presse, Nixon déclara qu'il « envisageait, l'esprit ouvert, la possibilité d'un contrôle des prix ». Quelque chose était dans l'air.

## NIXON SE JETTE À L'EAU

C'est alors que Nixon réunit ses collaborateurs à Camp David pour faire le point. Le secrétaire au Trésor, John Connally, rappelé de ses vacances au Texas, que ses collègues européens considéraient comme un *cow boy* inculte, tira à vue en préconisant de « fermer le guichet de l'or ». « Nous vivons dans le mensonge, dit-il, et tout le monde le sait. Nous ne pouvons pas convertir en or tous les dollars en circulation[1]. »

Le président de la Fed, Arthur Burns, était contre. Connally était partisan d'établir un contrôle des prix et des salaires. George Schultz, directeur du Budget, était contre. Ministres et conseillers se déchirèrent. Nixon était troublé et indécis, comme chaque fois à la veille d'une grande décision. Il décida d'envoyer Connally à Londres pour sonder les dirigeants européens, puis le convoqua à la Maison-Blanche à son retour. Les Européens étaient partisans de mettre fin à la convertibilité du dollar, expliqua Connally. Ce dernier demanda alors à Nixon si la fin de la convertibilité le gênerait politiquement :

NIXON. — Et vous, ça vous gênerait ?
CONNALLY. — Pas le moins du monde.
NIXON. — Eh bien, moi non plus[2].

La décision était prise.

Le 15 août 1971, Nixon annonça sa décision fatidique : le dollar n'était plus convertible, les prix et les salaires étaient gelés. Cette annonce historique marquait la fin d'une époque. Ce fut un choc brutal dans le monde comme aux États-Unis. Même pour les républicains de son propre camp, le gel des prix et des salaires était un péché mortel.

Nixon rencontra Pompidou aux Açores en décembre 1971. Jacques de Larosière (qui sera directeur général du FMI de 1978 à 1987) décrit ainsi la réunion : « Le président

---

1. Phillip L. Zweig, *op. cit.*, page 336.
2. *Ibid.*, page 349.

Nixon, le secrétaire au trésor Connally et son adjoint Paul Volcker, vinrent rencontrer le président Pompidou et monsieur Giscard d'Estaing pour tenter de trouver un terrain d'entente sur l'avenir du système dont les bases juridiques avaient été sapées par la rupture du 15 août 1971 ». En effet, la décision de mettre fin à la convertibilité du dollar en or n'abolissait pas les accords de Bretton Woods. À quel prix désormais se situerait donc le dollar par rapport aux autres monnaies ? En d'autres termes, en plus de l'inconvertibilité, fallait-il dévaluer le dollar ? Les accords de Washington, signés par le Groupe des Dix le 18 décembre 1971, entérinèrent une dévaluation du dollar de 7,9 % à 38 dollars l'once d'or, ainsi qu'une réévaluation du deutschemark de 13,57 % et du yen de 16,9 %. On avait par là même confirmé le système des changes fixes, tout en adoptant cependant des marges de fluctuation de 2,25 %.

On peut au passage se demander de quel chapeau sortaient les pourcentages bizarres de dévaluations et de réévaluations qui furent choisis ! Que l'on en juge. En novembre 1971, John Connally avait rencontré à Rome les ministres des finances des principaux pays européens.

CONNALLY. — Eh bien messieurs, je vous ai bien écoutés lors de nos réunions de Munich, Londres, et maintenant Rome. Les États-Unis sont prêts à dévaluer le dollar de 10 %.

ANTHONY BARBER, *chancelier de l'Échiquier britannique.* — Oh, mais nous ne pouvons permettre cela.

CONNALLY. — Que voulez-vous dire, vous ne pouvez permettre cela ? Cela fait des mois que vous me le demandez !

BARBER. — 10 %, c'est trop.

CONNALLY. — 10 %, c'est peu. Qu'aviez-vous en tête ?

BARBER. — 5 %.

CONNALLY. — 5 % ne servira à rien. Si c'est tout ce que vous pouvez proposer, ça ne sert à rien de continuer cette réunion.

ARTHUR BURNS. — Je pense que nous pouvons trouver un accord et y arriver.

CONNALLY. — Bon Dieu, à part moi, personne dans cette salle n'a autorité pour faire quoi que ce soit ! Je suis le seul ici à avoir une quelconque indépendance[1].

Et l'on se mit finalement d'accord sur 8 %.

Oui mais, mathématiquement, une dévaluation du dollar de 8 % signifiait une réévaluation du yen de 17 %. Quelques semaines plus tard, les négociations continuèrent au Smithsonian Institute de Washington et durèrent jour et nuit. Le ministre allemand des Finances téléphona en pleine nuit à Willy Brandt, qui réunit son cabinet à 3 heures du matin. Le ministre des Finances Valéry Giscard d'Estaing dut réveiller Georges Pompidou et Anthony Barber faire de même avec le Premier ministre britannique, Edouard Heath. Restaient les Japonais.

Avec sa « courtoisie » habituelle, John Connally prévint le vice-ministre des Finances du Japon que si, à 10 heures le lendemain matin, le Japon n'avait pas donné une réponse positive à une réévaluation de 17 % du yen, son pays serait publiquement tenu pour responsable de l'échec des négociations. Le lendemain matin :

LE VICE-MINISTRE JAPONAIS. — J'ai parlé au ministre à Tokyo qui n'est pas d'accord pour 17 %.

CONNALLY. — D'accord, merci beaucoup.

---

1. Phillip L. Zweig, *op. cit.*, page 350.

VICE-MINISTRE. — Mais vous ne comprenez pas !
CONNALLY. — Si, je comprends très bien.
VICE-MINISTRE. — Vous ne comprenez pas.
CONNALLY. — Je ne comprends pas quoi ?
VICE-MINISTRE. — En 1932, un ministre des Finances dévalua justement de 17 %, il y eut une récession, et le ministre se suicida ! Vous ne pouvez pas donner un autre chiffre ?
CONNALLY : 16,9 %[1] ?

Et c'est ce que l'on fit !

Le 2 février 1973, le dollar fut encore dévalué de 10 %, passant à 42 dollars l'once et le 11 mars 1973, lassés, 6 pays européens décidèrent de laisser leurs monnaies flotter contre le dollar. Les accords de Washington n'avaient duré que 2 ans. On entrait dans un monde nouveau et redoutable : celui des changes flottants.

---

1. Phillip L. Zweig, *op. cit.*, page 351.

Chapitre 11

# Carlos Menem et la faillite de l'Argentine

Juste après la Seconde Guerre mondiale, l'Argentine est une grande puissance. Elle figure dans le « *Top 10* » des économies mondiales. Le pays est le principal fournisseur de viande de la planète. Buenos Aires scintille de mille feux. Une brillante société se presse au *Teatro Colon*, qui n'a rien à envier à un opéra européen. L'opulence pourra se perpétuer sans soucis aux rythmes des tangos, pense-t-on. Et puis le pays s'endort sur ses lauriers et sur ses combines. Il va passer par une série de secousses politiques et financières profondes, du flamboyant Juan Perón à une dictature militaire sanglante. Ce pays est un cousin très proche de l'Europe, peuplé exclusivement de « blancs ». Ses voisins brésiliens – qui ne se sont jamais faits à son arrogance – disent de lui pour plaisanter qu'il est consti-tué « d'Italiens qui parlent espagnol et qui se prennent pour des Anglais ». Mais il n'a pas la vertu de l'Europe. L'Argentine plonge inexorablement.

Il n'y a pas plus de fatalité du déclin qu'il n'existe un mys-tère de l'émergence. À l'heure où le Brésil est devenu une grande puissance, où les économies asiatiques défrayent la chronique, l'Argentine pointe maintenant au 77$^e$ rang mondial. Ce déclin historique a connu son point d'orgue en 2001, quand ce grand pays s'est trouvé en cessation de paiements pure et simple. À cause de décisions populistes, brouillonnes, irraisonnées et déraisonnables. Ce cas d'école illustre que des pays importants peuvent faire faillite. On n'a pas besoin aujourd'hui d'aller très loin, dans la vieille Europe, pour sentir le vent de ce boulet-là.

## Un *peón* de la Rioja

Le bouc émissaire de la plus fatale crise financière récente est tout trouvé : Carlos Menem. Fils d'un marchand ambulant syrien émigré dans la province de La Rioja, au Nord-Ouest du pays, il arrive à l'âge adulte à l'époque où le mirobolant Juan Peron prend les rênes de la République pour son premier mandat de président (1946-1955). Peron, avec son style inimitable, son mélange de populisme éhonté et de fascisme inspiré de Mussolini, laissera une marque indélébile sur l'Argentine, bien au-delà de son décès survenu en 1974. Carlos Menem, après des études de droit à Cordoba, devient tout naturellement un fervent péroniste, membre de choix du Parti justicialiste. Toute sa vie, Menem aimera les jolies femmes, épousera une ex-Miss Univers, se complaira ostensiblement dans le *bling-bling*, l'argent facile, la corruption ambiante et les *people*. Élu gouverneur de sa province de La Rioja en 1973, il est congédié par la dictature militaire qui prend le pouvoir en 1976, et réapparaît en 1981 de sa résidence surveillée. Il est réélu à la tête de sa province en 1983, une fois la dictature balayée et enfin président de la République en 1989.

Sa vie ressemble à un mauvais roman : après avoir quitté la présidence en 1999, il sera accusé d'avoir pillé jusqu'à 3 milliards de dollars sur le dos des Argentins, également soupçonné de trafic d'armes, de financement illégal de partis politiques, entre autres ! Il sera arrêté en 2001 pour une sombre histoire d'exportation illégale d'armes en Équateur et en Croatie, restera sous contrôle judiciaire pendant six mois puis ira se réfugier au Chili, qui refusera de l'extrader. Il sera de nouveau accusé en 2008 d'avoir reçu des pots-de-vin de la société Siemens. Tout ce tohu-bohu ne l'empêche pas de se présenter une fois de plus à la présidentielle de 2004, avant de se retirer en raison de son évidente impopularité, assurant par là même la victoire de Nestor Kirchner, dont la veuve Cristina assume aujourd'hui la présidence. Menem ne manque pas d'air : il a l'audace de se présenter au poste de gouverneur de l'État de La Rioja en 2007, où il sera largement battu, puis d'envisager une nouvelle candidature à la présidence en 2011, mais c'est tout de même *too much* ! Voilà la carrière de l'homme qui prendra une des décisions monétaires les plus funestes de l'histoire de l'Argentine, qui pourtant n'en manque pas.

L'Argentine est un incroyable paradoxe économique : « Un pays riche peuplé de pauvres », dit-on. Grande comme 7 fois la France, jouissant d'un ensoleillement exceptionnel, riche en eau, dotée d'une population d'un niveau d'éducation élevé, regorgeant de bœufs, de céréales et de soja, l'Argentine était destinée à demeurer une grande puissance tout au long du XX$^e$ siècle. Mais elle ne cessa de s'appauvrir en raison d'une mauvaise gouvernance économique et politique, de la corruption généralisée et d'un « État providence » encore prégnant de nos jours, consistant essentiellement à redistribuer des revenus que l'on ne possède pas. Un sénateur (péroniste) à qui l'on demandait comment sortir du *cienaga* – le marécage où se débat l'Argentine depuis 80 ans – répondit simplement : «Il suffit de deux années sans corruption pour que l'Argentine retrouve son opulence».

Lorsque Carlos Menem fut élu à la présidence de la République en 1989, l'Argentine faisait face à une crise financière. Une de plus. En effet, la junte militaire brutale du général Videla, arrivée au pouvoir en 1976, avait non seulement fait 30 000 morts, mais avait accru la dette extérieure du pays de 8 à 43 milliards de dollars en quelques années seulement. On accusera d'ailleurs les militaires d'avoir empoché une partie des 38 milliards de dollars qui quittèrent le pays illégalement à cette époque. Le ministre des Finances de la junte fut surnommé «Hood Robin», en inversant le nom de Robin des Bois, car celui-ci, contrairement à l'autre, prenait aux pauvres pour donner aux riches ! La gestion déplorable de la junte conduisit à une crise financière en règle en 1982, puis à la défaite dans la guerre des Malouines, qui contraignit les militaires à quitter le pouvoir et à le confier à un gouvernement civil. Après une brève période d'amélioration, l'inflation reprit le dessus et s'exaspéra en hyperinflation à la fin des années 1980 : elle atteignit le taux record de 4 924 % en 1989 et de 1 344 % en 1990.


## LES *CHICAGO-BOYS* ENTRENT EN SCÈNE

Carlos Menem, élu président en 1989, arriva donc au pouvoir au plus fort de l'hyperinflation. Il fit alors appel à des économistes «monétaristes» fraîchement diplômés des universités américaines, adeptes de l'école de Chicago et de son gourou Milton Friedman. C'était la mode du moment. Le Chili de Pinochet avait fait la même chose dans les années 1980, non sans un succès certain. Comme quoi, les théories économiques ne sont pas univoques : tout dépend de leur application judicieuse dans un terreau qu'il faut doser soigneusement. Selon les monétaristes, pour sortir de ce type d'inflation galopante, il fallait mettre fin à la création monétaire et redresser les comptes publics par des privatisations et des politiques de rigueur – fort proches de celles imposées à la Grèce de nos jours avec le succès que l'on sait. La compagnie Aerolineas Argentinas, la compagnie des eaux, de l'électricité, le système des retraites, tout ce qui pouvait être privatisé le fut en effet. On aurait dû faire preuve de circonspection, car les mêmes recettes et les gourous de la même école, qui avaient réussi au Chili, provoquèrent à la même époque une catastrophe dans la Russie fraîchement désoviétisée de Boris Eltsine. Dans le cas de l'Argentine, l'application aveugle et brouillonne conduisit tout droit à la faillite.

Le 1ᵉʳ janvier 1992, Menem – qui n'y connaissait rien – prit une décision majeure en matière monétaire, en laissant son superministre des Finances, Domingo Cavallo, décréter l'alignement de la monnaie argentine, le peso, sur le dollar américain. Un peso serait désormais strictement égal à un dollar, sans pouvoir aucunement s'écarter de cette parité rigide. Tout peso en circulation devait être « couvert » par un dollar effectivement détenu en caisse… mais en laissant dans un flou artistique les avoirs réels ou les fluctuations possibles de ladite caisse. On proclamait que le recours – certes problématique – à la « planche à billets » était laxiste et que l'on pourrait l'éviter par une discipline de fer. C'était une innovation osée, qui n'était vraiment pas dans les traditions du pays. Le démagogue Menem converti en « père la rigueur »… on rêve !

Hardi petit! Cavallo mit brutalement l'Argentine au régime sec. Il instaura, avant la lettre de la «règle d'or» en Europe aujourd'hui, une politique de déficit zéro. Avec un tel choix, quelle que soit la situation de l'économie, l'Argentine devait coller à la politique de change américaine sous peine de voir le peso décrocher par rapport au dollar, ce qui était interdit, alors que l'Argentine, son système élastique, sa taille modeste, ses échanges internationaux limités, ses faibles liens avec les États-Unis, son état de développement, étaient à cent lieues du géant américain. C'est avec les mêmes œillères que l'Europe imposera artificiellement la vertu à la Grèce pour prix de son entrée dans l'euro : une politique monétaire, une politique de change, une politique de taux d'intérêt qui pouvaient être bonnes pour l'Allemagne, mais qui étaient surréalistes dans la situation grecque, comme les événements récents, hélas, le démontrent.

Cependant, dans un premier temps, cette nouvelle politique inspira confiance et donna l'impression d'un succès : l'inflation fut jugulée, la croissance dépassa 10 % en 1992, les entreprises étrangères (Suez, Ford, Carrefour, EDF, et tant d'autres) se précipitèrent pour investir dans ce nouvel *eldorado*, les grands propriétaires terriens, les *estancieros*, rapatrièrent leurs avoirs, et l'on parla du «miracle argentin». Mais l'euphorie fut de courte durée. À partir de 1998 et de la crise monétaire asiatique, le dollar américain, valeur refuge, monta. Le peso fut naturellement entraîné vers le haut. La compétitivité argentine, qui n'était déjà pas fameuse, décrocha définitivement. Pendant ce temps, le voisin brésilien, lui, pouvait sans peine dévaluer sa monnaie, le real, ce qu'il fit allègrement, taillant des croupières à l'Argentine. L'Argentine s'engagea alors dans une phase de déflation, car les dollars n'entraient plus en quantité suffisante dans le pays, provoquant mécaniquement une contraction de la masse monétaire, puisque chaque peso en circulation devait être «couvert» par un dollar. Le monétarisme produisit tous ses effets, mais dans le mauvais sens.

## L'Argentine explose en vol

À partir de 1998, l'Argentine descendit aux enfers. L'impossibilité de dévaluer la monnaie lui imposa – comme aujourd'hui à la Grèce – une politique de «dévaluation intérieure», pour retrouver un semblant de compétitivité, qui se traduisit par des baisses massives de salaires et des réductions de prestations sociales. Les tensions sociales devinrent extrêmes, à la fois par des révoltes spontanées et parce que les syndicats – tradition péroniste oblige – étaient très actifs et organisés. Le mot d'ordre de la population devint alors : « *Que se vayan todos !* » : qu'ils s'en aillent tous !

Les provinces n'en pouvaient plus. Certaines d'entre elles en vinrent à créer leur propre monnaie, tel le patacon dans la région de Buenos Aires. Il se posa alors un problème, exactement comme pour la Grèce actuellement : les contrats publics et privés ayant été signés en dollars *et* en pesos, personne n'avait prévu une sortie possible de ce système. On ne savait pas comment faire ! En désespoir de cause, le gouvernement argentin fit appel au FMI. Le FMI apporta une aide massive de 40 milliards de dollars en monnaie sonnante et trébuchante, mais contre… de nouvelles réductions de dépenses publiques, de nouveaux sacrifices pour la population. Bien entendu, l'économie argentine répondit très mal à ce remède de cheval et s'enfonça, tandis que le chômage augmentait, que les salaires du secteur public étaient payés dans une monnaie de singe émise par le gouvernement (le lepoc!), et qu'apparaissaient même des monnaies privées, tel le credito.

L'Argentine implosa. Carlos Menem avait achevé ses deux mandats présidentiels en 1999, remplacé par Fernando de la Rua. Mais ce dernier avait reconduit Domingo Cavallo. Le 1ᵉʳ décembre 2001, Cavallo institua le «*corralito*», politique qui limitait les retraits bancaires à 250 pesos par semaine (le *corralito* est l'étroit couloir où passe le bétail avant d'être orienté vers l'abattoir). Toute la classe moyenne fut ruinée. Le FMI rajouta un peu d'huile sur le feu en refusant de transférer 1,26 milliard de dollars au prétexte que les engagements du gouvernement n'étaient pas tenus. Les 19 et 20 décembre 2001, des émeutes firent 30 morts! De la Rua décréta l'état de siège – qui rappelait fâcheusement la dictature militaire – et dut être exfiltré du palais présidentiel en hélicoptère. Il laissa la place au président du Sénat, qui démissionna bien vite, puis au péroniste Adolfo Rodriguez Saa, qui ne tint que cinq jours, remplacé par le président de l'Assemblée nationale, lequel abandonna quarante-huit heures plus tard! Un autre péroniste, Eduardo Duhalde (ex-vice-président de Menem) lui succéda: 5 présidents de la République en quinze jours!

Duhalde n'eut guère le choix et prit des décisions radicales, mais inévitables: il déclara l'insolvabilité du pays, le flottement du peso avec un cours au marché libre, la substitution des pesos aux dollars dans tous les contrats, le gel total des avoirs bancaires (*corralon*) et leur conversion en pesos (*pesification*)[1]. Cette dernière décision ruina

_______________

1. Aucun État n'est à l'abri de la faillite. L'Amérique latine fit défaut 47 fois au XIXᵉ siècle. N'ayant de cesse de battre ce triste record, les pays latino-américains firent défaut 74 fois au XXᵉ siècle. L'Argentine fit défaut 7 fois

les Argentins qui ne l'étaient pas encore! La population n'en pouvait plus, le cours du peso contre dollar monta alors jusqu'à 4. Il fallait donc désormais 4 pesos pour faire 1 dollar, contre 1 précédemment! Un tiers des 36 millions d'Argentins se trouvaient au-dessous du seuil absolu de pauvreté, et 4 millions étaient en état de famine… dans un pays de cocagne qui regorge de viande et de céréales! Un comble.

Avec une telle dévaluation massive, les exportations reprirent vigoureusement et l'Argentine put *in fine* rembourser le FMI. Les créanciers privés, en revanche, se virent imposer en 2004, unilatéralement et sans négociation, une réduction drastique de la dette à hauteur de 75 %, ce qui eut pour effet de ternir fâcheusement la réputation de l'Argentine et de la couper des marchés financiers internationaux pour longtemps. Pour se débarrasser des créanciers, voici une recette simple : ne payez pas vos dettes! C'est ce que fit l'Argentine. C'est également ce que fit la Russie en 1998. Dans l'un et l'autre cas, personne ne les envahit pour se payer sur la bête, contrairement à des mœurs antiques. La Grèce actuelle le sait. Notons que la dette argentine, avant la spoliation des créanciers privés, ne représentait même pas 60 % du PIB (contre 180 %

---

(1827, 1890, 1951, 1956, 1982, 1989, 2001), le Brésil 8 fois (1898, 1902, 1914, 1931, 1937, 1961, 1964, 1983), le Venezuela 10 fois (1826, 1848, 1860, 1865, 1892, 1898, 1983, 1990, 1995, 2004)…

Les autres pays ne furent pas en reste : la Turquie fit défaut 5 fois au XX^e siècle (1915, 1931, 1940, 1978, 1982), l'Afrique, le Maghreb et l'Asie collectivement 14 fois, dont la Chine 2 fois (1921, 1939), l'Inde 3 fois (1858, 1969, 1972), le Japon 1 fois (1942), l'Indonésie 3 fois (1998, 2000, 2002)…

L'Europe ne fut pas en reste. L'Espagne fit défaut 6 fois du XVI^e au XVIII^e siècle et 8 fois au XIX^e. La France fit défaut 8 fois du XVI^e au XVIII^e siècle et seulement 1 fois par la suite, en 1812. L'Autriche fit défaut 5 fois sur la même période, le Portugal 5 fois, les Pays-Bas 1 fois, la Suède 1 fois, l'Allemagne 2 fois (en 1932 et en 1939), la Russie 2 fois (la dernière en 1998)… et la Grèce 5 fois.

pour la Grèce aujourd'hui) et ne se montait qu'à 141 milliards de dollars. Mais les Argentins riches avaient placé 120 milliards de dollars à l'abri à l'étranger et l'évasion fiscale se montait à 25 milliards de dollars par an. Cerise sur le gâteau : on découvrira plus tard qu'une partie des milliards du FMI furent en fait exfiltrés vers des comptes à Madrid ou en Floride, et qu'une certaine oligarchie profita scandaleusement de cet argent frais. Nous arrêterons là les comparaisons contemporaines, pour ne pas être désagréables.

Certains recommandent aujourd'hui à la Grèce de suivre la même politique que celle de l'Argentine afin de se dégager du cercle économique infernal dans lequel elle est coincée. Cela est malheureusement impossible puisque la Grèce fait partie de la zone euro et ne peut donc dévaluer, sauf à sortir de la monnaie commune. Mais il y a plus grave : l'Argentine avait pour elle ses industries agricoles et agroalimentaires. Celles-ci lui permirent de rebondir à la fin des années 2000 : le soja, grâce à l'envolée des cours mondiaux, sauva l'Argentine, laquelle est aujourd'hui un champion de la croissance dans un monde qui stagne. La Grèce, à part le tourisme, n'a rien. Les Argentins ont un joli dicton : « La nature répare la nuit les bêtises que les Argentins font dans la journée ». Les Grecs n'ont pas cette chance.

# Chapitre 12

# On ne fait pas jouer Platon en deuxième division !

La Grèce est un petit pays sympathique, insouciant et ensoleillé, à l'est de la Méditerranée. Sa population et son économie sont modestes : 10 millions d'habitants, 1,7 % du PIB de l'Union européenne. C'est un pays de cocagne, où il est facile de se soustraire à l'impôt, à commencer (très officiellement) par les armateurs et l'Église, où l'on construit à loisir car il n'y a pas de cadastre fiable, où la moitié de la population est employée dans la fonction publique nationale ou locale, où la corruption est une seconde nature, où l'église orthodoxe (religion d'État) est le plus gros propriétaire foncier du pays, où le laxisme des douaniers et les centaines d'îles sont autant de passoires pour l'immigration illégale du monde. On y vit de l'air du temps, arrosé d'ouzo à la terrasse des cafés, en regardant passer les touristes de l'Europe du Nord. Les Grecs se méfient de l'adversaire historique turc au point d'entretenir une armée qui mange le plus gros budget militaire d'Europe en proportion de son économie. La Grèce importe à peu près tout, à part l'huile d'olive... aux frais de l'Europe dans laquelle elle est entrée en 1981.

On a toujours dansé en Grèce, en puisant dans l'argent public, comme le fils du roi dans *La Belle Hélène* d'Offenbach :

> *C'est avec ces dames qu'Oreste*
> *fait danser l'argent à papa,*
> *Papa s'en fiche bien au reste*
> *car c'est la Grèce qui paiera !*

On peut bien sûr tout expliquer, comme toujours, comme pour le délinquant qui a eu une enfance malheureuse. Le sol grec est pauvre et peu propice à l'agriculture. Pour être rentables, les propriétés doivent donc être très étendues : la Grèce fut de tout temps dominée par de grandes familles terriennes, qui exerçaient le pouvoir politique. Les Grecs sont habitués à ce que les Papandreou et les Karamanlis se partagent le pouvoir en exerçant la loi du clan. La classe moyenne est bien moins ancienne et développée en Grèce que dans le reste de l'Europe. La Grèce est une enfant de Byzance, qui passa sous le joug ottoman pendant trois siècles : sous les Ottomans, il fallait essayer de ne pas payer l'impôt, le « *haratzi* », dû par les non-musulmans. L'impôt n'a donc pas de légitimité en Grèce. Résultat : en 2010, un relevé satellite dénombra 16 974 piscines déclarables au fisc à Athènes, contre 324 déclarées. Ou encore une île où les deux tiers de la population était portée comme aveugle et dûment subventionnée pour cette infirmité. Pour couronner le tout, la cour suprême grecque jugea qu'un « dessous de table » consenti pour l'octroi d'un passe-droit n'était pas de la corruption, mais un « cadeau de gratitude ».

La Grèce, bien sûr, avait donné au monde la démocratie, les philosophies fondatrices de l'Occident, les mathématiques et tous les trésors de sa pensée brillante et de sa sagesse tolérante. Mais c'était il y a plus de 2 000 ans. Berceau d'Aristote, de Platon et de Pythagore, certains Européens les plus cultivés se sentaient une dette de reconnaissance intellectuelle envers Athènes, au premier rang desquels Valéry Giscard d'Estaing. C'est ce que l'on appelle « l'illusion de Byron » : quand Lord Byron alla se battre et mourir au XIXe siècle pour l'indépendance de la Grèce, il n'y alla pas pour une nation vivante, mais pour une idée morte, entretenue pendant des générations par les classiques.

## DANS LA COUR DES GRANDS

Les Grecs jouèrent sur ce passé romantique lors de leur demande d'adhésion, et cela séduisit les dirigeants européens éduqués. Le président français mit tout son poids dans la balance pour que la Grèce soit admise dans l'Union européenne, avec cette phrase boursouflée : « On ne fait pas jouer Platon en deuxième division[1] » ! Ce qui fut fait en 1981, contre tous critères économiques et contre toute logique territoriale, puisque le pays, séparé de l'Europe occidentale par la Yougoslavie communiste et par l'Europe centrale, n'avait aucune continuité géographique avec l'Union européenne. Les subventions de Bruxelles commencèrent à affluer. Au lieu de les transformer en infrastructures utiles – comme l'Espagne à la même époque –, la Grèce les consomma.

La création de la monnaie européenne concoctée dans les années 1990 ne faisait même pas allusion à la Grèce. Onze pays furent admis dans le nouvel euro en 1999, mais pas

---

1. Cité par *Les Échos* du 10 juillet 2012, dans un article intitulé « La Grèce, exemple d'instabilité et de récession pour des raisons géopolitiques ».

la Grèce, qui en fut fort marrie. Elle ne réunissait en effet aucun des «critères de convergence» actés par le traité fondateur de Maastricht. Le gouvernement de Kostas Simitis prit alors le taureau par les cornes. Il annonça une cure d'austérité à grands sons de trompe : privatisations massives, gel du traitement des fonctionnaires, hausses d'impôts, et réévalua la drachme, ce que l'on n'avait pas fait de mémoire d'homme. Tambour battant, l'inflation passa de 8 % à 2 % et le déficit budgétaire de 4 % à 1,8 %. On revenait dans les clous de Maastricht, CQFD.

La presse européenne fit les gorges chaudes du «miracle grec». La Bourse d'Athènes vit sa capitalisation doubler en 1 an et l'agence de notation Moody's releva de 4 crans la note du pays, de BAA3 à A2. Au printemps 2000, la Commission européenne, la Banque centrale européenne, le Parlement européen (briefé par l'eurodéputé luxembourgeois Robert Goebbels), les autorités françaises avec Jacques Chirac et Lionel Jospin dans une belle unanimité, donnèrent leur feu vert : la Grèce fut admise à rejoindre l'euro en 2001. Même si certains – en particulier les Allemands – continuaient à se poser des questions, un pays si lointain et si insignifiant ne pouvait pas, de toute façon, poser de problème. On s'en mordra les doigts quelques années plus tard.

On découvrira ultérieurement que les chiffres grecs étaient bidonnés. Le déficit budgétaire avait bien diminué, mais pas de 4 % à 1,8 % : en réalité de 6,6 % à 3,4 %, ce qui à l'époque valait non-admission automatique dans l'euro. Dans d'autres domaines, les Grecs avaient jonglé avec une comptabilisation inventive des commandes d'armement et des excédents surestimés des caisses d'assurance sociale. Il est vrai qu'en matière de créativité, ils n'étaient pas les seuls. L'Italie, par exemple, avait voté en 1996 un impôt *remboursable*. La France avait contenu son déficit en intégrant une provision de dividendes hypothétiques de France Telecom en train d'être privatisée !

## LA CIGALE AYANT CHANTÉ TOUT L'ÉTÉ

La Grèce vivait à crédit. En 2001, sa dette atteignait déjà 94 % de son PIB. L'adhésion à l'euro ouvrit toutes grandes les vannes. En 2007 – avant la crise financière occidentale – la dette publique atteignait 107 % du PIB. Elle grimpa à 130 % en 2010 et à 170 % en 2012. Et encore ne s'agit-il que des chiffres officiels, noyés dans le flou de rapports bricolés. On se doutait bien que les données grecques étaient irréalistes, mais les marchés financiers achetaient de la dette grecque, comme ils le faisaient pour l'Espagne, l'Italie ou la France. Le risque était minime, car le parapluie de l'euro donnait toutes garanties. La part de la dette grecque détenue dans des mains étrangères est aujourd'hui de 71 %, contre 67 % pour la France ou 53 % pour les États-Unis (il est vrai pour des montants tout différents). C'est dire la dépendance de la Grèce à tout mouvement de défiance des marchés. Et le piège va se refermer brutalement.

Kostas Karamanlis, président du parti conservateur Nouvelle Démocratie, remporta les élections générales en 2004 – juste avant les Jeux olympiques d'Athènes – et devint Premier ministre jusqu'en octobre 2009. Il était l'héritier d'une grande famille politique – comme presque toujours en Grèce – puisque son père avait occupé 4 fois les mêmes fonctions entre 1955 et 1981. Brillant, éduqué aux États-Unis comme tous les mêmes rejetons (Georges

Papandreou ou Antonis Samaras après lui), il était également prisonnier d'un système de clientélisme où il fallait constamment faire plaisir à ses obligés.

Même en maquillant les statistiques officielles de manière éhontée – pratique tout à fait illégale au regard de la Commission européenne – le compte n'y était pas. Il entreprit d'en exfiltrer la partie la plus voyante, afin de pouvoir continuer à emprunter sans souci. Entra alors en scène la banque américaine Goldman Sachs, qui concocta pour le gouvernement grec de savants produits dérivés. L'idée était d'opérer un montage consistant à mettre la poussière sous le tapis, sans transgresser la loi à la lettre mais en toute opacité. Goldman Sachs (GS) construisit, assez classiquement, un *swap* de devises permettant à l'État grec d'emprunter plusieurs dizaines de milliards d'euros sur les marchés sans que cela apparaisse dans ses comptes publics, parce que au passage on changeait de monnaie. On pouvait même modifier en cours de route la parité du taux de change de la couverture, sans en avertir personne. Plus fort encore : en échange de liquidités urgentes, le gouvernement grec acceptait d'abandonner à GS ses revenus futurs sur des recettes régaliennes comme les taxes d'aéroport ou l'argent du loto ! Passez muscade : la dette supplémentaire disparut des comptes nationaux. Et GS encaissa au passage 300 millions de dollars de commissions pour ses peines et soins. En même temps, GS – qui connaissait la situation réelle – fabriquait à la pelle des *Credit Default Swaps* (CDS, sortes de certificats d'assurance financiers virtuels) qu'elle vendait à ses clients les plus sûrs, des initiés de haut vol et autres fonds spéculatifs, les poussant ainsi à anticiper massivement un défaut de paiement grec. Spéculer sur le dos de la Grèce tout en se faisant rémunérer par Athènes pour l'aider à gérer sa dette, voilà le fin du fin !

Mais Karamanlis perdit les élections en octobre 2009. On était en pleine récession économique occidentale, après le cataclysme financier de 2008. Son successeur, le socialiste (très modéré) Georges Papandreou – lui aussi héritier d'une dynastie politique et diplômé de Harvard – découvrit le pot aux roses et le rendit public. Il annonça que le précédent gouvernement avait menti et le déficit public n'était pas de 6 % du PIB mais de 12 %. Ce fut un coup de tonnerre. Le 7 décembre 2009, Standard & Poor's dégrada la note de la Grèce, puis de nouveau le 16 décembre. En janvier 2010, le gouvernement Papandreou annonça des coupes budgétaires sévères, déclenchant une grève générale. Dans les capitales, on réalisa brutalement qu'un pays européen pouvait faire faillite, mais aussi que l'euro se trouvait plombé par un risque de défaut grec.

Impossible d'agir, malgré les déclarations brouillonnes des politiques. Pourquoi ? Parce que le traité de Maastricht fondateur de l'euro comporte une clause qui interdit clairement le sauvetage financier d'un pays membre en cas de problème. La doxa fut reprise à loisir par la vertueuse Allemagne : « Nous avons un traité, il n'est pas possible de payer pour aider les États en difficulté », martela Angela Merkel. Markus Ferber, député allemand au Parlement européen, enfonça le clou : « Nous seront heureux de donner aux Grecs tout ce qu'ils veulent, sauf de l'argent… »

Le Premier ministre grec, Georges Papandreou, répondit que, de toute façon, il ne voulait pas un centime. Enfin, pas un centime de l'Union européenne, puisqu'il lâcha, au détour d'une phrase, qu'après tout il pourrait bien faire appel au FMI. Cette menace fit l'effet d'un coup de tonnerre : un État membre de l'eurozone était donc prêt à faire appel au FMI, fournisseur attitré des républiques bananières et des pays noyés, quoi de plus humiliant pour la fière eurozone !

## LA CURÉE

Les marchés financiers sonnent l'hallali. Le 9 avril 2010, l'agence de notation Fitch abaisse la note de la Grèce à BBB −. La situation est dramatique : encore une dégradation de cette note, et le papier grec entrera dans la catégorie des obligations pourries, c'est-à-dire infinançables. Le 11 avril, l'Union européenne se résout à sauver la Grèce, avec un «paquet» de 45 milliards d'euros, dont 30 seront fournis par la zone euro et 15… par le FMI. Deux énormes tabous sont brisés : l'Europe a fait appel au FMI, ravalant un membre de la zone euro au niveau d'un pays sous-développé, et le traité de Maastricht a été violé, puisque l'Union européenne a finalement aidé financièrement un État en difficulté.

On peut penser que le viol de ces deux tabous aurait suffi à rassurer les marchés. Il n'en est rien. Dès le 27 avril, l'agence de notation Standard & Poor's abaisse encore la note grecque, cette fois de 3 crans, la faisant passer à BB −, et dans la foulée, l'agence abaisse également la note du Portugal. Pour ne rien arranger, l'institut européen de la statistique, Eurostat, annonce que le déficit budgétaire grec a été bien plus important que prévu en 2009, atteignant 13,6 % du PIB, et que les choses risquent fort de ne pas s'améliorer l'année suivante.

Les ventes d'obligations grecques deviennent massives et les taux d'intérêt exigés pour la Grèce prohibitifs. Angela Merkel annonce benoîtement que l'Allemagne ne participera pas au sauvetage de la Grèce. Plus personne ne veut prêter à la Grèce, laquelle ne peut plus financer ses fins de mois. Toute honte bue, l'Europe annonce le 30 avril qu'elle met au pot 110 milliards d'euros pour sauver la Grèce, en cessation de paiement imminente. La grande Europe peut s'offrir la Grèce, petit pays qui ne pèse que 230 milliards d'euros de PIB, la moitié de la capitalisation boursière d'Apple! Mais cela crée un précédent: si la contagion touche l'Espagne ou l'Italie, les ordres de grandeur seront d'une tout autre magnitude. C'est ce qui va se passer, mais n'anticipons pas.

La Grèce n'a pas obtenu un prêt sans contreparties. Elle doit se serrer la ceinture. La fourmi allemande ne veut pas payer pour la cigale grecque sans que la Grèce ne nettoie ses comptes à la paille de fer, d'une manière aussi vertueuse que l'Allemagne. Georges Papandreou convainc son Parlement et entreprend bravement les réformes. Il impose au pays des remèdes de cheval: réduction drastique des budgets, des salaires des fonctionnaires et des retraites, programme ambitieux de privatisations, réforme de la collecte d'impôts… Il est marqué à la culotte par une troïka d'austères experts dépêchée tout exprès de Bruxelles à Athènes pour le surveiller. Comme il est à quia, il n'a pas d'autres ressources que de donner des gages, tout en sachant pertinemment que cette politique de rigueur drastique plombe la croissance et qu'elle aura des effets déflationnistes désastreux.

La solution évidente pour la Grèce aurait été de dévaluer. Le pays est pauvre, ne possédant que 2 activités rentables, le tourisme et l'armement naval, et pas d'industrie. L'Argentine de 2001, confrontée au même problème, l'avait fait, comme elle avait répudié sa dette – au grand dam des financiers du monde entier – et, bien que coupée des marchés financiers internationaux, s'en était sortie, dans la douleur certes, mais tout de même. La Grèce ne pouvait pas dévaluer, puisqu'elle était dans l'euro ! Il n'y avait pas d'autre solution que de serrer la vis, mais la résistance des populations a des limites. Les manifestations succédèrent aux grèves, cependant qu'une récession vertigineuse étendait chaque jour ses effets sur fond de paupérisation accélérée. Le système bancaire grec étant lui aussi plombé, personne ne lui faisait plus confiance, malgré les déclarations de la Banque centrale européenne. N'importe quelle rumeur était prise au sérieux et l'on assista, comme en Argentine 10 ans plus tôt, à un « *bank run* » : il y avait 240 milliards d'euros en dépôt dans les banques grecques au début de 2010 ; le montant avait fondu de moitié à l'été 2012 !

Pour l'opinion publique allemande, tout cela était bien loin. Les Grecs n'avaient après tout que ce qu'ils méritaient (mais quels Grecs : les puissants ou les petits ?). Elle n'était pas disposée à payer. Des élus allemands arrogants suggérèrent même à la Grèce de vendre ses îles pour payer ses dettes. « Pourquoi pas l'Acropole », répliquèrent les Grecs, excédés eux aussi. Certains rappelèrent même que l'Allemagne n'avait finalement jamais dédommagé la Grèce de l'invasion nazie, et qu'avec les intérêts composés, la somme des réparations serait de l'ordre de 80 milliards d'euros. Il faudra à chaque fois faire violence à la prudente et lente Angela Merkel pour qu'elle envisage la simple perspective d'assouplir les dispositions des traités européens et de la Banque centrale européenne. L'opinion allemande se moque que le malade grec meure guéri, s'il parvient à devenir aussi vertueux que la prude Allemagne.

C'est la confrontation surréaliste de deux cultures différentes. On se doute que cela va dans le mur.

La liste des « sommets de la dernière chance » suivants est fastidieuse, et elle est loin d'être close. Les plans de sauvetage de la Grèce meurent les uns après les autres, étant les uns après les autres ressuscités *in extremis* par l'Europe à coup de centaines de milliards d'euros supplémentaires. Le tonneau des Danaïdes est une invention grecque ! De nouveaux prêts massifs lui sont consentis. On met aussi à contribution les créanciers privés en leur imposant un « *haircut* » de 50 %. Rien n'y fait. Le traité pour entrer dans l'euro est comme un cliquet d'horloge : il ne prévoit pas qu'un membre puisse en sortir ! C'est tout simplement impossible juridiquement. L'Europe affronte l'alternative du diable : elle n'est pas capable de maintenir la Grèce dans l'euro en même temps qu'elle ne peut pas risquer que la Grèce quitte l'euro.

La Grèce n'est pas tout à fait rayée de la carte, mais on ne voit pas bien ce qui pourrait la rétablir. L'Argentine, au bout d'années noires, a dû son salut à son soja. La Grèce ne peut pas compter sur ses olives : c'est un peu court. La situation grecque ne concerne pas qu'un pays. Elle est le détonateur d'une crise autrement plus vaste : l'implosion de l'euro, sinon de l'Europe.

Chapitre 13

# L'utopie de l'euro

Fallait-il créer l'euro? Fallait-il inventer une monnaie commune sans transcender la souveraineté des États membres, en ignorant les leçons de l'histoire? Cette question incongrue se pose aujourd'hui, 10 ans après que l'euro est entré dans nos portefeuilles. 10 ans, il est vrai, c'est bien peu pour juger d'une grande monnaie, il en faudrait cent. Mais le moins que l'on puisse dire, c'est que, depuis sa conception jusqu'à ses crises actuelles, l'euro aura été une aventure chaotique. C'est une belle idée, mais aussi un pari permanent et risqué. Peut-être, comme pour nos carrefours dangereux, faut-il des accidents mortels pour que l'on régule la circulation. Sans doute l'histoire se fait-elle à coups de crises ou de scandales. L'euro, en tout cas, n'est pas un long fleuve tranquille.

## Pourquoi l'euro?

La construction européenne remonte, on le sait, à plus d'un demi-siècle, quand, au lendemain de la Seconde Guerre mondiale, quelques esprits éclairés explorèrent les voies concrètes pour que le continent exorcise 1 000 ans de conflits incessants. Dans les années 1970, les monnaies mondiales sont dans la tempête. Le dollar américain sert de référence, mais c'est une unité de mesure élastique, qui fluctue tous les jours, singulièrement depuis que Richard Nixon a dynamité le système en août 1971. Les monnaies européennes ne sont pas mieux loties. Le franc, le mark, la livre sterling, la couronne, sont chahutés en permanence, au moment même où le commerce international se met à exploser, réclamant quotidiennement un marché des changes dynamique et si possible prévisible. On a bien créé un instrument technique, le «serpent», pour encadrer les marges de fluctuation des monnaies européennes entre elles (exactement comme le yuan chinois actuellement), mais c'est un pis-aller. L'idée commence donc à faire son chemin qu'une monnaie à l'échelle européenne pourrait permettre de trouver le graal de la stabilité.

L'Europe commence également à prendre conscience de sa puissance. Quand on additionne les chiffres, l'économie européenne – certes disparate – contrebalance déjà l'économie américaine, avant même l'élargissement à d'autres membres de l'Union (9 membres seulement entre 1973 et 1981). Avoir une monnaie qui puisse concurrencer un jour le tout-puissant dollar est une perspective qui tinte agréablement aux oreilles de certains grands dirigeants européens. On sait aussi que, pour que des pays puissent avoir une monnaie unique, leurs économies doivent être intégrées et surtout être capables de réagir de concert aux perturbations exogènes, faute de quoi les ajustements seront impossibles. C'est Robert Mundell, le grand théoricien des zones monétaires optimales, qui en a fait la preuve avec un tel brio qu'il a dûment été convié à participer au groupe d'étude européen sur l'union monétaire au début des années 1970. Cela suppose cependant une révolution dans le système feutré des conseils européens, à laquelle les Européens ne sont pas prêts.

La troisième idée qui fonde les prémisses de l'euro est un pari dynamique : la monnaie unique forcera la convergence économique et politique des pays européens. L'ECU (*European Currency Unit* : projet de l'époque) ou l'euro (nom qui sera retenu beaucoup plus tard), peu importe, pourra être le levier majeur pour forcer l'unité européenne, pour accoucher d'une fusion des économies européennes, pour forger une conscience européenne. On confie donc à un outil le soin de réaliser le fédéralisme que les dirigeants politiques – et plus encore leurs opinions publiques – ont constamment récusé : la « Communauté économique européenne » (pas encore « l'Union européenne ») rassemble librement des États souverains, qui conservent presque tous leurs attributs de souveraineté, à part les domaines de « subsidiarité » où Bruxelles se substitue aux capitales[1]. La monnaie unique, dès le départ, met la charrue avant les bœufs. Elle procède d'une mécanique intellectuelle séduisante, imparable : ce n'est pas la main qui guide l'outil, c'est l'outil qui va guider la main. Ce projet, d'abord tâtonnant, ensuite masqué, puis inavouable, explosera plus tard à la figure des brillants esprits qui l'avaient concocté. Cette réinvention historique des fondamentaux aurait pu réussir, pourquoi pas ? On l'a longtemps cru. Oui, mais ça n'a pas été le cas. C'est la première erreur de trajectoire de la fusée euro.

Aurait-il fallu convier les opinions publiques à accepter le fédéralisme d'abord ? Les États-Unis l'avaient fait avant de créer le dollar en 1790, mais au prix d'une effroyable guerre d'indépendance. L'Europe sortait à peine de deux suicides collectifs dans le même siècle. Il n'y avait plus de Solon, de Hamilton ou de Napoléon. Il ne pouvait pas y

---

1. C'est ainsi que les quotas de lait qu'un propriétaire de vaches peut produire sont décidés à Bruxelles et non plus dans les pays.

en avoir. Pas plus d'États-Unis d'Europe, concept fédéral forgé par Winston Churchill en 1946. Les dirigeants des pays, non plus, ne voulaient pas abandonner tout ou partie de leur pouvoir local, chèrement acquis au long d'une difficile carrière politique.

Si quelques-uns maîtrisaient la mécanique d'un État moderne, tous les autres se reposaient sur des corps de fonctionnaires formés pour se débrouiller des subtilités des sujets ardus. Ces clercs d'une nouvelle race[1], les technocrates, cooptés entre eux au sein de systèmes clos comme des couvents (spécialement en France) prirent peu à peu le pouvoir. Ils décidèrent du bonheur des peuples sans leur demander leur avis. Les hauts fonctionnaires d'État furent promus à un rôle de gestionnaires de la complexité. La construction ne pouvait donc être qu'une architecture de compromis, dans un club d'États souverains. Chaque avancée fit l'objet de débats pied à pied des politiciens et de centaines de notes des technocrates. Ces derniers prirent un malin plaisir à ne pas simplifier les choses : leur intérêt premier est de justifier leur salaire d'experts des dossiers abscons.

## MitteKohl

L'idée de la monnaie unique mijota au rythme des progrès de l'Europe, lesquels n'étaient pas minces. Le serpent monétaire européen rendait des services, mais sa durée de vie ne pouvait être que transitoire.

En 1981, l'Europe accueille la Grèce, en 1986, le Portugal et l'Espagne, pays majeur. L'Acte unique européen

---

1. Le fameux livre de Julien Benda, paru chez Grasset en 1927, *La Trahison des clercs*, a eu un énorme retentissement et n'a pas pris une ride.

est entériné la même année. Il relance l'intégration européenne et prépare le marché unique, sous l'impulsion de Jacques Delors, après l'euroscepticisme des années 1970 et les deux chocs pétroliers qui ont frappé les économies. Dans ces mêmes années 1980, un couple va se former, forcément franco-allemand : François Mitterrand et Helmut Kohl. L'un, socialiste, a été élu président en 1981, l'autre, conservateur, est chancelier fédéral depuis 1982. Ils auront 13 ans de vie commune, ce qui est un siècle en politique.

S'ouvre le temps de la vision. Chacun a ses problèmes à domicile. Il faut les transcender par de grands projets internationaux qui fassent rêver. Pour les détails d'application, on verra plus tard ! François Mitterrand est plombé par la première moitié calamiteuse de sa présidence sur le plan économique, avec le tournant de la « rigueur » en 1983. En 1986, il perd les élections législatives et doit se résoudre à la première cohabitation, avec Jacques Chirac comme Premier ministre. Helmut Kohl se rend bien compte que l'intégration de l'Europe dans le marché unique doit s'appuyer sur un outil monétaire puissant, mais il ne veut pas abandonner le deutschemark, monnaie très forte, symbole obsessionnel de la puissance économique allemande retrouvée après la guerre. Un événement considérable va brusquer les choses. Dans la nuit du 9 au 10 novembre 1989, le « mur de la honte » – un ouvrage de 3,80 m de haut sur 160 km de long, construit à partir de 1960 pour isoler les deux Allemagnes – s'effondre soudainement sous la poussée de jeunes Est-Allemands, libérés de leur servitude par le collapsus de leurs propres autorités. La réunification des deux Allemagnes se fait par la rue. Elle deviendra officielle en 1990.

L'un des casse-tête de Kohl concerne la monnaie. Si l'on veut arrimer à l'Ouest les 18 millions d'Est-Allemands, il faut leur donner les moyens de survivre. Le mark de l'Est ne vaut rien. On calculera plus tard que la parité réelle est sans doute de 1 à 400 entre le mark de l'Ouest et le mark de l'Est ! Mitterrand se méfie de la renaissance de la grande Allemagne, c'est un euphémisme. Il fait partie de la génération qui a lourdement payé pour voir de près la puissance allemande. Le 4 janvier 1990, les deux hommes se retrouvent à Latche, résidence secondaire landaise du président français. Les deux hommes se parlent longuement, seuls, sans leur cohorte de conseillers. Le Français voit la monnaie unique comme le meilleur moyen de contrebalancer l'influence de la future Allemagne, moyennant quoi l'Allemagne pourra se réunifier. Tout et le contraire de tout a été dit sur cette rencontre. Quels que soient les commentaires contradictoires des « sachants » qui se prétendent dans la confidence, un tournant décisif s'amorce à partir de là, qui va précipiter le traité de Maastricht. C'est un feu vert politique, pas une discussion économique, encore moins technique. La vision sans les détails.

Un peu plus tard, en 1990, Kohl garantit le mark de l'Est à stricte parité avec le mark de l'Ouest : 1 ostmark = 1 deutschemark ! Cette décision purement politique va coûter les yeux de la tête. Kohl le sait d'avance. Elle plombera l'économie allemande pendant plusieurs années, mais la réunification historique, estime-t-il, est à ce prix. Les Allemands donnent aujourd'hui des leçons de gestion austère au reste de l'Europe, durement touchée par les crises grecque ou espagnole. Mais il conviendrait de leur rappeler que les banques européennes, dans les années 1990, ont pesé de tout leur poids pour que les marchés financiers internationaux ne sautent pas sur l'occasion pour plomber le deutschemark. C'est ce qui s'appelait à l'époque la solidarité européenne : elle a parfaitement fonctionné. Comme il faut se souvenir que le ministre des Finances Hermann Josef Abs obtint en 1951 la remise de la moitié de la dette allemande et son rééchelonnement sur 30 ans (que les Allemands finirent de régler en 1980). Les parangons de vertu actuels de la Bundesbank ont la mémoire courte.

## La nouvelle star

À Maastricht donc, bourgade hollandaise coincée entre la Belgique et l'Allemagne, la tour de Babel monétaire européenne s'autodissout le 7 février 1992 dans un grand élan unificateur. On créera une monnaie unique supra-nationale. *Horresco referens*, le sacrosaint deutschemark se dissoudra dans cette monnaie qui n'a pas encore de nom (on choisira « euro » en décembre 1995). Certes, il faut encore que chaque pays ratifie ce traité, avec le charme de ce genre d'exercice, mais ce sera chose faite un peu plus tard, non sans que les politiciens aient joué leur propre partition discordante. En France, le référendum de septembre 1992 passera de justesse, avec 51,05 % des suffrages exprimés. Dans ce concert, il y a un absent de marque : l'Angleterre, qui ne veut pas entendre parler d'abandonner la livre sterling. L'euro va démarrer officiellement en 1999 sur les marchés financiers et le 1er janvier 2002 dans les portefeuilles des citoyens.

Maastricht a donné lieu à de furieuses empoignades des technos et des politiques. D'accord pour la monnaie unique, mais que chacun demeure seul responsable de ses décisions, de sa gestion, de ses résultats. Les Allemands sont inflexibles : chaque banque centrale – à commencer par leur Bundesbank – doit rester indépendante de la tutelle politique. Les technos rendent leurs copies tous les matins, que les politiques détricotent le soir. Les politiques français exigent que la Grèce rejoigne l'euro à terme, malgré la furieuse résistance des clercs, qui doivent avaler leur chapeau. On aurait pourtant dû les écouter !

On accorde à l'Allemagne, en contrepartie de sa déconvenue sur le deutschemark, le siège de la Banque centrale européenne à Francfort (rue du Kaiser, ça ne s'invente pas !), mais quand, en 1998, Wim Duisenberg est imposé par l'Allemagne, Jacques Chirac, président depuis 1995, s'étrangle : quoi ! Un Hollandais à la tête de la BCE, et pas un admirable haut fonctionnaire français ? Finalement, on trouvera un compromis de haute lutte : un Français remplacera M. Duisenberg à mi-mandat, en l'occurrence Jean-Claude Trichet. Ces rodomontades ne sont que des gesticulations pour sauver la face, car la France n'a plus les moyens de peser sur sa politique monétaire. C'est l'Allemagne qui mène définitivement la danse. De Mitterrand à Sarkozy, la France fera de la figuration, et singulièrement après que Gerhard Schröder eut courageusement fait passer en 2003 son « agenda 2010 », qui renforcera la compétitivité allemande et laissera la France sur place.

On sait bien, tout le monde a averti, que la construction de l'euro est bancale. Contrairement au dollar de 1790, la monnaie unique n'a pas les moyens de se gérer au niveau central. En d'autres termes, on est convenus, après de furieux débats, de garantir à chaque État sa pleine indépendance en matière de budget national et de dette. La politique monétaire se fera à la BCE, mais son mandat central est de tordre le cou à l'inflation, pas au-delà. La politique budgétaire – et donc fiscale – se fera au niveau de chaque État. Pas question d'émettre des obligations supranationales, des « *eurobonds* » : chaque État reste souverain pour gérer sa dette, pour aller sur les marchés financer ses déficits, pour jouer cavalier seul. Malgré des promesses affichées de « convergence », personne n'en démord, et surtout pas l'Allemagne. On se dit que tout cela sera couvert par le parapluie de l'euro. Tout cela va exploser après la crise financière de 2008. C'est la seconde erreur de trajectoire de la fusée euro, dont nous payons lourdement les conséquences aujourd'hui.

# Chapitre 14

# Euro, saison 2

L'euro est dès l'origine un cheval qui marche sur trois pattes. On en est tellement conscient que l'on a concocté, en corollaire du traité, un « pacte de stabilité ». Chaque pays s'engage donc à limiter son inflation nationale à moins de 1,5 %, son déficit budgétaire à moins de 3 % du PIB et son endettement public à moins de 60 %. Ce contrat est paraphé dans l'enthousiasme de la création de l'euro. Il ne va pas falloir 2 ans pour qu'il soit piétiné, et par les 2 pays les plus puissants, locomotives de l'Europe. Ce n'est pas la France, mais l'Allemagne, qui tire la première. En septembre 2003, le nouveau couple franco-allemand (Jacques Chirac et Gerhard Schröder) constate que leurs économies sont atones, alors qu'au même moment l'Espagne et l'Irlande sont en plein *boom*. Schröder explique : « Il faut soutenir la croissance, c'est une mission pour les Européens tous ensemble. » Chirac, trop heureux, exulte en secret sans se dévoiler. C'est Romano Prodi, président de la Commission européenne, qui donne le coup de grâce : « Le pacte est rigide et stupide. » Le 25 novembre 2003, on l'enterre, malgré les hurlements de la Bundesbank. La BCE portera plainte en justice contre le non-respect des traités, mais le jugement, rendu beaucoup plus tard, sera d'un flou remarquable.

## Tout va très bien, Madame la marquise

L'euro alors vit sa vie, déconnecté des fondamentaux que Robert Mundell et quelques autres avaient pourtant martelés. Lors de sa création, on a calculé une parité de 1,19 dollar pour un euro. À part quelques ratés d'enfance – où le taux de change reflue à 0,85 dollar fin 2000 – l'euro sera toujours très au-dessus de son taux d'introduction, jusqu'à 1,60 dollar à l'été 2008. Après la crise financière mondiale de l'automne 2008, il restera constamment très élevé (1,40 dollar et au-delà), comme si l'économie et la monnaie n'avaient pas de liens entre elles. L'euro perd de sa compétitivité extérieure : il faut que les Airbus soient vraiment de merveilleux avions pour que l'on arrive encore à les vendre ! Il n'y a pas de mécanismes d'ajustement des productivités en Europe, et l'on va voir les parts de marché de la France s'effondrer dramatiquement à l'intérieur même de la zone euro. On ne peut pas non plus dévaluer l'euro, car l'Allemagne ne veut même pas imaginer (horreur !) la moindre inflation ni la possibilité de monétiser les dettes en actionnant la « planche à billets ». On fait de la technique, pas de la politique.

Les pragmatiques Américains vont bien se gausser, après la crise financière, de ces menottes idéologiques que les Européens se sont passées à eux-mêmes. Eux, ils entreprennent de faire filer la valeur du dollar pour donner des liquidités à leur économie en crise. On ne dévalue plus formellement, depuis le flottement des monnaies de 1971, mais il y a bien d'autres moyens : par exemple faire racheter la dette à la Fed, en la monétisant. Cela porte un nom savant : le *Quantitative Easing*. Et de fait, la valeur internationale du dollar baisse sérieusement dans les 2 ans qui suivent la crise.

Le parapluie de l'euro est pain béni pour les pays les moins vertueux. Chacun continue, en effet, à s'endetter souverainement en émettant ses propres obligations d'État. Et les marchés financiers internationaux, rassurés par la puissance apparente de l'euro, ne font pas de difficultés pour les absorber, bien au contraire. La cigale grecque en profite largement, comme on le sait. L'Espagne coule du ciment et bétonne systématiquement toute sa côte, de la Catalogne à Gibraltar, en faisant miroiter à ses banques un *eldorado*. On rase gratis : toutes les dettes nationales explosent, au Portugal, en Irlande, en Belgique, en Italie… avant même la crise financière. En août 2007, premier coup de semonce. De mauvais signaux sur l'immobilier américain font plonger les bourses un peu partout. Les banques européennes se méfient désormais les unes des autres : qui est contaminé, qui ne l'est pas ? Elles ne se prêtent plus entre elles et ont du mal à faire leur trésorerie quotidienne. La Banque centrale européenne décide alors de mettre 95 milliards d'euros au pot pour maintenir à 50 banques la tête hors de l'eau. Ce sauvetage est vu comme une secousse majeure à l'époque. À la lumière de ce qui va suivre, ce n'est qu'un petit caillou dans la chaussure !

Passe l'ouragan de la crise financière partie de Wall Street en septembre 2008. L'Europe réagit plutôt bien[1]. Le nouvel attelage franco-allemand, un peu improbable, associe l'impétueux et réactif Nicolas Sarkozy à l'éminente physicienne, la raisonnée et besogneuse Angela Merkel. Dans la tourmente d'octobre 2008, où l'on ne sait plus à quel saint se vouer, il y a bien des scènes de ménage et des explications de texte orageuses, quand par exemple, après avoir promis sa transparente et coopérative mise en commun des décisions, Mme Merkel annonce toute seule la garan-

---

1. Jacques Gravereau et Jacques Trauman, 2011. Voir bibliographie.

tie des dépôts des banques allemandes. Dans l'ensemble pourtant, le couple va fonctionner, chacun avec son style si différent, entre deux dirigeants d'État compétents et responsables. Il va se voir si souvent, et discuter jusqu'au bout de la nuit, que la presse en fait une entité fusionnelle : « Merkozy » ! Après la crise financière, la crise de l'économie réelle est sévère en 2009. On s'endette un peu plus pour y faire face, mais au moins l'euro coule-t-il encore des jours à peu près tranquilles.

## Un dîner en mai

C'est en 2010 que la solidité du système monétaire européen est brutalement mise à rude épreuve, avec la crise grecque d'avril 2010. Le 7 mai, les dirigeants des pays de l'Union européenne se retrouvent pour dîner à Bruxelles. Les marchés financiers sont au bord de la crise de nerfs. Le marché des changes et celui des obligations « partent vers le sud », comme on dit à Wall Street, et la volatilité – enfant chérie des salles de marchés – est à son comble.

Au dessert du 7 mai, le président de la BCE, Jean-Claude Trichet, dévoile sur grand écran l'effondrement général des marchés obligataires internationaux. Il ne laisse aucune place au doute : l'euro est au bord de l'implosion. Si rien n'est fait avant l'ouverture des marchés lundi matin, ce sera la catastrophe. Le président Obama téléphone aux *leaders* français et allemand pour les presser de prendre des mesures « résolues » afin de rétablir la confiance dans les marchés. Encore la confiance !

Le dimanche 9 mai, les ministres des Finances entrent en scène, mais les arguties s'éternisent. À minuit et demi, la tension est à son comble. Le marché de Sidney est proche de l'ouverture et aucune solution n'est en vue. Christine Lagarde, la ministre française des Finances, prend alors les choses en main. Elle suggère de zapper Sidney et de se concentrer sur l'ouverture de Tokyo à 2 h du matin. Mais ce n'est pas si simple : les Britanniques refusent toute participation au sauvetage de la Grèce, puisqu'ils ne sont pas dans l'euro, les Allemands s'opposent à l'idée d'un financement supranational calqué sur l'euro (les euro-obligations) suggéré par le président Sarkozy. Finalement, à 1 h 45 du matin, on annonce une garantie par l'Europe des marchés, sous forme d'un « paquet » de 750 milliards d'euros (soit 1 trillion de dollars), financé à hauteur de 60 milliards par le budget de l'Union européenne, pour 440 milliards par une nouvelle tirelire communautaire, le Fonds européen de stabilisation financière (FESF), créé pour la circonstance, et pour 250 milliards par le FMI.

Rétrospectivement, le tumultueux week-end bruxellois des 8 et 9 mai est un succès. L'euro ne s'est pas désintégré. En mettant sur la table la gigantesque et symbolique somme de 1 000 milliards de dollars, les dirigeants européens et le FMI ont frappé les esprits. Les sommes sont ahurissantes. On rétablit la confiance au prix fort. L'euro a été momentanément sauvé.

## MERKOZY

Malgré ce « sommet de la dernière chance » la situation financière européenne ne va cesser de se déliter, en commençant par la périphérie. Au printemps 2010, on le sait, la Grèce implose. Elle est le premier domino. L'Irlande appelle au secours en novembre. En avril 2011, c'est le tour du Portugal. L'Espagne suit en mai 2012. Les

«PIGS» (Portugal, Ireland, Greece, Spain) font la une de tous les journaux financiers. L'Italie n'est pas mieux lotie, mais l'austère Mario Monti – qui remplace *in extremis* le flamboyant Silvio Berlusconi en novembre 2011 – rassure pour un temps les marchés. La Grèce est le ver dans le fruit de l'euro, le coin enfoncé dans la confiance sur la monnaie européenne, le premier bastion qui ait cédé. Quand la faillite lèche les pieds de plusieurs autres pays de la zone, la défiance devient générale. La crise met à nu les fragilités intrinsèques de l'euro.

Après le 9 mai 2010, les marchés financiers internationaux se sont calmés quelques mois, mais quand l'Irlande passe à son tour à la trappe en novembre, ils reprennent du poil de la bête. Dès lors, ils font payer cher aux pays fragiles le financement de leurs dettes. De plus en plus cher. Alors que l'Allemagne n'a aucun souci pour placer son papier obligataire à des taux ridiculement bas (moins de 2 %), à l'autre extrême, la Grèce, le Portugal, l'Espagne voient leurs taux devenir rédhibitoires (plus de 7 %). Il leur est devenu virtuellement impossible d'emprunter. Les sommets européens se succèdent, tous « de la dernière chance » : il y en aura 19 en 3 ans, qui se terminent tous au petit matin par des annonces « définitives ». On met les technos à contribution plus que jamais, dans une folle farandole des experts de la BCE, des directions du trésor de chaque pays, des banques centrales nationales, que l'on a conservées selon le principe européen sacro-saint de la souveraineté des membres.

Les technos concoctent des mécaniques abstruses aux doux noms (MESF, FESF) pour venir au secours des dettes publiques nationales de la Grèce, en faillite depuis 2010, ou des banques espagnoles, en déshérence dès 2011.

Pourquoi faire simple quand on peut faire compliqué?! En décembre 2011, «Merkozy» arrachent aux forceps au secteur privé le renoncement à la moitié de ses créances. Tout le monde est gorgé d'obligations des pays du «Club Med», à commencer par les banques européennes. Ces obligations souveraines en euros étaient-elles risquées? Non, pensaient les acheteurs à l'origine. La suite prouvera le contraire.

Peut-on se sortir de ce guêpier? Pourrait-on, par exemple, faire sortir la Grèce de l'euro, la faire retourner à la drachme, dévaluer ensuite de 90% pour lui donner à terme un bol d'air? Un scénario argentin en quelque sorte… Mais ce serait envoyer un message qui pourrait signer l'acte de décès de l'euro. Tous les «experts» prennent la plume pour énoncer que l'euro est mortel. L'économiste anglais Jonathan Tepper sort une étude fouillée où il explique que 69 pays ont quitté une union monétaire au $XX^e$ siècle, sans que cela ait eu pour eux d'impact catastrophique, depuis l'empire austro-hongrois en 1919 jusqu'à l'URSS en 1992, en passant par l'Inde en 1971, sans même parler des ex-empires coloniaux. On précise que, la plupart du temps, ces sorties se sont opérées rapidement, au prix d'une faible volatilité économique. Plusieurs prix Nobel d'économie s'associent à cette analyse, où l'on retrouve Joseph Stiglitz et Paul Krugman, toujours alléchés par les idées provocatrices.

L'ancien ministre des Finances du Brésil, Luiz Carlos Bresser-Pereira, renchérit carrément: «La voie la plus sage est de mettre fin à l'euro de façon planifiée». Il explique que «la crise de l'euro est une crise de la balance des paiements, qui a pour racine le souci de contrôler uniquement les déficits des comptes publics et absolument pas les comptes courants… ce qui aboutit à une crise de change interne à la zone euro, avec un euro surévalué pour les pays en difficulté… et d'ailleurs la controverse austérité contre croissance fait fausse route »[1]. Pour extrêmes qu'elles soient, ces positions soulignent un paradoxe qui était passé inaperçu : en voulant à tout prix respecter la souveraineté des États, la construction de l'euro a en réalité fait perdre *de facto* à certains États leur souveraineté !

Pourrait-on mutualiser les dettes européennes dans une construction supranationale ? L'idée des *eurobonds*, similaires aux bons du Trésor américains, est poussée par la France. Le débat fait rage. Chacun avance sa solution : si l'on ne mutualise pas les dettes, on pourrait, par exemple, mutualiser les taux d'intérêt. Là encore, les riches accepteraient un sacrifice pour les pauvres… Sommet après sommet, l'Allemagne ne veut rien entendre. Soumise à de très fortes pressions internes de ses parlementaires et des juges de la cour constitutionnelle de Karlsruhe, qui se proclament garants de l'orthodoxie, Angela Merkel s'en fait la porte-parole régulière et ne cède à chaque mince avancée qu'après des semaines de blocage. Elle a fort à faire avec la Bundesbank, statutairement indépendante, qui dissèque à chaque fois toutes les virgules des traités européens et des statuts de la Banque centrale européenne.

Son président, Axel Weber, pourtant coriace, n'a pas voulu rempiler. Elle nomme alors en 2011 l'un de ses conseillers à ce poste : Jens Weidmann. Il a un CV impeccable d'économiste monétaire, il a 43 ans, presque un bébé aux standards des banquiers centraux, il est mince et blond, courtois mais raide. Derrière sa façade lisse, Weidmann est un ayatollah ! Arc-bouté sur des positions doctrinaires,

---

1. Interview dans *Le Monde*, 15 juin 2012.

d'une vertu quasi religieuse, il ne va cesser de tonner contre tous les aménagements que la situation désespérée des dettes européennes exige. Pas question de payer pour la Grèce, et surtout pas d'euro-obligations ! Pas question de sauver un pays ou son système bancaire : le *bail-out* ne fait pas partie du traité européen de Lisbonne ! Pas question que la BCE s'occupe d'autre chose que du contrôle de l'inflation ! Weidmann a du poids, car il sait faire résonner l'opinion publique conservatrice allemande et se trouve de droit membre du conseil de la BCE. Ses arguments juridiques et techniques recouvrent une position morale bien-pensante, et sûrement un divorce de culture entre le Nord presbytérien politiquement correct et la sphère méditerranéenne (à laquelle la France appartient certainement), dont les réflexes lui sont fondamentalement suspects, bien qu'il ait étudié à Aix-en-Provence et parle parfaitement le français.

## L'HOMME QUI MURMURAIT À L'OREILLE DES MARCHÉS

Au-delà de ce cas individuel, on se prend à rêver de dirigeants politiques de la carrure d'une Simone Veil. Expliquons-nous. Simone Veil mit les exigences de santé publique au-dessus de ses considérations morales personnelles lorsqu'elle fit voter de haute lutte en 1974 la loi sur l'avortement. On connaît son déchirement et combien il lui en coûta. C'est pour cela qu'elle est une véritable femme d'État. C'est de ce genre de personnalités et de ce type de personnages dont l'Europe a besoin. À chacun son rôle : les clercs pour ficeler la technique, les hommes ou femmes d'État pour remettre les pendules à l'heure et prendre les décisions, quoi qu'il en coûte. Gerhard Schröder, malgré tous ses défauts, peut entrer dans ce club, lorsqu'il négocia durement son « agenda 2010 » juste avant des élections générales et se suicida politiquement.

Pour sauver l'euro, le subtil Italien Mario Draghi a peut-être cette vision et ce courage. Draghi a été président de la Banque d'Italie, après une longue carrière publique et un détour de 4 ans chez Goldman Sachs. Il est courtois et secret, ne recherche pas les projecteurs. Il est aussi rusé qu'un Médicis, rompu aux tours et détours de la politique italienne. Il a le sens du *timing* et de la phrase maîtrisée. Lorsqu'il accède en novembre 2011 à la présidence de la BCE, à la place de Jean-Claude Trichet, Draghi prend des décisions politiques… non sans les emballer dans d'effroyables détails techniques (baptisés LRTO, OMT, etc.) pour faire avaler la pilule.

Il ouvre les vannes du financement des banques européennes en difficulté, à commencer par les banques espagnoles subclaquantes. À l'été 2012, il déclare solennellement que l'euro est irréversible (y compris avec la Grèce), afin de calmer les marchés. Le 6 septembre, il dévoile un mécanisme qui, en clair, met en place le rachat au niveau européen de *toutes* les obligations d'État en souffrance. Il amorce ainsi une unification des taux, donne un bol d'air aux pays en difficulté et rassure massivement les marchés internationaux. Si ça n'est pas des *eurobonds*, cela y ressemble furieusement. Weidmann s'étouffe à nouveau et met dans la balance sa démission du conseil de la BCE. Peine perdue.

Les marchés libèrent subitement leur pression sur l'euro et sur les obligations problématiques des pays fragiles de la zone. Le risque systémique s'éloigne. La presse économique européenne titre : «Ouf, l'euro a gagné», «Super Mario», «L'année du Draghi». Il a fallu à Draghi deux mots seulement, au détour d'une conférence de presse, pour restaurer la confiance unanime, quand il a déclaré que «la BCE pourrait désormais racheter *sans limites* les dettes à court terme des pays en difficulté». Deux mots pour apaiser une tempête de centaines de milliards d'euros. Entrera-t-il au panthéon des architectes de confiance ? La question est prématurée, car une nouvelle crise de l'euro peut cristalliser à tout moment. Mais en attendant : chapeau l'artiste.

Il faudra encore un long chemin pour rétablir les fondamentaux de l'euro, pour remettre la charrue *après* les bœufs, ce que l'on aurait dû faire dans les années 1990, mais l'euro se met cahin-caha en ordre de bataille. Les brebis grecques égarées y resteront, tout comme la Californie en faillite déclarée est restée dans les États-Unis d'Amérique. L'euro va perdurer. Il faudra un jour que sa clé de voûte soit un État fédéral européen. N'insultons pas l'avenir. Ce sera une monnaie digne de la puissance cumulée de l'Europe. Quel chemin de croix pour en arriver là !

PARTIE 3

# LES GRANDS SYSTÈMES

# Chapitre 15

# Petite histoire de l'or

L'or est une matière mythique. Ce métal inaltérable, qu'aucun acide n'attaque, a toujours fasciné les hommes. On lui a attribué des vertus d'immortalité : sa couleur est celle du soleil, telle une divinité brillante qui apporte la vie. Il est l'aurore (or vient du latin *aureum*) qui illumine le monde, l'auréole qui nimbe la tête du saint, le métal religieux, l'attribut royal. Il a toujours été la marque du pouvoir transcendant et de la victoire sur la mort, que toutes les civilisations se sont appropriées : le masque de Toutankhamon en Égypte, le Bouddha d'or au Siam, la déesse Lakshmi en Inde, la pièce que les Grecs ou les Germains glissaient entre les dents du mort pour qu'il paye son passage vers l'au-delà. On sait aujourd'hui qu'il provient directement des étoiles, conséquence improbable d'un monstrueux brassage galactique qui a duré quelques milliards d'années, antérieurement à l'apparition de la planète Terre, matériau littéralement extraordinaire, extraterrestre. L'or est irrationnel : il a toujours rendu les hommes fous.

## UN CUBE DE VINGT MÈTRES DE CÔTÉ

C'est en Lydie, terre d'Asie mineure proche de la ville turque actuelle d'Izmir, qu'apparaît la première monnaie, frappée dans les paillettes du métal local charrié par la rivière Pactole : l'*electrum*, alliage naturel à parts presque égales d'or et d'argent. En 560 avant J.-C., le roi lydien Crésus en tire sa formidable richesse, dont la réputation est arrivée jusqu'à nous. La carrière de la monnaie métallique va être dès lors l'objet d'un engouement constant, en commençant par cette partie du monde, de la Perse aux cités grecques, avant de migrer ailleurs. Elle durera 2 600 ans avant que de nouveaux modes de paiement la remplacent définitivement (?) dans les années 1970.

L'or est rare. La totalité de l'or extrait dans le monde depuis l'origine des temps est estimée à 150 000 t et pourrait tenir dans un cube de 20 m de côté. Il en reste environ 120 000 t, qui se sont transmises jusqu'à nous sous forme de bijoux, de pièces, d'objets divers et de lingots. Aujourd'hui, on en produit 2 500 t par an pour les mêmes usages, auxquels s'ajoute depuis trois décennies l'électronique. Trois pays dépassent les 200 t annuelles : la Chine (340), l'Australie (255) et les États-Unis (230). Par comparaison, on sort dans le monde 2,4 milliards de tonnes de minerai de fer par an ! L'argent-métal a toujours été plus abondant et plus facile à extraire que l'or. Depuis la préhistoire, on estime que la production d'argent a été au total de l'ordre de 1 million de tonnes, soit un rapport de 6,5 à 1 avec l'or. Aujourd'hui, on produit bon an mal an, environ 20 000 t d'argent, ce qui est assez proche du rapport historique avec l'or. Le prix de l'argent a toujours été très inférieur à celui de l'or, mais pas dans la proportion stricte de l'offre et de la demande, puisqu'il a fluctué entre 1/12 et 1/16. Pour clore sur les chiffres, on estime que les banques centrales dans le monde ont dans leurs coffres aujourd'hui – où l'or n'est plus l'étalon – 27 000 t d'or, largement confiées à la garde de la *Federal Reserve Bank of New York* et à celle de Fort Knox, dans le

Kentucky, même par des adversaires farouches de l'Amérique ! L'Inde en détient 15 000 t sous forme d'épargne, principalement dans les bijoux des femmes, qui exhibent sur elles le patrimoine de la famille.

Les usages de l'or ont fluctué. Il pouvait être disponible mais ne pas avoir de fonction monétaire, comme chez les Barbares germaniques qui harcelaient Rome au premier millénaire de notre ère. Il pouvait aussi avoir, bien entendu, une fonction monétaire mais ses quantités notoirement insuffisantes bridaient le développement économique, comme dans l'Europe des XIᵉ, XIIᵉ et XIIIᵉ siècles. Au Moyen Âge en effet, l'Europe de l'Ouest accuse un déficit commercial permanent avec Byzance, à qui elle achète fort cher des soieries et des épices, ainsi qu'avec les pays musulmans du pourtour de la Méditerranée et du Proche-Orient qui, eux, ont des monnaies fortes. L'or est la monnaie pour les produits de luxe et pour les gros investissements immobiliers, alors que l'argent – bien plus disponible – sert pour les transactions courantes. Paradoxalement, à cause de sa spécialisation commerciale, l'Orient attire beaucoup d'or, alors qu'il manque d'argent pour ses marchés domestiques. C'est la république de Venise, dès le XIIIᵉ siècle, qui va jouer un rôle central dans l'arbitrage entre la forte demande d'argent à l'Est et la forte demande d'or à l'Ouest. Elle en tirera sa richesse et sa puissance.

Vers le milieu du XVᵉ siècle, par suite d'une désorganisation générale des marchés, les prix baissent en Occident. La valeur du métal jaune augmente donc, ce qui le rend plus désirable. Les Génois et les Portugais remarquent le phénomène, le comprennent et décident de se mettre en quête du métal précieux. Avant même la découverte de l'Amérique par un Génois – Christophe Colomb – parti de Lisbonne en 1492, les Portugais ont entrepris une série d'expéditions toujours plus au sud le long de la côte africaine, sous la houlette du prince Henri, dit « le navigateur », suractif de 1414 à sa mort en 1460. Ils s'aventurent jusqu'à la Guinée et la Sierra Leone. Ils trouvent du métal précieux dans cette Afrique de l'Ouest que l'on nommera « la côte de l'or ». Le Portugal s'enrichit rapidement, frappe de beaux escudos d'or en 1436 et des cruzados en 1457. Signe de la richesse du Portugal, le cruzado ne sera pas dévalué pendant 80 ans, un record à l'époque.

## ELDORADO

En 1474, Ferdinand d'Aragon épouse Isabelle de Castille. L'union de l'Aragon et de la Castille va faire de l'Espagne la concurrente directe du Portugal. Les courses maritimes se multiplient alors, et se développent encore plus à partir de la découverte de l'Amérique. Elles sont financées selon un système qui s'apparente au capital-risque multinational contemporain : le fournisseur du capital est en général génois, telles les familles Centurione, Doria, Spinola, le capitaine du navire est andalou ou italien, les commerçants castillans ou portugais. Les risques sont énormes mais les profits le sont également. On hurle – déjà – à la spéculation. Dans l'Amérique espagnole, les conquistadores s'en donnent à cœur joie. Ils sont stupéfaits de voir les indigènes échanger du bon or contre de la pacotille, alors qu'en Europe, l'or, si rare, est avidement recherché ! Le système fonctionne magnifiquement : de 1450 à 1570, il arrive annuellement 700 kilos d'or à Lisbonne et 1 000 kilos à Séville. Cela ne semble pas énorme, mais c'est suffisant pour faire baisser le prix de l'or et, par contrecoup, renverser la tendance précédente en déclenchant une hausse du niveau général des prix. L'inflation se substitue à la grande déflation antérieure, pour le meilleur et pour le pire.

Les premières réflexions sur ce qui deviendra la théorie quantitative de la monnaie se font jour, car les contemporains réfléchissent au problème et en déduisent que plus il y a de monnaie en circulation, plus les prix montent. On observe aussi le phénomène dans le royaume de France, car les prix y montent également, par un phénomène transfrontières qui illustre – déjà – que la maîtrise domestique des prix et de la monnaie est un leurre, sauf à tenter de survivre en complète autarcie. C'est le Français Jean Bodin, contemporain de Montaigne, qui verra le plus clair. En 1566, M. de Malestroit, conseiller du roi et maître ordinaire de ses comptes, explique doctement que les prix n'ont en fait pas monté : c'est la teneur en métal précieux qui a baissé. Le responsable, dit-il, c'est l'altération de la monnaie pratiquée depuis Jean le Bon (mort en 1364). 2 ans plus tard, Bodin répond à Malestroit. Non ! Les prix ont monté parce qu'il y a plus d'or et d'argent en circulation : « Il est incroyable et toutefois vérifiable qu'il est venu du Pérou depuis 1533, qui fut conquis par les Pizarre, plus de cent millions d'or et deux fois autant d'argent[1]. » C'est Bodin qui a raison.

À la fin du XVI<sup>e</sup> siècle, les arrivées d'or et la hausse concomitante des prix en Espagne s'accélèrent. L'or arrive de toutes parts : du Panama, du Venezuela, du Pérou, du Chili. À force de surexploiter les mines d'or, elles s'épuisent, mais on remplace l'or par l'argent des mines mexicaines

---

1. Paul Vilar, 1974. Voir bibliographie.

de Zacatecas et Guanajuato. Le métal blanc inonde alors l'Europe et le «cycle de l'argent» s'ouvre en 1540. Du coup, le prix de l'argent baisse et celui de l'or monte.

Charles Quint, qui monte sur le trône en 1516, n'a jamais assez d'argent. Il emprunte à court et long terme en utilisant des lettres de change dénommées *«juros»*. Et c'est ainsi que l'Espagne du XVIᵉ siècle, arrosée d'or américain, dépense beaucoup, s'endette, entretient une balance commerciale déficitaire, abandonne peu à peu toute activité productive, rendue peu compétitive par la hausse du change et des prix de production, et se transforme en une société de rentiers oisifs. En 1557, les choses vont si mal en Espagne qu'il s'y produit une grande crise financière. C'est la banqueroute. Luis Ortiz, conseiller du roi, écrit un ouvrage où il explique, lui aussi, que «le travail est un trésor» et qu'il faut donc remettre les Espagnols au travail. Il explique également que, si l'Espagne exploite les Indiens, les Espagnols sont exploités par les étrangers : il faut donc dévaluer la monnaie et constituer un trésor de guerre. Luis Ortiz a pressenti que trop d'or en circulation, en faisant monter le cours de la monnaie et les prix, peut en fait être nuisible. Mais à partir de 1640, les arrivées d'or américaines en Espagne s'effondrent, et le rideau se baisse sur la puissance ibérique. Un autre chapitre s'ouvre, d'autres puissances vont apparaître sur la scène mondiale.

Les Provinces-Unies sont également connues sous le nom de Hollande. Les méthodes de brutalité et de pillage utilisées par les Hollandais leur assurent un empire colonial prospère. La Hollande, avec ses 120 000 marins, représente à elle seule la moitié de la flotte mondiale. Elle possède la plus puissante des compagnies coloniales, la Oost Indische Kompagnie, abrite sur son sol une industrie prospère, en particulier textile, qui fait que son or, contrairement à celui de l'Espagne, ne provient pas uniquement des colonies, mais aussi de sa production et de son commerce. Les espèces étrangères affluent à Amsterdam. La monnaie hollandaise, le leeuwendaalder ou le rijkersdaalder, est le dollar de son temps, la monnaie refuge. Les Hollandais ne sont cependant pas de tempérament mercantilistes, ils ne cherchent pas à accumuler l'or : pour eux, le métal jaune est une marchandise comme une autre, qui peut s'importer et s'exporter librement. La Hollande restera une grande puissance jusqu'à la révolution française et à l'Empire.

## PERFIDE ALBION

Le rideau se lève alors sur l'Angleterre, dont l'irrésistible ascension ouvre la voie à l'économie moderne. Dès 1688, la révolution de Cromwell y a permis la montée en puissance des *moneyed-men*, les hommes d'argent, contre la forteresse des *landed-men*, l'aristocratie terrienne. Les *moneyed-men* créent en 1694 la Banque d'Angleterre, afin de mettre de l'ordre dans la jungle incontrôlable et opaque où opèrent les multiples banques privées.

En effet, à cette époque, ce sont les orfèvres qui font office de changeurs, les changeurs à proprement parler n'existant pas. Or, les marchands ont pris l'habitude de déposer chez les orfèvres les monnaies d'or dont ils n'ont pas un pressant besoin, contre des récépissés de dépôts, récépissés qui peu à peu sont devenus négociables. Comme il est peu probable que tout l'or soit retiré en même temps, les orfèvres ont pris l'habitude de consentir des prêts en émettant des billets convertibles en or à tout moment, et cela au-delà de leurs réserves-or, inventant par là même les techniques bancaires modernes.

Par ailleurs, les orfèvres pratiquent le «biquettage», gardant par devers eux les pièces de monnaies impeccables, et remettant en circulation les pièces rognées (que parfois ils rognent eux-mêmes!), et bien sûr pratiquent également l'arbitrage de l'argent contre l'or, car le rapport marché officiel/marché libre n'est pas fixe. N'ayant habituellement guère de vision à long terme, ils refusent très généralement de prêter au roi, réputé mauvais payeur. Les grands marchands et le roi s'allient donc, en 1690, pour accuser les orfèvres de spéculation et d'usure. Les grands marchands créent la Banque d'Angleterre pour mieux servir leurs besoins et ceux du roi: dès juillet 1694, la Banque d'Angleterre peut ainsi prêter 1 200 000 livres au roi.

Cette somme énorme, injectée dans l'économie, va être source d'inflation. Le cours de l'or grimpe de 50 % en six mois. Le public en est fort mécontent, d'autant que les pièces rognées, de plus en plus nombreuses, ont une valeur «extrinsèque» (valeur légale) qui ne correspond pas à la valeur «intrinsèque» (poids en or). Que faire? Le secrétaire au Trésor, Lowndes, préconise une dévaluation de 25 % (ce qui aurait réduit de 25 % la quantité de métal dans une pièce), mais le philosophe John Locke milite contre cette solution: «Si vous pouvez enlever un vingtième de son poids de métal à une monnaie sans diminuer sa valeur, vous pouvez tout aussi bien lui en enlever les dix-neuf vingtièmes[1]. » Bien vu! Les autorités américaines ne feront pas autre chose avec le dollar trois siècles

---

1. Paul Vilar, *op. cit.*

plus tard. Locke remporte l'argument : l'État émet de bonnes pièces contre les anciennes rognées, perdant certes la somme énorme de 2 700 000 livres dans ce processus, mais gagnant la confiance du public, inestimable trésor.

Cap sur le Brésil. Dans les années 1670, les « Paulistas », les hommes de São Paolo, grands aventuriers, entendent raconter qu'il y aurait de l'or dans les forêts impénétrables de l'intérieur du Brésil et décident d'en avoir le cœur net. On trouve de l'or au Minas Gerais, puis, de 1703 à 1720, dans d'autres parties du Brésil. Le Brésil étant portugais, l'or se retrouve d'abord à Lisbonne, mais le Portugal entretenant un énorme déficit commercial avec l'Angleterre, dont il est devenu un satellite, l'or trouve finalement son chemin vers la place de Londres. En 33 ans, de 1694 à 1727, l'Angleterre frappe 15 000 000 de livres sterling-or, soit autant que dans les cent trente-six années précédentes ! Cette richesse soudainement acquise donne des idées à certains : s'inspirant du système de John Law, la Compagnie des mers du Sud, basée à Londres, émet des actions qui s'arrachent dans un mouvement de spéculation effrénée se terminant bien sûr par une panique, dans les émeutes de décembre 1720 à avril 1721, et par un sauvetage en règle de la part de la Banque d'Angleterre. Mais l'or arrive toujours !

La Banque d'Angleterre a maintenant le monopole d'émission de la monnaie, monopole avec lequel on ne plaisante pas (la contrefaçon des billets étant punie de mort). L'attitude responsable des autorités au fil des ans crée un climat de confiance qui sera bien utile. En 1745, une crise dynastique, qui aurait pu aboutir à la restauration des Stuarts, entraîne une panique financière, et un « *run* » sur la Banque d'Angleterre. Les marchands de

Londres proclament alors : «Nous, soussignés, marchands et autres… déclarons par le présent acte que nous ne refuserons pas les paiements en billets de banque, quelle que soit la somme payable.» La crise est résolue.

Si l'or continue d'affluer à Londres, l'argent fuit, afin de payer les importations asiatiques, renforçant le penchant naturel des Anglais pour l'étalon-or. En 1805, Lord Liverpool, ex-ministre de Georges III, déclare «qu'il faut que la monnaie, qui doit être la principale mesure des biens, soit constituée d'un métal seulement». L'adoption de l'étalon-or est en marche. Elle sera officielle en Angleterre en 1821. Le reste de l'Europe s'y convertira 50 ans plus tard.

Le développement continu des billets et du crédit change la nature des crises. Sous l'Ancien Régime, les crises se manifestaient sous la forme de hausses des prix des grains et des farines. S'y substituent, à partir de la moitié du XVIII$^e$ siècle, des crises «commerciales», déclenchées par un excès de crédit. En Angleterre par exemple, on en recense une tous les 10 ans : 1763, 1772, 1783. En 1797, nouvelle crise. Les mauvaises récoltes obligent l'Angleterre à importer pour 2 300 000 livres sterling de grains. Hausse des prix, baisse considérable des encaisses-or de la Banque d'Angleterre, panique, tout le monde veut se faire rembourser les billets en métal. Le 3 mai 1797, le *Bank Restriction Act* autorise pour deux mois la Banque d'Angleterre à ne pas rembourser les billets. En fait de deux mois, cette mesure durera jusqu'en 1821 !

Car après les guerres napoléoniennes, l'or fuit Londres, et en 1811 c'est le krach, puis la déflation après Waterloo en 1815. Que faire ? Les parlementaires se tournent vers David Ricardo, Juif portugais dont le père avait immigré à

Amsterdam, puis à Londres. Ricardo sera le maître d'œuvre de l'adoption de l'étalon-or par l'Angleterre en 1821, et du *currency principle*, dont le raisonnement se déroule selon la séquence suivante : tout moyen de paiement est monnaie ; la relation entre prix et monnaie est quantitative ; le niveau des prix dépend de la quantité de monnaie en circulation ; le change entre monnaies exprime la relativité des pouvoirs d'achat ; l'équilibre monétaire entre pays se fait automatiquement par transfert d'or ; avec une circulation de papier-monnaie non couvert par de l'or, il y a risque de multiplication des moyens de paiement et de désordre du niveau général des prix ; avec le métal-or, ce risque n'existe pas, donc il faut ramener la circulation papier au niveau de la couverture-or de la Banque d'Angleterre.

Ce sera la politique de l'Angleterre jusqu'en 1928 !

Nous connaissons la suite : une période de grande stabilité monétaire de 1821 à 1914, la Première Guerre mondiale et les désordres monétaires de l'entre-deux-guerres, l'accumulation d'or par les États-Unis qui détiennent 75 % de l'or mondial à la fin de la Seconde Guerre mondiale, la mise en place du système d'étalon de change-or à Bretton Woods, la redistribution de l'or en faveur de l'Europe dans l'après-guerre, les nouveaux désordres monétaires…

## REVOILÀ NIXON

La fin de la convertibilité du dollar en or, décidée par Richard Nixon le 15 août 1971, met en principe fin au rôle central de l'or comme base du système monétaire depuis 2 600 ans. Au lendemain de cette décision historique – cela peut paraître surréaliste – un furieux débat oppose ceux qui pensaient que le prix de l'or allait grimper à ceux, nombreux, qui pensent que l'or, démonétisé, ne vaudrait plus rien, ou en tout cas pas grand-chose. Après tout, ce point de vue n'est pas si absurde, car la démonétisation de l'argent au XIX$^e$ siècle avait entraîné la chute du prix de ce métal. On ne tranche pas ce débat. Cette décision majeure ne met pas pour autant fin aux crises monétaires ni financières : la crise du recyclage des pétrodollars en 1982, la montée des déficits américains et de la dette, celle de la surliquidité mondiale, la création bancale de l'euro en 1999, la grande crise financière de 2008, les crises récurrentes de l'euro et de la dette américaine que nous avons sous les yeux…

Beaucoup de banques centrales se défont progressivement de leurs stocks d'or dans les années 2000, lequel ne sert censément plus à rien. Elles le font à des prix qui restent désespérément bas, car l'or n'existe plus qu'immobile, comme poire pour la soif bien au chaud dans les bas de laine de particuliers qui y croient encore, vieux réflexe archaïque de thésaurisation. La sphère financière, il est vrai, a déplacé son centre de gravité vers les placements boursiers ou le monde enchanteur et abscons des produits dérivés. L'or est ringard. Mais cette belle sphère financière va exploser en 2008. La valeur-refuge ringarde va devenir un pactole pour ceux qui ont encore par devers eux quelques lingots. Le prix de l'once d'or (31,1 g) passe de 200 dollars en 2000 à 800 dollars fin 2008, jusqu'à 1 700 dollars en 2012 ! Tiens donc : l'or existe toujours !

Où est l'or public désormais ? Cet or qui est passé en quelques siècles de l'Espagne à la Hollande, puis à l'Angleterre, puis aux États-Unis, où est-il ? En mai 2011, les États-Unis détenaient 8 133 t d'or, soit environ 25 % du stock mondial, suivis de l'Allemagne (3 401 t), du FMI (2 814 t), de l'Italie (2 451 t), de la France (2 435), et de la Chine (1 040). La Chine annonce qu'elle compte bien détenir 10 000 t d'or en 2020, objectif atteignable car la Chine est désormais le premier producteur d'or mondial. Cela veut-il dire qu'aux yeux de certains dirigeants politiques, l'or reste une valeur-refuge, un recours pour un jour ne plus dépendre du dollar ?

Il est peu probable que l'or seul puisse jouer un rôle dans le système monétaire mondial de demain, car les temps ont changé, mais face à l'instabilité persistante depuis la décision fatidique de 1971, faudrait-il, comme le recommandent Christine Lagarde et le FMI, ressortir le « bancor » de 1944 des cartons ? Keynes finira-t-il, une fois de plus, par avoir raison ? L'or peut encore ménager bien des surprises. L'or ne meurt jamais !

# Chapitre 16

# L'idée simple de Jean de Médicis

Au XIVe siècle, l'Italie n'est pas en très grande forme. La vingtaine de minuscules États du Nord et du Centre du pays sont en guerre permanente, dans un contexte explosif de révolutions, de coup d'États, de violence et de meurtres. Partout, il y a cette lutte ancestrale entre les Guelfes, partisans du pape, en général recrutés dans les classes bourgeoises naissantes, et les Gibelins, partisans de l'empereur romain-germanique, en général issus de la noblesse. C'est dans cet environnement délétère et dangereux qu'une classe de marchands-aventuriers-capitalistes réussit peu à peu à s'emparer du pouvoir politique dans les villes-États du Nord de l'Italie, Venise, Gênes, Florence ou Milan. Ils entreprennent de se protéger contre le risque d'expropriation en constituant de puissantes armées et des réseaux supranationaux.

## CHAOS ET RENAISSANCE

En 1360, dans ce chaos, naît à Florence un certain Jean de Médicis. Le clan est originaire du Mugello, à une trentaine de kilomètres au nord de la ville. Jean présente les caractéristiques qui seront la marque de fabrique de tous les Médicis mâles : physiquement fort laids, souffrant de la goutte ainsi que d'une autre « maladie », la compulsion, une fois enrichis, à acquérir d'énormes quantités d'œuvres d'art exceptionnelles! Ils auront sur ce point des émules parmi d'autres financiers, du XIX^e siècle ceux-là: les familles Lehman, Guggenheim, Rothschild ou Morgan…À l'époque où naît le petit Jean, Florence a déjà connu de nombreux soubresauts: effondrement de son système féodal, prise du pouvoir par la classe marchande et formation d'une république, guerre avec Rome, terrible peste de 1348 (Florence comptait 95 000 habitants avant la peste, 45 000 seulement un siècle plus tard!), sanglante rébellion des travailleurs de la laine en 1378. Les marchands tiennent le haut du pavé, mais ce n'est pas une activité de tout repos: la grande famille Peruzzi fait ainsi faillite pour avoir trop prêté au roi d'Angleterre… qui décide de ne pas honorer sa dette, évidemment «souveraine».

L'innovation financière était bouillonnante à ce tournant du XIV^e au XV^e siècle. Les marchands italiens inventèrent rien de moins que les marchés financiers! Les cités-États se faisaient la guerre et cela coûtait fort cher. Au cours du XIV^e siècle, la dette de Florence fut multipliée par cent, atteignant 5 millions de florins. Il y avait la dette ancienne, dite *Monte vecchio*, et la nouvelle dette contractée pour lutter contre les Turcs, dite *Monte nuovo*. Les citoyens de la cité devaient presque obligatoirement prêter à leur ville et recevaient en échange une sorte de reçus, les *prestanze*, qui présentaient cette particularité d'être cessibles à un prix fluctuant: très exactement un marché obligataire aux caractéristiques modernes. Pour la première fois, les détenteurs de créances peuvent les revendre sur le «marché», mais ce dernier fluctue en fonction de l'idée que l'on se fait de la solvabilité de l'État, comme dans la crise grecque actuelle! On verra également pratiquer un peu plus tard, à la fin du XV^e siècle, un « *haircut* », tout comme pour les obligations grecques contemporaines, le prix de cession des *prestanze* passant de 80 florins en 1497 à 40 en 1509. On peut aussi émettre de nouveaux titres, en les cédant à une fraction seulement de leur valeur nominale. Voilà le « papier financier » lancé ! Nous n'avons fait aujourd'hui que recycler des idées très anciennes.

## LE PETIT JEAN MONTE EN PUISSANCE

Les Médicis, avant Jean, avaient déjà joué un certain rôle dans le gouvernement de la ville, mais ils n'étaient ni puissants, ni riches. À la mort de leur mère, les cinq frères se partagent 800 florins, une misère. Mais le petit Jean est ambitieux, bien que ne payant pas de mine. Il se fait engager à Rome par un cousin banquier. Entre membres du même clan, on se serre les coudes et souvent, on se marie entre soi. La famille, toujours la famille.

Jean de Médicis passera 12 ans à Rome, y apprendra à fond le métier de banquier et aura (prudemment) triplé le capital de 1 500 florins que son épouse lui avait apporté en dot 8 ans plus tôt. En 1397, Jean rentre à Florence pour fonder sa propre banque avec un cousin et y investit l'intégralité de son magot, qui se monte alors à 5 500 florins. Les banquiers italiens de l'époque étaient avant tout des marchands. Ils importaient de tout pour leurs clients : des tapisseries, de l'argenterie, des esclaves, des soieries, de la laine. Les risques étaient énormes : les navires pouvaient couler ou être rançonnés, les acheteurs potentiels pouvaient s'évanouir dans la nature. L'autre activité, c'était le change : un client déposait des florins à Florence mais voulait récupérer des livres sterling à Londres. Le banquier écrivait alors à la main une «lettre de change» qui était honorée à l'autre bout de l'Europe. Cette innovation financière majeure apparaît simultanément à la même époque en Italie, à Florence ou à Gênes et – bien entendu sans concertation – dans le Nord de la Chine à Pinyao. La clé, c'est l'identification des écritures et des signatures, toutes les agences d'un même réseau bancaire détenant des spécimens écrits de toutes les personnes habilitées. Et puis il y avait le crédit, que les banquiers refusaient de pratiquer tel quel en raison de l'interdiction de «l'usure» par l'Église, mais tournaient facilement, par la différence des taux de change pratiqués, le tout avec le silence complice et peu désintéressé de protecteurs ecclésiastiques haut placés à Rome.

Jean finance de plus en plus les puissants. Il intervient en sous-main dans les guerres incessantes entre le pape, Naples, Venise et les autres, au point de devenir l'obligé de tout le monde. Il est implanté dans toutes les villes importantes. Afin de se prémunir du risque de défaut de l'un ou l'autre de ses puissants créanciers, il a le coup de génie de constituer chaque succursale en société indépendante : ainsi, si l'une fait faillite, le reste de la banque ne sera pas affectée. Des règles strictes sont mises en place pour encadrer les activités de chaque directeur, des inspections sévères sont régulièrement mandatées. Jean de Médicis a inventé le contrôle de gestion et la banque modernes !

En 1420 Jean, qui a 60 ans, se retire des affaires, laissant à Côme, son fils de 31 ans, les rênes de la banque. Il n'aura pas à s'en plaindre : l'immense destin des Médicis est en marche. Jean, l'entrepreneur, le fondateur, l'ancêtre, peut prendre une retraite bien méritée. Côme portera la banque à des sommets inouïs, il sera l'homme le plus puissant d'Europe, banquier des papes et des rois. Son arrière-petit-fils, Laurent le Magnifique, mènera Florence à son apogée. Les Médicis suivants seront grands-ducs de Toscane. Leurs filles Catherine et Marie seront reines et régentes de France. Deux autres Médicis seront papes !

## COMMENT FAIRE COHABITER DURABLEMENT PLUSIEURS MONNAIES

Avant d'être génial, Jean était sage. Les Florentins avaient deux sortes de monnaies : la monnaie d'argent, le picciolo, et le florin d'or. Le système était donc bimétallique : or et argent. La monnaie d'argent était celle des classes inférieures, avec laquelle on payait les biens de consommation courante, la nourriture de base, les salaires des petits employés, comme sous Dioclétien onze siècles plus tôt. Le florin d'or était réservé aux riches : c'était la monnaie avec laquelle on achetait des palais ou toutes sortes de biens luxueux, soieries, épices. Cet état de fait nous paraît bien étrange, mais il ne l'est pas tant que cela : du temps du régime communiste en Union soviétique, la nomenklatura utilisait le dollar, les prix dans les magasins d'État étant fixés dans cette devise, mais le peuple devait utiliser le rouble qui ne valait pas grand-chose. Aujourd'hui encore, les belles maisons à Buenos Aires, à Mexico ou à Phnom Penh sont « dollarisées », c'est-à-dire payables en dollars et surtout pas en monnaie locale.

On connaît parfaitement les tarifs dans la Florence du XIV^e siècle. Une jeune esclave pouvait être achetée pour 50 florins (d'or), le salaire annuel d'un domestique se montait à 10 florins, celui d'un débutant dans la banque des Médicis à 20 florins, le loyer annuel d'une belle échoppe à 35 florins. Se construire un joli palais ne coûtait que 1 000 florins. Pour donner une idée de la richesse des Médicis, on sait que leur banque gagna 152 820 florins de 1400 à 1420, 186 383 de 1420 à 1435 et 290 791 de 1435 à 1450, soit 630 000 florins en un demi-siècle… Un commissaire aux comptes moderne n'aurait pas calculé plus exactement !

Les pauvres étaient payés en picciolo d'argent et les élites florentines pratiquèrent ardemment un exercice qui ne se perdra pas dans les siècles suivants : la dévaluation. Mais attention : la dévaluation des monnaies d'argent uniquement ! Quand le florin d'or fit son apparition à Florence en 1252, il fallait 20 piccioli pour s'en procurer 1 ; il en fallait 140 en 1500. Les classes inférieures, ignorantes des phénomènes monétaires et payées en piccioli, n'avaient aucune conscience que leur travail coûtait en fait de moins en moins cher aux riches !

Les Florentins usèrent d'une sage pratique : ayant compris que le prix de l'or et de l'argent étaient susceptibles d'évoluer dans des directions opposées, ils résolurent durablement le casse-tête classique du bimétallisme et s'épargnèrent bien du souci. Quelle relation en effet fixer entre la monnaie d'or et la monnaie d'argent : 1 à 15, 1 à 20, ou autre chose ? Jean de Médicis et les autres à sa suite trouvèrent une formule simple et élégante : les deux monnaies seraient entièrement séparées, de manière étanche. Il n'y aurait entre elles aucune correspondance fixe.

Ainsi – contrairement à ce qui se passera en Europe au XIXe siècle et au début du XXe –, il n'était pas possible d'acheter des florins avec des piccioli, ni de payer en piccioli des marchandises dont le prix était fixé en florins. Il n'y avait pas de liens fixes ni même flottants entre les deux monnaies. Pour passer du picciolo au florin, il fallait d'abord vendre cette monnaie au prix de l'argent sur le marché le jour de la vente, puis acheter des florins au prix de l'or. Cela paraît simple et évident sur le papier. C'est ne pas céder à la tentation qui l'est moins et qui prouve la valeur des dirigeants successifs de Florence. Cela a assuré la tranquillité monétaire sur ce point pendant des siècles. Une décision limpide, appliquée sans détour, facile à comprendre, sage.

Ceux qui, ailleurs, voulurent innover par rapport à ce système des Médicis se brûlèrent toujours les doigts. Voulant réinventer la roue, bien des pays, en établissant un lien légal fixe entre l'or et l'argent, se créèrent d'insolubles problèmes qui prirent parfois au XIX<sup>e</sup> siècle des allures de cauchemar.

Cependant, puisque piccioli et florins étaient deux monnaies séparées vivant leur vie propre, il fallait bien que les banquiers essaient de s'y retrouver dans leurs comptes et puissent, en particulier, compter en fractions de florins. C'est pourquoi ils inventèrent une monnaie fantôme : la « monnaie de compte », la lire. Voilà une monnaie qui n'existait alors que dans la comptabilité des banquiers, qui ne s'échangeait pas dans les transactions de tous les jours et à laquelle, tout comme avec les produits dérivés contemporains, personne ne comprenait rien, les banquiers eux-mêmes arrivant à s'y perdre ! Qu'on en juge : la lire, qui vaut 20/29 de florin, est divisée en 20 soldi, lui-même divisé en 12 denari ! Il y a donc 29 soldi et 348 denari dans un florin !!! Évidemment, avec un tel système, les bourdes – surtout sans calculettes – étaient fréquentes et dans une lettre d'excuses, un directeur d'agence de la banque Médicis termine son courrier en écrivant à son client : « Que Dieu nous épargne à l'avenir de telles erreurs. »

Le débat sur la monnaie n'est pas confiné à l'Italie. Il s'empare de toute l'Europe. Dans la « chrétienté » multi-nationale de l'époque, les meilleurs économistes sont… les moines franciscains. Ils ont beaucoup réfléchi au *management* des puissantes corporations ecclésiastiques, dans lesquelles la hiérarchie catholique les a directement impli-qués. C'est l'un des leurs, Luca Paciolo da san Sepolchro qui inventera au XVe siècle cette révolution en matière de gestion moderne qu'est la « comptabilité en partie double », ancêtre de nos bilans actuels. Au XIVe siècle, à l'époque du début des Médicis, un franciscain français, Nicolas Oresme, publie son *Traité des monnaies*, qui est une avancée décisive de la théorie monétaire. La mon-naie, dit-il, n'est pas l'apanage du prince, mais celui du « peuple des marchands », qui en a besoin pour réaliser ses échanges au juste prix. L'excellent expert historique Jean-Marc Daniel explique : « En 1360, Oresme super-vise la création d'une nouvelle unité monétaire, où le monarque s'engage à ne pas porter atteinte aux pièces mises en circulation, c'est-à-dire à ne pas mentir sur la qualité de la monnaie. Puisque l'outil monétaire ne ment pas, il est naturel de l'appeler le franc. » Ce n'est donc pas, au départ la monnaie des Français, comme on le croit souvent, mais l'étalon de la confiance, ce qui est beau-coup plus fort. *Se non e vero, e ben trovato*, dit le malin pro-verbe italien : quand bien même ce ne serait pas l'exacte vérité, l'histoire est bien jolie ! Le roi de France Charles V, dit « le sage », souscrit aux conseils d'Oresme. Il respectera ses engagements, en n'altérant jamais la valeur du franc, en garantissant « le bon aloi », ce qui ne fut pas toujours le cas de ses successeurs. Voilà le franc lancé pour près de sept siècles d'existence !

# Chapitre 17

# Par le fer et le sang : Bleichröder et le mark allemand

Le mark allemand est né par le fer et dans le sang. En 1870, les 540 000 Prussiens menés par le maréchal-comte von Moltke anéantissent les 340 000 Français de Napoléon III. Le 2 septembre, l'armée française connaît un désastre total à Sedan : 80 000 hommes, 2 400 officiers, 39 généraux, un maréchal de France, Napoléon III lui-même, sont faits prisonniers.

Le 18 janvier 1871, l'Empire allemand est proclamé à Versailles dans la galerie des Glaces. Une estrade a été dressée là où autrefois se trouvait le trône de Louis XIV, devant laquelle paradent 600 officiers en grande tenue et tous les princes allemands, ainsi que le chancelier Bismarck en uniforme blanc de cuirassier. On entonne le *Te Deum*, puis Bismarck lit une proclamation, suivie du cri de : «Vive Sa Majesté l'Empereur Guillaume». L'Empire allemand vient de naître, sous la houlette de la Prusse.

L'ambiance n'est pas au beau fixe. Moltke et Bismarck ne se supportent pas. Les militaires, ces « demi-dieux », comme les décrit ironiquement Bismarck, avaient voulu mener la guerre selon des principes strictement militaires, alors que Bismarck voulait y introduire une dynamique diploma-tique et financière. De son côté, Guillaume voulait être intronisé «empereur d'Allemagne», alors que Bismarck, pour ménager les royaumes, grands-duchés et duchés allemands, voulait qu'il fût «empereur des Allemands», ce qui n'est pas la même chose. On se rabattit donc sur l'expression «empereur Guillaume», qui satisfit tout le monde, sauf le principal intéressé, qui battit froid à Bismarck.

## Le *Junker* et le Juif

Deux semaines plus tard, Bismarck fait mander Bleichröder d'urgence à Versailles, afin qu'il le conseille sur les questions monétaires et financières. Bismarck ne peut se passer de Bleichröder, bien que tout les oppose.

Le prussien Otto von Bismarck est un pur *Junker*, cette petite noblesse terrienne de l'Est de l'Allemagne, d'ancienne extraction, souvent gênée aux entournures, de forte tradition militaire. Propriétaire terrien au départ, mais ayant fait de solides études, il est entré en politique dans le maelström complexe de son temps et a été appelé à Berlin comme ministre-président par le roi de Prusse Guillaume. Rapidement, il disposera d'un pouvoir absolu, vaincra l'Empire autrichien à Sadowa en 1866 et sera le grand unificateur de l'Allemagne après la victoire sur la France. Quand Guillaume devient empereur de l'Allemagne unifiée, Bismarck prend le titre de chancelier de l'empire. Bien qu'il partage tous les préjugés antisémites de sa caste, il admire le brio de Bleichröder. Le duo improbable va devenir inséparable.

Gerson Bleichröder, quant à lui, est né en 1822. Pendant des siècles, sa famille a vécu en marge de la société. Cependant, son père Samuel a ouvert une petite banque à Berlin en 1803 et lorsque Gerson naît, Samuel a déjà établi une connexion avec les fils de Mayer Amschel Rothschild qui, établis dans les villes importantes d'Europe, ont besoin d'un correspondant à Berlin. Samuel participe avec les Rothschild à la grande aventure industrielle du XIXe siècle, les chemins de fer. Son fils Gerson le rejoint à la banque en 1839. Au fil des ans, il se rendra indispensable et fera la rencontre de Bismarck dans les années 1860.

En 1871, deux sujets préoccupent le chancelier : le problème des futures frontières et l'indemnité de guerre de la France. L'indemnité, ce sera le sujet de Bleichröder. On commence par la ville de Paris, à qui est infligée une indemnité de 200 millions de francs-or. Cette transaction est organisée avec une garantie des Rothschild de Londres. Elle rapporte la bagatelle de 12 millions de commissions à se partager entre Rothschild et la banque Bleichröder. Le mélange des genres entre la politique et la finance ne date pas d'hier !

Ce n'est pourtant qu'un galop d'essai. Après Paris, il faut déterminer l'indemnité à payer par la France. Les chiffres les plus fantaisistes circulent. Bismarck avait en tête 8 milliards de francs, chiffre astronomique qu'il avait mentionné au ministre français Jules Favre. Abraham Oppenheim, de la banque éponyme de Cologne, ami de Bleichröder, trouvait ce chiffre dangereux. Même la moitié, 4 milliards, serait selon lui encore trop. Les négociations avec le président du Conseil français Adolphe Thiers durèrent six jours. On fut souvent proche de la rupture. Quand Bismarck écrivit 6 milliards sur un bout de papier, Thiers s'exclama :

« C'est une indignité. Si quelqu'un avait commencé à compter 6 milliards de francs, franc par franc, depuis le temps de Jésus, il y serait encore.

— C'est prévu, rétorqua Bismarck désignant Bleichröder qui était présent, j'ai avec moi un expert qui a commencé à compter à la Création.»

La tension était extrême. Jules Favre, par erreur ou ignorance, épelait le nom de Bleichröder «black Schröder» et le décrivait comme un prince prussien de la finance. Quand le baron de Rothschild apparut dans les négociations pour défendre les intérêts de la France, Bismarck, qui le considérait encore comme un Juif de Francfort, le harcela et le poursuivit de son animosité : «Le comte Bismarck s'est conduit durant les négociations avec une monstrueuse brusquerie et une dureté intentionnelle qui ont particulièrement choqué les Rothschild[1]», écrivit Bleichröder au prince héritier.

L'indemnité fut finalement fixée à 5 milliards et la presse allemande rapporta : «Monsieur Bleichröder, un petit Bismarck dans son domaine, sait comment s'occuper des Français». Mais ce dernier n'avait pas que des admirateurs. Les proches de l'empereur se répandaient sur son compte : «Désormais, Bismarck confère sans cesse avec le Juif Bleichröder, son banquier. On se demande pourquoi on a une institution comme la Banque de Prusse si seul ce Juif de cour, et aucun fonctionnaire officiel, le conseille sur les affaires d'État[2].» Mais Bleichröder n'en avait cure. Il était arrivé au cœur du pouvoir. Avant son départ de Versailles, il reçut la Croix de fer.

---

1. Fritz Stern, 1977, page 154. Voir bibliographie.
2. *Ibid.*, page 155.

## Invention d'une grande monnaie

Les trois années qui suivirent la fondation de l'empire furent euphoriques en Allemagne. Les bourses s'envolèrent, les prix de l'immobilier aussi, alimentés par l'énorme liquidité de l'indemnité. Ce fut une période d'intense spéculation, à l'écart de laquelle se tint le prudent Bleichröder. Il ne resta cependant pas inactif : il participa à la création d'Hibernia, très gros complexe sidérurgique, et à celle des lignes de chemin de fer Weimar-Gera et Posen-Kreuzburg. Mais ce qui devait arriver arriva : après un *boom* alimenté par l'excessive liquidité de l'énorme indemnité de guerre, le krach en 1873. Cette crise structurelle, alimentée largement par la bulle des chemins de fer, et comme toujours par la spéculation et par la liquidité incontrôlée, fut aussi profonde que la catastrophe de 1929. La Bourse de Vienne s'effondra, suivie de celles de Berlin et New York. En Allemagne, 61 banques, 116 grosses entreprises et 4 sociétés de chemin de fer firent faillite. Karl Marx y vit le prélude à la crise universelle, qui ne se produira pas, même si la récession fut sévère.

Cet impondérable n'empêcha pas Bismarck de tracer son chemin. L'empire avait été fondé, il lui fallait maintenant une banque centrale et une devise. La banque centrale, ce sera la Reichsbank, et la devise, ce sera le mark. À l'aube de l'empire régnait encore en Allemagne le désordre monétaire. Il y avait 32 banques d'émission, les Zettelbanken, et une seule banque « centrale » digne de ce nom, la Preussische Notenbanken. Dès 1872, Bismarck avait essayé de la transformer en banque centrale du nouvel empire, mais le ministre des Finances de Prusse s'y était opposé violemment.

Bismarck, avec Bleichröder à la manœuvre, était cependant tenace. En 1873, il fit passer une loi qui établit le mark pour tous les territoires de l'empire, fondé sur l'étalon-or, première grande union monétaire interallemande. En 1875, il parvint enfin à créer une véritable banque centrale. La Preussische Notenbanken devint la Reichsbank, banque centrale de l'Allemagne unifiée.

En fin financier, Bleichröder n'était pas partisan de l'étalon-or. Comme John Law avant lui, il craignait le manque de numéraire et préférait le bimétallisme or-argent car, encore une fois, les quantités d'argent physique disponibles étaient beaucoup plus importantes que l'or. Bleichröder savait que la Reichsbank manquait d'or et il fut un constant critique de sa politique monétaire. Mais l'étalon-or était la mode du moment et ce fut l'or que l'on adopta. Bismarck, qui avait une totale confiance en Bleichröder sur les questions financières, tenta bien de s'opposer à l'étalon-or et il y eut de violents échanges au Parlement entre Bismarck et le président de la Reichsbank.

C'est Bleichröder qui avait raison sur le fond, comme l'avenir ne tardera pas à le démontrer, et ceci ne fit qu'accroître son aura personnelle auprès du chancelier. Son utilité pour Bismarck fut aussi d'un autre ordre. En 1871 en effet, le comte Bismarck est au sommet de sa gloire. L'empereur Guillaume veut l'élever à la dignité de prince, mais Bismarck n'y tient pas, car il ne se trouve pas assez riche pour soutenir un tel rang. «Je préfère être un riche comte, qu'un prince pauvre», dit-il. Mais le Kaiser insiste, et Bismarck devient prince. Son salaire annuel de 63 000 marks ne peut alors couvrir qu'un tiers de ses besoins, car un prince de l'empire ne peut que mener grand train, recevoir fastueusement, rouler en grand équipage ! Nouvelle mission de Bleichröder : enrichir le chancelier. Il y réussira magnifiquement : en 10 ans, le revenu annuel de Bismarck sera passé à 322 000 marks, l'un des plus élevés d'Allemagne ! Bleichröder est mis en cause, ses relations personnelles avec Bismarck sont étalées, ce qui fait dire à ce dernier : « En raison de procès scandaleux et méprisables, il a été porté à la connaissance de tous que cette même banque est aussi mon banquier personnel[1]. »

## Il n'en est pas...

Bleichröder est, lui aussi, au faîte de sa puissance. Il mène grand train dans sa résidence berlinoise. Et l'impensable se produit. En mars 1872, sur l'insistance pressante de son ami Bismarck, Bleichröder est anobli. Le Kaiser n'anoblira que 131 personnes pendant son règne, et deux Juifs seulement : Adam Oppenheim et Gerson, devenu *von* Bleichröder. Ce dernier s'empressera d'acquérir l'antique domaine seigneurial de Gütergotz, à 20 km de Berlin, afin de tenir son rang. Bleichröder est enfin arrivé, mais la blessure intime demeure : il a beau donner des bals magnifiques, il ne reste pour le beau monde qu'un Juif parvenu. Marie von Bunsen, qui, elle, était du sérail, écrira : « La fête donnée par Bleichröder fut brillante. La position sociale des Bleichröder est supérieure, certes, mais pas édifiante. Presque tout le Berlin gouvernemental et aristocratique était là, mais s'excusa le lendemain d'y être allé. »

Après la mort de Gerson, la banque continuera sa carrière, constamment déclinante. L'arrivée d'Hitler au pouvoir marquera la disparition définitive de la banque en Allemagne, mais elle réapparut à New York en 1937 sous le

---

1. *Ibid.*, page 181.

nom d'Arnold and S. Bleichröder inc., avec certains des petits-enfants de Gerson qui avaient fui l'Allemagne. Une partie de la banque Bleichröder de New York se spécialisera avec succès dans la gestion d'actifs sous le nom de First Eagle Investment Management. Une autre partie fut achetée par Natixis, qui la possède encore.

# Chapitre 18

# Takahashi, un Keynes japonais avant l'heure

26 février 1936. L'homme était rentré tôt chez lui la veille. Il savait sa sécurité menacée, mais à 81 ans, il prenait cela avec philosophie : «Si j'étais plus jeune, je me ferais du souci, mais à mon âge, je dois faire mon devoir maintenant, je suis prêt à mourir», avait-il dit.

Ce jour-là, à l'aube, 1 400 fantassins menés par un groupe de jeunes officiers fanatiques du mouvement ultranationaliste Kôdô-Ha tentent un coup d'État. Ils investissent le centre de Tokyo et se répandent dans les quartiers où résident les dirigeants politiques. Les soldats défoncent la porte de la maison, y pénètrent avec leurs bottes boueuses et se précipitent vers la chambre à coucher.

«Traître ! hurle l'un des officiers, c'est le châtiment divin !» L'officier tire sur l'homme à bout portant, un soldat l'achève à coups de sabre.

Ainsi fut assassiné Takahashi Korekiyô, ministre des Finances, comme le seront ce même jour l'amiral Saïtô, ministre du Sceau privé de l'empereur, et quelques autres. Le Premier ministre Okada dut son salut à un galetas dans lequel il se réfugia. Le Japon perdait l'un de ses hommes d'État et réformateurs les plus clairvoyants, 5 fois ministre des Finances et un temps Premier ministre.

La tentative, connue dans les annales nipponnes sous le nom de *ni-ni-roku* (2-2-6), fut matée en quatre jours et tous les officiers félons passés par les armes. La loi martiale fut promulguée. Les autorités n'autorisèrent la cérémonie d'enterrement de Takahashi que le 26 mars. Sur les 5 km qui séparaient son domicile du temple de Tsukiji, le cortège reçut l'hommage fervent de milliers de Tokyoïtes. Même l'empereur – faveur sans précédent – envoya des fleurs.

## Un petit Japonais voyage

Takahashi Korekiyô naquit en 1854, fils illégitime du peintre officiel du Shogun et d'une très belle servante de 16 ans. Il fut adopté par Takahashi Koretada, samouraï de si petit rang qu'on ne le considérait pas toujours comme tel. Venant d'un si petit milieu, le futur homme d'État ne reçut aucune éducation formelle. Ce fut sa chance : il ne sera prisonnier d'aucun préjugé, en particulier en matière financière.

À l'âge de 14 ans – l'année même de la restauration impériale de Meiji – il fut envoyé à San Francisco pour apprendre à parler un impeccable anglais, ce qui lui donna un atout décisif par la suite. De retour à Tokyo, il vécut de petits boulots, comme *kakomochi*, porteur d'instruments de musique de geishas. Il se lança aussi dans d'aventureuses spéculations. Comme la monnaie japonaise, le yen, voyait sa valeur fondre contre l'argent, à cause des déficits publics chroniques, le gouvernement avait tenté de renverser le mouvement en vendant de l'argent. Voyant cela, des malins vendirent l'argent à découvert, escomptant sa chute rapide. Erreur : l'argent ne cessa de monter. Takahashi avait emprunté des fonds pour spéculer lui aussi. Il perdit 5 000 yen, une belle somme. Première leçon pour le futur ministre des Finances : on ne s'attaque pas comme cela aux marchés.

Le yen avait été créé par les réformateurs du nouveau gouvernement de Meiji en 1871, afin de remplacer le système extrêmement complexe du *ryô*, où chaque seigneur local utilisait sa propre monnaie. Le yen fut au départ bimétallique, mais l'étalon-or fut adopté en 1897, s'alignant ainsi sur la norme des grands pays occidentaux à la fin du XIXᵉ siècle. Que le système fût déflationniste était, somme toute, secondaire. En 1917, le Japon, comme le reste du monde, abandonna l'étalon-or. Le yen flotta jusqu'en 1930, et à partir de 1933, il fut indexé sur la livre sterling.

En 1880, donc, notre héros vient de perdre sa chemise. Voulant en comprendre les raisons, il crée une charge d'agent de change : « Je me rendis compte très vite que ce que nous faisions s'apparentait au casino. J'avais besoin d'en savoir plus, et après quatre mois, nous liquidâmes la charge. Nous perdîmes 1 500 yen, en plus de notre investissement de 6 000 yen[1]. » Ruiné une fois encore, Takahashi se résout à entrer au ministère de l'Agriculture et du Commerce. Il y reste 7 ans, s'y ennuie à mourir et, en 1888, abandonne tout pour se lancer dans une nouvelle et folle aventure, cette fois… au Pérou !

De gros investisseurs japonais, associés à un certain Oscar Heeren, convainquirent en effet Takahashi de partir dans les Andes pour exploiter une mine d'argent située à 6 000 m ! Don Oscar Heeren Massa, citoyen allemand, n'était pas n'importe qui. Diplomate en poste à Lima, il

---

1. Richard J. Smethust, 2007, page 58. Voir bibliographie.

avait épousé la nièce du président de la république péru-
vienne et avait occupé le poste de gouverneur de la banque
centrale du Pérou, avant de se lancer dans l'immobilier
et la recherche minière. Takahashi part donc au Pérou,
et une fois sur place, se rend compte que la mine produit de l'argent de piètre qualité. La mine fait faillite, tout
l'argent investit est perdu et Takahashi retourne à Tokyo
avec 16 000 yen de dettes. Nous sommes en 1891, l'avenir
ne se présente pas bien.

Finalement, il est recruté par la banque centrale du Japon
dans un emploi de chef de travaux pour coordonner la
construction de son nouvel immeuble, puis il est nommé
responsable de l'agence de cette banque à Shimonoseki,
dans le Sud du pays, juste en face de la Corée. Qu'un
ancien petit spéculateur raté soit nommé à un tel poste
en dit long sur la gestion des ressources humaines de
l'époque !

## Au bon endroit au bon moment

Cette fois, la chance sourit à Takahashi. La guerre sino-
japonaise à propos de la Corée s'était terminée par la victoire écrasante du Japon en 1895, la cession par la Chine
de l'île de Taïwan et le paiement d'une énorme indemnité de guerre de 300 millions de taëls. Les négociations
ont lieu à Shimonoseki, donnant à Takahashi l'occasion
de se faire connaître en haut lieu. On loue son intelligence et ses talents. Le voilà nommé en 1899, à 45 ans,
vice-gouverneur de la Banque du Japon. Il va devenir
indispensable.

Takahashi pense que le gouvernement a deux responsa-
bilités majeures : encourager la croissance économique et

élever le niveau de vie. Il pense que les chefs d'entreprise mènent l'économie, pas les bureaucrates. Il n'a pas une approche dirigiste, mais libérale. Il croit dans la vertu du marché. Alors que les hommes politiques japonais pensent que la stagnation économique est due à la surconsommation et qu'il faut donc réduire les dépenses et encourager l'épargne, Takahashi pense le contraire : il faut consommer. Il pense aussi que c'est la croissance économique qui assurera la puissance du Japon, et pas le nationalisme militarisé. C'est pour cela qu'il sera constamment la bête noire des militaires, jusqu'à son assassinat.

En 1904 se produit un événement extraordinaire. Le 8 février, l'armée et la marine japonaises attaquent la forteresse russe de Port Arthur, au sud de la péninsule chinoise du Liadong, point d'arrivée du transsibérien (l'actuelle Dalian). La mathématique financière est la suivante : les ressources budgétaires annuelles du Japon sont de 360 millions de yen, le coût du conflit est estimé à 450 millions de yen. Il faut donc trouver, pense-t-on, au moins 100 millions de yen sur les marchés des capitaux. En réalité, cette guerre coûtera 1,7 milliard de yen. Il faudrait trouver 850 millions de yen de complément, mais on ne le sait pas encore.

Qui est chargé de trouver cet argent ? Takahashi bien sûr. Et le voilà parti à Londres et à New York, où il passera la plus grande partie des années 1904 et 1905, s'initiant à la banque d'affaires et fréquentant le gratin de la finance internationale. Il devient l'homme incontournable. Il se lie en particulier avec le patron de la banque d'affaires Kuhn Loeb, le grand Jacob Schiff, que le banquier John Pierpont Morgan considérait comme son égal. Schiff, d'origine juive allemande, détestait les Romanov et leurs politiques antisémites. Kuhn Loeb prendra d'énormes risques pour aider les Japonais et lèvera une bonne partie des fonds nécessaires à la guerre. Par chance, et contre tous les pronostics, les Japonais battront finalement les Russes en mai 1905, en coulant la flotte du tsar – dépêchée de Saint-Pétersbourg dans une sidérante expédition autour de l'Afrique – dans le détroit de Tsushima.

Les obligations japonaises trouvèrent donc à se placer très favorablement. La mission de Takahashi s'avéra un succès total. Sans les capitaux de Wall Street, les Japonais n'auraient pu vaincre. Takahashi et Schiff resteront amis pour la vie. Schiff et sa famille seront invités au Japon en 1906, pour une quasi-visite d'État. Schiff y rencontrera tout ce qui comptait au Japon dans les milieux de la finance, de l'industrie et de la politique. L'empereur donnera un grand banquet en son honneur et le décorera de l'ordre du Soleil Levant. Ce fut un triomphe.

## L'HOMME D'ÉTAT

En 1911, Takahashi devint gouverneur de la Banque du Japon, puis ministre des Finances en 1913. Il y mènera deux réformes : frugalité du gouvernement, avancement au mérite. La Première Guerre mondiale servira les visées du Japon. En 1914, la dette publique représentait 75 % de son PIB : en s'engouffrant dans les marchés du Sud-Est asiatique abandonnés par les Anglais, le Japon enregistrera de gros excédents de sa balance commerciale, si bien qu'en 1919, le Japon sera la deuxième nation créditrice du monde derrière les États-Unis ! De 1918 à 1927, Takahashi sera 3 fois ministre des Finances, ministre de l'Agriculture, du Commerce, Premier Ministre. Il continuera de promouvoir la compétition économique et non la force militaire comme vecteur de la puissance japonaise. Mais c'est son cinquième mandat de ministre des Finances qui le rendra fameux.

Nous sommes en 1931, et Takahashi a 77 ans. Tout le monde avait abandonné l'étalon-or au cours de la Première Guerre mondiale. En 1919, les États-Unis avaient été les premiers à y retourner, mais le Japon ne suivit pas. La majorité des décideurs pensait que le plus tôt serait le mieux. Les années 1920 virent au Japon un furieux débat entre les deux options, sans décision, plus parce que les deux grands partis de gouvernement s'opposaient stérilement que pour des considérations de finance rationnelle. En 1930, le parti Minseitô au pouvoir finit par rétablir l'étalon-or, mais à contretemps et à un niveau beaucoup trop élevé. Les dommages collatéraux de la crise de 1929 partie des États-Unis – et touchant le reste du monde par ondes successives – achevèrent d'aggraver cette décision funeste. Les exportations japonaises furent réduites de moitié, les prix chutèrent de 50 %, le chômage grimpa à 20 %, les salaires suivirent la chute des prix.

Pour ne rien arranger, l'Angleterre abandonna l'étalon-or en 1931, et la spéculation se déchaîna contre le yen. Il fallut remonter les taux d'intérêt et la situation économique empira encore. Le 12 décembre 1931, le gouvernement du parti Minseitô, au bout du rouleau, démissionna et le parti Seiyükai de Takahashi revient au pouvoir. Il revint, une fois encore, aux Finances, avec une lucidité qui en fit le grand homme de son temps.

Dès le 17 décembre, Takahashi abandonne l'étalon-or et dévalue le yen de 50 %, malgré une bronca parlementaire sans précédent. Résultat : les exportations japonaises doubleront en 2 ans.

Takahashi Korekyô fit du Franklin Roosevelt avant l'heure. Comme lui, il eut l'audace des solutions imaginatives, contre l'avis unanime de tous les « experts » et autres brillants technocrates, dont le Japon était abondamment doté. Il fit aussi du Keynes 5 ans avant la publication de la *Théorie générale*. Face à la crise économique de son pays, il lança de grands travaux, creusa les déficits publics, accrût la masse monétaire. On le surnomma « le dépensier impénitent ». Mais tout cela marcha magnifiquement. De 1931 à 1936, le PIB japonais augmenta de 60 %, les revenus des ménages de 13 %, on revint au plein emploi.

Il serait temps de rendre justice à de grands hommes de l'autre bout du monde sur lesquels l'histoire occidentale autocentrée a trop souvent fait l'impasse.

Chapitre 19

# Les tribulations du yuan chinois

## Opium et décadence

À la fin des guerres napoléoniennes, l'Angleterre avait assuré durablement sa suprématie mondiale, pas tant par son armée que par son commerce. Cette suprématie avait un nom : le libre-échange. L'Angleterre avait une botte secrète, un débouché privilégié : son empire. Dans ce jeu du libre-échange, il fallait à tout prix exporter, être excédentaire, accumuler de l'or. La richesse des nations se mesurait à l'aune de leur encaisse-or : plus d'or permettait d'émettre plus de monnaie, ce qui amenait plus de liquidités dans le système, des taux d'intérêt plus bas, plus d'investissements, donc une augmentation de la capacité productive. On exportait encore plus, et le cercle vertueux recommençait.

Un pays refusait pourtant de jouer le jeu : la Chine. Fermée à toute influence étrangère, la Chine ne voulait pas s'ouvrir et commercer. En 1803, l'empereur céleste écrivit à Georges III : « La Cour céleste ne tient pas pour précieux les objets venus de loin, et toutes les choses curieuses et ingénieuses de ton royaume ne peuvent être considérées comme ayant une rare valeur. » C'était la même rebuffade que s'était vu signifier l'ambassade catastrophique de Lord Macartney en 1796. Pire encore : l'Angleterre, qui importait thé et soieries, entretenait avec la Chine un énorme déficit commercial. La Chine avait une monnaie d'argent et insistait pour être payée en métal-argent. Que faire ?

Il vint donc aux Anglais l'idée que, pour rééquilibrer le commerce avec la Chine, on pourrait lui vendre de l'opium, produit dans le Bengale indien sous férule britannique. Ce qui fut fait. Insignifiantes au début du XIXe siècle, les ventes d'opium vont exploser : 1 000 t en 1832, 3 000 en 1839, 12 000 en 1885 ! Jusqu'à 20 % des Chinois furent amenés à en tâter, y compris dans l'armée et à la cour. La Chine, dont le commerce avec l'Angleterre était encore excédentaire de 1800 à 1820, devint alors très largement déficitaire. Le métal-argent fuyait la Chine.

La Cour céleste s'alarmait, mais elle était impuissante, surtout dans les lointaines provinces méridionales du pays où affluait la drogue. Des mandarins courageux tentèrent le tout pour le tout : le gouverneur de Canton fit jeter 20 000 caisses à la mer. Les marchands – au premier rang desquels un ancien chirurgien écossais, William Jardine – perdirent 2 millions de livres, en furent ivres de rage et menèrent un intense lobbying à Londres pour une intervention militaire, sur le thème : « Il faut sauver l'honneur de l'Angleterre » !

Ces fameuses « guerres de l'opium », en deux grandes expéditions successives, furent un succès occidental écrasant et achevèrent de mettre l'État chinois à genoux. Les « traités inégaux » de 1842 et 1860 accordèrent de vastes concessions aux Anglais et à quelques autres à leur suite, à commencer par Hong Kong et Shanghaï. Ils empoisonnèrent durablement les relations de la Chine avec l'Occident, jusqu'à aujourd'hui.

Ces conflits entrainèrent pour la Chine une véritable catastrophe monétaire. Après les guerres napoléoniennes, comme on le sait, le problème théorique du bimétallisme or-argent fut tranché dans le *Bullion Report* en faveur de l'étalon-or. L'Angleterre fut la première à le mettre en pratique, dès 1821, progressivement suivie par presque tous les autres au fil du siècle.

Ce passage à l'étalon-or aggrava considérablement la situation déjà précaire de la Chine qui, elle, utilisait exclusivement les taëls d'argent pour son commerce, sans vouloir en démordre, car elle avait du métal-argent en suffisance, mais presque pas d'or. La démonétisation de l'argent fit perdre à ce métal les deux tiers de sa valeur. Les Anglais insistaient pour se faire payer l'opium en or. Il fallait à la Chine toujours plus d'argent : situation impossible. Le gouvernement chinois recourut à une méthode connue : imprimer des billets, toujours plus de billets, déclenchant ainsi une énorme inflation. Ruiné, saigné par les impôts, humilié par les étrangers, laissé pour compte par la dynastie impériale Qing en déclin avancé, le peuple gronda. La révolte de « la grande paix » (Taiping), simultanée à la seconde guerre de l'opium, fit 30 millions de morts. Celle des Boxers, autour de 1900, mit Pékin à feu et à sang. La dynastie finit par tomber en 1911.

## Les acrobaties sans filet de Shanghaï

L'économiste autrichien ultralibéral Friedrich Hayek préconisait de « dénationaliser la monnaie » et de la laisser entièrement entre les mains du marché, hors de tout contrôle étatique. Dans le schéma de Hayek, les banques privées émettraient de la monnaie en concurrence les unes avec les autres, le succès ou l'échec dépendant du degré de confiance qu'inspirerait au public chaque institution. Cette expérience fut menée en vraie grandeur à Shanghaï en 1910, 35 ans avant le grand œuvre de Hayek, *La Route de la servitude,* et se termina mal.

Au début du XX<sup>e</sup> siècle, Shanghaï, «la perle de l'Orient», est peuplée de 700 000 habitants. L'extraterritorialité a été conférée aux étrangers par le second traité des guerres de l'opium : ils peuvent régler leurs affaires entre eux, sans interférence des autorités chinoises. La «concession internationale», principalement britannique, couvre 1 760 ha, tandis que la charmante concession française, plantée de platanes, n'en compte que 68. Le port est formidablement dynamique. Les industries jouent déjà un rôle d'usine du monde, exportant à tout va en Europe et en Amérique. Shanghaï est une cité brillante, élégante, consommatrice, lieu de tous les vices et de tous les trafics. Le jeu, l'opium bien sûr, les fabuleuses maisons de plaisir, les aventuriers et les courtisanes du monde entier, attirés par l'odeur de l'argent, les gangsters qui ont pignon sur rue, les intrigues de toutes sortes… Shanghaï est la nouvelle Babylone.

Une histoire de caoutchouc vint mettre le feu à la ville. L'industrie automobile était balbutiante, mais déjà prospère. Aux États-Unis, la production de voitures était passée de 25 000 en 1905 à 90 000 en 1910. En 1895, une avancée technologique majeure avait été mise au point : les pneus en caoutchouc. On se mit à exploiter des hévéas partout : en Amazonie, en Malaisie, en Indonésie. La production de caoutchouc, encore artisanale, avait du mal à suivre la demande, qui avait doublé en 5 ans. Les prix montaient avec la rareté, passant de 7 francs-or la tonne en 1907 à 30 francs en 1908.

La Shanghaï Banking Corporation – ancêtre de l'actuelle HSBC – avait été fondée en 1865 par un Écossais (encore un Écossais!), Thomas Sutherland. Les Britanniques avaient apporté dans leurs bagages le concept de sociétés par actions. Les premières cotations en Bourse eurent lieu dès 1866. Le champ de toutes les spéculations financières était ouvert. En 1910, la mode était au caoutchouc. La Shanghaï Banking Corp. introduisit en Bourse une plantation d'hévéas de la côte orientale de Malaisie, la Kota Bahru Rubber Estate Limited.

Ce fut la ruée. En un rien de temps, toutes les actions furent placées, les acheteurs espérant les revendre rapidement avec un beau profit. Et en effet, au plus fort de la spéculation, les prix furent multipliés par 10! Toutes les couches sociales s'en mêlèrent : des particuliers de tous poils, des intermédiaires chinois (les *compradores*), des entrepreneurs étrangers, de hauts fonctionnaires locaux, des propriétaires terriens. Pour spéculer, il fallait une mise de fonds. Et comme la monnaie chinoise était fondée sur l'argent, il en fallait des tonnes, jusqu'au montant colossal de 30 millions de taëls en 1910.

Les Chinois, n'ayant pas accès aux banques étrangères, avaient leur propre système : les *Qian-Zhuang*. Apparues en même temps que l'arrivée des Anglais, elles étaient chargées de financer le commerce strictement chinois, qu'elles comprenaient mieux. Elles n'étaient donc pas concurrentes des banques occidentales, mais leurs compléments locaux. Banques privées, elles étaient toutes constituées «en nom collectif», c'est-à-dire que les propriétaires étaient responsables sur leurs biens propres. De ce fait, elles avaient peu de capital, puisque, en filigrane, elles pouvaient mobiliser en principe la fortune consolidée de leurs actionnaires chinois en garantie. Dernier point, et non des moindres : pour financer leurs opérations, elles empruntaient auprès des banques occidentales, rassurées sur leur réputation. Tout le système était donc solidaire et un problème apparu dans un compartiment était susceptible de se propager dans un autre.

Cerise sur le gâteau : les *Qian-Zhuang* étaient autorisées à émettre du papier monnaie. Une situation fort imprudente, car ces banques pouvaient émettre des billets sans limites et sans contraintes territoriales. Globalement, le système reposait sur la confiance, mais les *Qian-Zhuang* gardaient trop peu de métal-argent par devers elles. Les retraits massifs de métal aggravèrent donc sérieusement le problème. Les voyants rouges s'allumèrent.

Les cours du caoutchouc n'étaient pas régulés. Ils pouvaient partir à la hausse, mais aussi s'effondrer au moindre grain de sable. C'est exactement ce qui se passa en mai 1910. L'action de la Kota Bahru plongea, déclenchant une mécanique infernale, car non seulement les *Qian-Zhuang* virent leur encaisse argent fortement diminué, mais elles avaient aussi prêté de l'argent à leurs clients pour spéculer.

20 juillet : 3 d'entre elles font faillite, suivies de 5 autres. Les billets émis par ces banques ne valent plus rien. Le chaos est total. Les lois sur les faillites sont inexistantes, on ne sait même pas quel tribunal saisir et il n'y a pas de banque centrale pour rétablir l'ordre. Les banques occidentales, qui de leur côté ont prêté à court terme aux *Qian-Zhuang*, risquent de perdre jusqu'à 10 millions de taëls. La confiance s'évapore. Les banques, ignorant la position réelle de leurs confrères, cessent de se prêter entre elles (exactement comme en 2008 !). 8 octobre 1910 : rien ne va plus. La plus fameuse *Qian-Zhuang*, propriété du

très honorable Yen Hsin Hou, ferme ses portes. À sa suite, une vingtaine de banques plus petites font faillite. Cela est d'autant plus regrettable que le mois d'octobre est très important : c'est à ce moment-là que les marchands chinois des villes retirent de l'argent des banques pour payer les produits agricoles des zones rurales. La crise de liquidités est totale, les taux interbancaires explosent. L'effervescence gagne toute la Chine, 16 banques font faillite à Pékin. Pour tenter de sauver le système, le gouvernement chinois injecte 300 000 taëls, mais c'est une goutte d'eau dans la mer. La panique gagne Nankin et toutes les autres grandes villes.

Tout le monde veut changer ses billets et obtenir la seule chose qui ait de la valeur : du métal. Le commerce s'effondre, le négoce du bois, de la soie, de l'huile, tout est au point mort. Le gouvernement intervient de nouveau, injecte cette fois quelques millions de taëls savamment répartis, mais rien n'y fait : 49 banques font de nouveau faillite à Shanghaï. La garde impériale chinoise est appelée en renfort pour maintenir l'ordre. 1 an plus tard, la révolution chinoise de 1911 éclatera, qui déposera la dynastie Qing et instaurera la république. Est-ce un hasard ? Les officiers putschistes auront un allié naturel dans la bourgeoisie shanghaïenne, traumatisée par les désordres monétaires.

En Asie, on ne créera pas de banque centrale tout de suite et les grandes banques privées émettront le plus officiellement du monde des billets de banque, que ce soit la Banque de l'Indochine au Vietnam français, ou quelques banques du haut du pavé de Hong Kong (Hong Kong & Shanghaï Banking Corporation, Standard Chartered Bank et d'autres) jusqu'à une date très récente. Le système monétaire chinois continuera à être fortement instable, jusqu'à ce que le régime communiste mette tout le monde d'accord de manière radicale.

## LE JEU DE DUPES DU YUAN

La Chine est devenue aujourd'hui le banquier du monde, en profitant à fond de la philosophie occidentale du libre-échange… quand cela lui convient! C'est à partir des grandes réformes des années 1980 lancées par Deng Xiaoping – après 30 ans de glaciation maoïste – que la Chine conduit une véritable stratégie industrielle nationale fondée sur trois piliers : une main-d'œuvre rurale illimitée et bon marché corvéable à l'usine, l'ouverture également illimitée (ou si peu limitée) des marchés mondialisés aux produits à bas prix et le soutien de l'État chinois à la construction des infrastructures indispensables (routes, ports…). Les produits de «l'usine du monde» déferlent sur l'Occident. Les exportations sont source de devises fortes. Sainement gérées, en maintenant soigneusement un excédent commercial, elles constituent au fil des ans une pelote fabuleuse de réserves de change.

Aujourd'hui, les réserves publiques chinoises dépassent 3 300 milliards de dollars. C'est plus que le PIB français, plus que les fonds gérés par la totalité des *Hedge Funds* mondiaux. Le deuxième pays pour les records de réserves, le Japon, n'en est qu'à 1 200 milliards, et le système de l'euro (fort complexe) à moins de 900. Les Chinois peuvent tout faire avec une telle marge de manœuvre et ils la gèrent avec un souci politique du long terme qui laisse pantois. Les États-Unis peuvent toujours se plaindre de leurs déficits commerciaux abyssaux avec la Chine, proches de 300 milliards de dollars en 2012, mais quand viennent les récriminations publiques, la Chine rappelle suavement qu'elle souscrit 1 800 milliards de dollars de bons du Trésor américains… émis précisément pour financer les déficits américains cumulés. Fin de la récréation : on ne mord pas la main de son banquier !

Mais il y a un « mais ». Contrairement à toutes les grandes économies – la Chine est le deuxième PIB du monde, ayant dépassé le Japon depuis 3 ans –, la monnaie chinoise est inconvertible. C'est-à-dire que l'on ne peut pas acheter du yuan sur les marchés internationaux, ni spéculer avec, ni même connaître sa véritable valeur économique. Au fond, la Chine a construit son empire international actuel en s'avançant masquée, en protégeant farouchement sa monnaie des vents du large, à l'abri de son régime autoritaire et de sa façon bien particulière d'interpréter les règles du jeu international à sa convenance. Qui blâmer : les vilains Chinois ou les Occidentaux idéalistes ?

Le Japon avait fait la même chose, en protégeant pendant 30 ans son ascension mondiale au firmament des puissances économiques par une sous-évaluation systématique et manipulée du yen, jusqu'à ce que le monde lui demande sévèrement des comptes en 1985. Dès la révolution de Meiji en 1868, les Japonais avaient adopté la philosophie mercantiliste qui avançait, contrairement aux économistes « classiques », que les échanges internationaux n'avaient pas pour vocation d'être à l'équilibre, mais qu'au contraire il fallait dégager systématiquement des excédents afin d'accumuler de l'or, source de puissance. L'Angleterre avait agi ainsi sous le masque du libre-échange. Les Japonais l'avaient bien constaté lors des guerres de l'opium. Les États-Unis agiront de même jusqu'à détenir 75% de l'or mondial en 1945. C'était donc la marche à suivre pour rejoindre la cour des grands. L'Asie tout entière, bien que détestant le Japon, sera fille de l'expérience japonaise, qu'elle le veuille ou non. Le Japon fut le premier pays d'Asie à se libérer du joug occidental, et avec quel succès ! Le reste de l'Asie n'eut donc de cesse de l'imiter.

Le Japon réussit, trop bien peut-être. Après la désastreuse guerre du Pacifique, s'appuyant sur des salaires et des taux d'intérêt bas ainsi que sur une monnaie sous-évaluée, il commença à se constituer des excédents qui finirent par agacer sérieusement les Occidentaux, et en particulier les États-Unis. Les accords du G5, à l'hôtel Plaza de New York en 1985, finirent par contraindre le Japon à pratiquer une politique monétaire plus expansionniste afin d'encourager sa consommation intérieure et de réduire sa dépendance à l'égard des exportations, mais cela ne suffit pas. Bien qu'ayant rééquilibré ses fondamentaux économiques et libéralisé le yen, il faudra attendre l'année 2011 pour que le Japon cesse d'être, pour la première fois, «structurellement» excédentaire dans sa balance des paiements.

La Chine de Deng Xiaoping, ayant soigneusement observé les réalisations japonaises – pragmatisme louable quand on connaît la haine accumulée à l'encontre de l'envahisseur de la veille – fonda son ascension sur deux principes : premièrement, la «monnaie du peuple» (*Ren Min Bi*, son nom officiel), devait rester inconvertible et largement sous-évaluée ; deuxièmement, contrairement au Japon qui fabriquait des produits sophistiqués en concurrence avec les produits occidentaux, la Chine se positionnerait, au moins provisoirement, en sous-traitant des firmes américaines et européennes. De cette manière, la Chine trouverait des alliés précieux chez les entreprises américaines et européennes qui, délocalisant dans l'Empire du Milieu, pourraient ainsi augmenter leurs profits. Comme l'avait dit Lénine, il suffirait de «vendre aux Occidentaux la corde avec laquelle on allait les pendre». Accessoirement, les produits chinois bon marché permettraient de contrôler une inflation toujours possible en Europe et aux États-Unis en raison de la multiplication des moyens de paiements dans le monde.

Le remninbi (ou yuan dans le vocabulaire courant) monnaie sous-évaluée? Une première série de «dévaluations» eut lieu en 1989 et la monnaie chinoise passa de 3,73 pour un dollar à 4,73, puis à 5,23, soit une dévaluation de 30%. C'est un calcul forcé par les autorités chinoises, bien entendu à sens unique, puisqu'il n'y a pas de rééquilibrage possible sur les marchés financiers internationaux. Puis, au moment même où le yen, sous la pression américaine, était poussé à la hausse en 1992 (ou *Endaka*), le remninbi passa à 5,82 pour un dollar, puis à 8,68, soit une nouvelle dévaluation de 30%. Non seulement ces dévaluations successives augmentèrent considérablement la compétitivité chinoise sur les marchés internationaux, mais elles permirent également de sous-évaluer le PIB de la Chine exprimé en dollars, ceci afin de ne pas effrayer les «amis» occidentaux.

Tout le monde voulait s'attirer les bonnes grâces de la Chine, la superpuissance montante. Le président Nixon, après avoir décrété la fin de la convertibilité du dollar en or, entreprit de normaliser les relations, gelées depuis la prise de pouvoir de Mao Zedong en 1949. Il y fit un voyage mémorable en 1972. En 1978, les relations diplomatiques furent officiellement établies. Cette politique qui sera reprise par le président Clinton, lequel fera entrer la Chine dans l'Organisation mondiale du commerce en 2001, sans être trop regardant sur le respect des règles du jeu, lui donnant ainsi un brevet de virginité bien utile. Les affaires, il est vrai, marchaient bien. Le marché chinois offrait des opportunités illimitées pour les entreprises occidentales, les investissements étrangers y déferlaient. Les exportations chinoises explosèrent alors, les déficits américains aussi, déclenchant un déséquilibre des finances mondiales dont on voit le résultat aujourd'hui.

C'est sans doute l'irruption du capitalisme financier américain dans les années 1990 qui est fautif, beaucoup plus que les Chinois. Qui avait professé que le retour sur investissement des entreprises modernes devait être de 15 % par an, alors même que les taux d'intérêts réels n'étaient péniblement que le tiers de cela ? Walter Wriston, bien entendu, le tout-puissant patron de la banque Citicorp. Pour atteindre cet objectif, une seule solution : acheter en Chine des produits bon marché, ou mieux encore, délocaliser. Ainsi se mit en marche un processus de délocalisation des industries américaines et européennes vers « l'usine du monde » qui, combiné avec les excédents chinois, allait constituer un mélange particulièrement corrosif.

La grande crise financière et économique de l'Occident passa par là, à partir de 2008. Aujourd'hui, il n'est plus question dans les campagnes électorales, que de réindustrialiser nos pays, jusqu'à créer un ministère du « Redressement productif » en France. Pendant ce temps, la Chine agit en solo sans se soucier de ce genre de débats. En 2006 et 2007, elle sembla céder aux pressions, en laissant monter le yuan de 10 %. Mais en 2008, voyant que la récession occidentale pouvait la toucher elle aussi, car ses clients étaient tombés malades, elle entreprit de geler la valeur du yuan par rapport au dollar, en la maintenant contre vents et marées au même taux désespérément fixe pendant plus de 2 ans. En 2010 – le dollar ayant quasiment dévalué en valeur internationale par la volonté de la Fed – elle entreprit de faire quelques corrections cosmétiques à la hausse sans grande portée.

Des voix sonores peuvent s'élever, en particulier celle du virulent sénateur démocrate de New York Charles Schumer, pour une réévaluation du yuan de 40%, faute de quoi on verrait ce qu'on verrait, nous en sommes toujours au même point. L'ascension de la Chine fascine encore plus qu'elle n'effraie. Malgré les rodomontades, nous n'en avons pas fini avec le jeu de dupes.

# Chapitre 20

# Le roi dollar, jusqu'à quand?

Depuis sa création, le dollar a fait du chemin, jusqu'à devenir la monnaie mondiale de référence. On prédit depuis bien longtemps déjà, et à intervalles réguliers, la chute de cette prééminence. Mais le dollar est toujours bien là, n'en déplaise aux concurrents et aux Cassandres. Pourquoi?

## Du thaler au dollar

Retour sur image. En 1520, le comte de Bohême Hyeronimus Schlick fit frapper des pièces de monnaies dites «Joachimsthaler», du nom de la mine dont était extrait l'argent qui les constituaient. Ce nom était bien trop long pour passer dans le langage courant, il se transforma donc en «thaler» et, comme cette monnaie fut un grand succès et circula de par le monde, le thaler devint talari en italien et surtout… dollar en anglais. Au XVIII$^e$ siècle, on vit alors circuler le «dollar espagnol», ou «dolera», ou encore «pièce de huit» car il valait huit «reals», que l'on retrouva dans le Nouveau Monde et aux Philippines, puis dans les colonies d'Amérique, qui allaient devenir les États-Unis. L'abréviation du dollar espagnol dans le Nouveau Monde, ou «peso hispano-américain» était PS, qui devint vite un S barré, c'est-à-dire \$! Aujourd'hui encore, au Mexique par exemple, le signe \$ se lit «peso»!

On avait vu apparaître le dollar sous forme de monnaie papier dès 1690 dans le Massachusetts, et ce billet était de couleur verte, rendant les contrefaçons plus difficiles à réaliser : le dollar sera donc vert et deviendra le célèbre « *greenback* », le billet vert. Il l'est encore aujourd'hui (la formule de l'encre utilisée par le Bureau of Engraving & Printing est toujours tenue secrète de nos jours). Ce dollar émis sous forme de papier monnaie se dépréciera rapidement car il deviendra vite inconvertible en or ou en argent. Ce fut l'une des causes de la révolution américaine, car l'Angleterre insistait pour ne pas perdre le monopole de l'émission de la monnaie dans ses colonies.

Le Congrès de la Confédération adoptera finalement le dollar comme monnaie nationale le 6 juillet 1785, et c'est Alexander Hamilton qui fera passer cette décision dans les faits en faisant voter le *Mint Act* le 2 avril 1792. Hamilton fut donc le père du dollar américain. Toutefois, la mauvaise expérience du papier monnaie au Massachusetts, puis à partir de 1775 de l'émission de « dollars continentaux » qui se déprécièrent rapidement, entraîna une profonde méfiance du gouvernement américain à l'égard du papier monnaie. On se contenta d'émettre des pièces de métal sonnant et trébuchant. Les premières pièces, frappées en 1794, portaient d'un côté la mention « *Fugio* » (« Je fuis »), et de l'autre une formule attribuée à Benjamin Franklin, « *Mind your own business* » (« Occupe-toi de tes affaires »). Le dollar sous forme de papier-monnaie ne sera émis à nouveau qu'au moment de la guerre de Sécession, beaucoup plus tard.

Au début de son histoire, le dollar est une monnaie bimétallique, avec des pièces d'argent frappées dès 1794 et des pièces d'or frappées à partir de 1849, mais le système reste encore chaotique. Pendant la Guerre de Sécession, par exemple, on trouve encore sur le territoire américain trois monnaies concurrentes, parmi lesquelles le « *yellow-back* » californien (« billet jaune ») gagé sur l'or, dont la Californie ne manquait pas ! Finalement, et pour financer la guerre de Sécession, la loi du 17 juillet 1861 autorise le gouvernement américain à émettre à nouveau des billets papier pour un montant de 10 millions de dollars.

Le dollar ne devient véritablement la seule monnaie en circulation aux États-Unis que dans la seconde moitié du XIX<sup>e</sup> siècle. On voit alors apparaître la devise : « *In god we trust* » en 1864 sur les pièces de monnaie et en 1956 seulement sur les billets, remplaçant prudemment la mention « *As good as gold* » à une époque où l'or commence à sortir un peu trop vite des caisses du Trésor américain ! Les personnages mythiques de l'histoire des États-Unis sont représentés sur les billets : George Washington sur la coupure de 1 $, Thomas Jefferson sur celle de 2 $, Abraham Lincoln sur le 3 $, Alexander Hamilton sur le 10 $, Andrew Jackson sur le 20 $, Ulysses Grant sur le 50 $ et Benjamin Franklin sur le 100 $. Il faudra d'ailleurs attendre mars 1900 pour que le système bimétallique or-argent soit abandonné au profit de l'étalon-or, au prix de 20,67 dollars l'once d'or.

## L'ENTRE-DEUX-GUERRES

La période de l'entre-deux-guerres sera particulièrement importante pour le billet vert. L'Amérique avait déjà dépassé rapidement la puissance industrielle de l'Angleterre dès le début du XXe siècle. C'est elle qui émerge de la Première Guerre mondiale comme la grande puissance incontestable qui supplante définitivement toutes celles de l'Europe. Le dollar en est la vedette. L'Angleterre tente bien de sauver à tout prix le rôle de monnaie de réserve de la livre sterling, mais elle n'a plus les moyens de maintenir son rang.

Lors de la conférence de Gênes en 1922, l'Angleterre, qui ne dispose plus d'assez d'or pour que la livre sterling puisse garder sa prééminence, tente d'imposer le concept «d'étalon de change-or»: puisque l'or n'existe pas en quantité suffisante, les banques centrales pourraient aussi utiliser la livre sterling comme instrument de réserve au même titre que le métal précieux. En d'autres termes, la livre sterling serait «aussi bonne que l'or»! La proposition ne rencontre pas de succès à l'époque, mais l'idée ne tombe pas dans l'oreille d'un sourd: elle sera reprise par les Américains à la fin de la Seconde Guerre mondiale… au profit du dollar cette fois!

De surcroît, les dirigeants britanniques prennent de bien mauvaises décisions, à commencer par le jeune Winston Churchill, bombardé ministre des Finances malgré son incompétence en 1925. Il décide de rétablir l'étalon-or pour la livre sterling – après sa mise en sommeil au cours de la Première Guerre mondiale – mais à un niveau beaucoup trop élevé. Résultat: l'Angleterre se met à perdre son or à un rythme insoutenable. Elle se trouve contrainte de demander l'aide des États-Unis. En 1927, une réunion secrète des banquiers centraux de l'Angleterre, de l'Allemagne, des États-Unis et de la France a lieu à Long-Island, où il est décidé d'abaisser les taux américains de 4 % à 3,5 % afin de freiner les sorties d'or de l'Angleterre et d'aider la livre sterling. «Nous allons donner au marché un petit coup de whiskey[1]», dit Ben Strong, président de la Fed de New York, en plaisantant. Il ne croyait pas si bien dire : cette baisse des taux, destinée à aider la livre sterling et déconnectée des besoins de l'économie américaine, allait envoyer à Wall Street un signal euphorique, qui allait engendrer une bulle financière et le krach de 1929 ! Du côté de Londres, Albion décide, toute honte bue, d'abandonner l'étalon-or en 1931.

À la fin de la Seconde Guerre mondiale, la conférence de Bretton Woods entreprend de reconstruire l'ordre monétaire mondial. L'Angleterre tente bien, une dernière fois de s'opposer à la suprématie du dollar : puisqu'il n'y a plus assez d'or pour soutenir la croissance mondiale, pourquoi ne pas créer, propose le délégué britannique John Maynard Keynes, une nouvelle unité de mesure, le bancor, sorte de panier de devises où la livre sterling aurait toujours une place éminente (sous-entendu : et où le dollar ne dominerait pas sans partage) ? C'est alors que les Américains ressortent des tiroirs l'idée de «l'étalon de change-or» de 1922, mais la monnaie «aussi bonne que l'or», que les banques centrales pourraient utiliser comme réserves, est cette fois le dollar et non la livre sterling ! Les États-Unis sont les rois du monde, rien ne peut leur être opposé à l'époque. Ainsi soit-il : on convient d'articuler toutes les monnaies du monde par un lien fixe au dollar, lequel dollar est lui-même lié à l'or à raison de 35 dollars l'once et librement convertible en théorie.

---

1. Liaquat Ahamed, 2009, page 298. Voir bibliographie.

## Le roi dollar

Le dollar devient donc en 1944 le pivot du système mondial, pour les 70 ans qui viennent jusqu'à aujourd'hui, sans préjuger de l'avenir. Le dollar ne tardera pas évidemment à dominer les échanges planétaires : le billet vert, qui ne représentait que 5,4 % des liquidités internationales en 1945, en représentait 26,1 % en 1958. Toutes les grandes matières premières sont facturées en dollars, à commencer par le pétrole. Le moindre pays producteur d'énergie ou de minerai devient donc tributaire du dollar, contraint d'abandonner une bonne part de sa souveraineté financière. Ce système confère également aux Américains un privilège extraordinaire, dont ils sont les seuls à profiter. Peu importe en effet la taille de leurs déficits commerciaux, et peu importe la quantité de dollars émis, car leur monnaie est la monnaie de réserve dominante, de très loin. Un pays normal – c'est-à-dire tout autre pays que les États-Unis – doit maintenir une balance commerciale à peu près équilibrée. Pas les États-Unis ! Car ils impriment les dollars qu'ils donnent en paiement des marchandises qu'ils achètent à l'étranger, et personne ne va demander de les échanger contre de l'or (ce que l'on peut faire en théorie), pour la bonne raison que les réserves restent au chaud en dollars dans les coffres des banques centrales. Il n'y a pas de risques, car le système est verrouillé. Autrement dit, les Américains peuvent imprimer impunément autant de dollars qu'ils le veulent, sans aucune conséquence pour eux !

Mais à force d'émettre des dollars sans compter, les États-Unis s'affaiblissent eux-mêmes. En 1944, l'Amérique détenait sur son sol les trois quarts des réserves d'or de la planète (21 700 t). Cette extraordinaire accumulation s'était faite dès avant la Seconde Guerre mondiale, en grande partie grâce à la dévaluation du dollar de 50 % décidée en 1934 par Franklin Roosevelt. Mais ce stock ne va cesser de baisser. La valeur du dollar face aux autres monnaies s'amenuise. Les économies européennes sont en effet en train de se reconstituer dans cette période des Trente Glorieuses. Laisser filer le dollar ne peut pas être une politique pérenne. En 1961, la France, l'Allemagne, la Suisse, les Pays-Bas, la Belgique et les États-Unis créent le « *pool* de l'or », destiné à vendre de l'or afin de freiner la chute du dollar. Futile tentative qui ne fonctionne pas. En 1965, la quantité de dollars en circulation dépasse en valeur le stock d'or américain : même si aucune faillite ne menace, l'alerte symbolique interpelle.

Ce privilège indu du dollar agace beaucoup de gouvernants. Le général de Gaulle décide de mettre les pieds dans le plat. En février 1965, lors d'une conférence de presse, il annonce qu'il va demander aux Américains le paiement en or des dollars détenus par la France : « Le fait que beaucoup d'États acceptent par principe des dollars au même titre que de l'or pour le règlement des différences qui existent à leur profit dans la balance des paiements américaine, ce fait entraîne les Américains à s'endetter gratuitement vis-à-vis de l'étranger car ce qu'il lui doivent, ils le lui payent, tout au moins en partie, avec des dollars qu'il ne tient qu'à eux d'émettre. » La France, qui avait reconstitué ses réserves d'or jusqu'à en détenir 3 181 t et ne souhaitait pas les dilapider, se retire du « *pool* de l'or » par décision du général de Gaulle en février 1967, sonnant l'hallali de cet arrangement qui sera dissous en mars 1968, avec la création d'un marché libre de l'or vis-à-vis du dollar.

## Nixon n'est pas Roosevelt

Entre la fin de la guerre et 1971, les réserves d'or des États-Unis ont fondu de 80 % à 3 900 t ! En fait, l'Amérique – tout comme la Rome de Dioclétien – se trouve devant un dilemme insoluble qu'elle ne parvient pas à trancher : le beurre ou les canons ? La « nouvelle société » du président Johnson coûte très cher, le conflit vietnamien saigne le budget. La bonne vieille « planche à billets » fonctionne à fond. La valeur internationale du dollar fond à vue d'œil. Pour la seule année 1971, les États-Unis impriment tant de billets que la masse monétaire augmente de 10 %.

Finalement, le 15 août 1971 – après bien des tergiversations que nous avons vues au chapitre 10 – le président Nixon annonce deux décisions de portée historique : le dollar ne sera plus convertible en or, et les prix et les salaires seront gelés, tout comme du temps de Dioclétien. Toutes les monnaies se mettent à flotter les unes contre les autres. Les accords de la Jamaïque de janvier 1976 achèvent de démonétiser complètement l'or, faisant du métal précieux une marchandise comme les autres dont le cours peut évoluer librement en fonction de l'offre et de la demande, ce qui est encore le cas.

Le nouveau système des changes flottants va se révéler dévastateur. Nous ne sommes pas encore vraiment remis de ce virage capital de 1971. Des économistes américains glosent sur ce passage du « *rule of law* » au « *rule of Law* » (observez bien les majuscules !), jeu de mots qui signifie que l'on est passé de la règle du droit (convertibilité du dollar en or), à la règle douteuse du célèbre John Law du XVIII<sup>e</sup> siècle (émission de monnaie papier sans réserve ni garantie réelle, voir chapitre 21). Le dollar, en effet, n'est plus désormais qu'une monnaie fiduciaire, que nulle règlementation ne contrôle plus et dont la confiance est le seul garant. Mais la confiance est aussi volatile que l'air du temps. On entre dans un monde flou, et ceci à la veille d'une révolution financière qui va tout bousculer.

La planche à billets des États-Unis continue à fonctionner à plein, comme si rien ne s'était passé. On a continué à se droguer de déficits commerciaux ou budgétaires en émettant du papier. Mais les bons du Trésor américains trouvent preneurs : après tout, personne n'envisage que l'hyperpuissance américaine fasse faillite. Alors pourquoi se gêner ? De 1971 à 2000 se produit un changement d'échelle sans précédent dans l'histoire : en raison de l'afflux incontrôlé de dollars, les réserves mondiales de change se trouvent multipliées par 20, accumulées essentiellement par les banques centrales d'Asie et du Moyen-Orient. Le dollar règne encore tellement sur les échanges mondiaux – en l'absence d'alternative d'un poids équivalent – que tout le monde veut en avoir. Au Japon, par exemple, les réserves de change passent de 3 milliards de dollars en 1968 à 84 milliards en 1989, créant une bulle spéculative qui éclatera l'année suivante, provoquant un coup d'arrêt sévère au miracle économique japonais. L'or, pendant ce temps, décroche complètement de sa valeur en dollars : on en achetait une once pour 20 dollars en 1920, aujourd'hui, il faut débourser 2 000 dollars !

À partir de la décision fatidique de 1971, les monnaies jouent au yo-yo, sabotant tout plan à long terme, nourrissant le jeu à court terme des spéculateurs troubles des marchés financiers, dont le cœur est en Amérique même, à Wall Street. De 1973 à 1979, le dollar continue de se déprécier, perdant jusqu'à 50 % de sa valeur contre le deutschemark ! La lutte acharnée du président de la banque centrale Paul Volcker contre l'inflation, avec la violente remontée des taux d'intérêt à partir de 1979, déclenche une remontée du dollar, qui flambe alors d'une manière excessive dans l'autre sens. Le 22 septembre 1985, les pays les plus riches du monde se réunissent à New York et négocient les accords du Plaza, qui réévaluent le yen et injectent des liquidités pour faire baisser le dollar. En 1986, le dollar retombe à ses plus bas niveaux. En 1987, machine arrière toute : par les accords du Louvre, les mêmes décident de stopper la chute du dollar et de le faire remonter ! Mais cela ne marchera pas et le dollar continuera sa chute pendant 10 ans.

Le thème de l'abandon du roi dollar redevient à la mode. La création de l'euro, en 1999, semble présenter une alternative crédible au billet vert. Les réserves de change des banques centrales étaient constituées à 72 % de dollars au début des années 2000. Elles baissent à 64 % à la fin de la décennie, mais le monopole du dollar n'est encore que faiblement écorné.

Rien n'y fait, même la quasi-faillite financière mondiale, partie des États-Unis en 2007, qui atteint sa catharsis en septembre 2008. Les plans de sortie de crise vont creuser encore plus la dette publique américaine. Celle-ci passe d'un tiers du PIB américain en 1993 à plus de 100 % en 2011. Mais le dollar a un avantage sur l'euro : on peut le laisser filer. Non pas le dévaluer, comme dans le bon vieux temps, car nous sommes désormais dans un système de changes flottants instantanés. Mais « monétiser » la dette en la faisant racheter par la banque centrale, la Fed. Pour ne pas effaroucher les marchés, Ben Bernanke, le président de la Fed au moment de la grande crise, use d'un vocabulaire lénifiant et d'une technique émolliente : le « *Quantitative Easing* ». Et de fait, la valeur du dollar s'allège considérablement face aux autres grandes monnaies convertibles (ce que l'on appelle le « dollar index »). En 2009 et 2010, les États-Unis financent ainsi leur reprise économique en retrouvant de la compétitivité externe. Pendant ce temps, les pays membres de l'euro, saisis de juridisme, restent scotchés sur place !

Il y a sur la 5ᵉ Avenue de New York, une grande horloge nommée « *National Debt Clock* », qui égraine en temps réel l'évolution de la dette publique. En septembre 2008, le montant de la dette atteignait 10 000 milliards de dollars et il fallut, en catastrophe, ajouter une colonne à l'horloge, car personne n'avait prévu que la dette puisse monter si haut. Et encore, si l'on devait ajouter à ces chiffres les engagements « hors-bilan » (c'est-à-dire les garanties données ou les engagements pris mais non encore déboursés, comme par exemple l'assurance médicale ou les retraites), on atteindrait, selon certains économistes, le chiffre presque incroyable d'une dette de 200 000 milliards de dollars, 13 fois le PIB américain !

Les factures du monde – les factures sérieuses des grands échanges et de l'énergie – continuent pourtant à être massivement libellées en dollars, de même que les transactions des marchés financiers planétaires, dont le cœur du réacteur a un centre de gravité anglo-saxon, à Wall Street et à la City de Londres. Ce ne sont aujourd'hui ni l'euro, ni le yen, ni le yuan qui peuvent sérieusement le remplacer, malgré leurs tentatives et leurs rodomontades. Où vont se nicher les monstrueux excédents de la Chine et des pétromonarchies du golfe Persique ? Ailleurs qu'en Amérique ? Bien sûr que non ! Le maintien de la suprématie politique américaine face aux risques mondiaux de toutes sortes, malgré tous ses soubresauts, continue à constituer une garantie, très au-delà de la valeur mécanique de la monnaie. Toujours cette satanée histoire de confiance.

Le pire n'est jamais sûr. Un journal ayant par erreur annoncé sa mort, Mark Twain fit passer un rectificatif le lendemain : « Les rumeurs concernant ma mort sont très exagérées ». Ainsi, sans doute, en va-t-il du dollar.

PARTIE 4

# LE TEMPS DES GOUROUS

# Chapitre 21

# John Law le mirobolant

Un physique avantageux, suprêmement intelligent, habile, convaincant, courageux, entreprenant, visionnaire, il ne lui manquait aucune qualité, ou presque. Il avait aussi quelques défauts : joueur invétéré, il paria la somme colossale de 1 000 louis d'or avec le duc de Bourbon qu'il ne gèlerait pas au printemps 1719… et les perdit ! Il reste dans les annales comme l'homme du « système » qui associe son nom à sa banqueroute tonitruante, mais aussi comme le pionnier d'avancées conceptuelles déterminantes de la finance moderne qui font maintenant partie de notre paysage quotidien.

John Law, né à Edimbourg en 1671, est le fils d'un riche négociant, anobli sous le nom de Law de Lauriston, expert dans ses affaires en opérations de change complexes de toutes sortes entre ses différents clients d'Europe. Dès l'enfance, il baigne donc dans une culture financière. En Écosse, le fils de Law (*Law's son*) se prononce « Lass », et c'est ainsi qu'on le désignera ailleurs en Europe.

John Law a le sang chaud. À 23 ans, il tue en duel un rival en amour, est condamné à la pendaison, réussit à faire commuer sa peine puis à s'évader sur le continent. Commence alors une vie d'errance entre la Hollande, la France, la Suisse et surtout Venise. Pour vivre, il devient joueur de cartes professionnel et s'y constitue un joli magot. Surtout, doté d'un remarquable don d'observation et de synthèse, il étudie en détail les techniques financières. À Amsterdam il s'intéresse de près au métier de la banque. À Venise, il découvre les techniques des changeurs du Rialto et observe que les négociants locaux convertissent couramment leurs monnaies d'or et d'argent en papier pour simplifier leurs affaires, ce qui est inconnu ailleurs.

C'est une période d'intenses innovations financières, où les Écossais, curieusement, jouent un rôle moteur. En 1695, la première banque centrale à être réellement indépendante est la Bank of Scotland, qui – grande nouveauté – émet des billets selon ses propres règles prudentielles qu'elle fixe sans interférence d'un souverain. C'est un Écossais qui dirige la Banque d'Angleterre, fondée sur les mêmes principes. Un autre Écossais gouverne la Banque du Canada. Les banques privées émettaient déjà depuis les Médicis sur toutes les grandes places (Londres, Amsterdam, Venise, Nuremberg…) des lettres de change ou des « billets à ordre » gagés sur des dépôts de monnaies de métal, ce qui assurait la convertibilité des billets à tout moment. Mais les banques d'État, autrement plus imposantes, n'avaient pas encore sauté le pas.

## Un penseur remarquable

John Law participe passionnément au foisonnement de son époque. Il étudie minutieusement, échafaude ses théories, les publie, en grand intellectuel qu'il est. En 1705, le voilà secrètement de retour en Écosse, où il est toujours un fugitif. Il y édite *Money and trade with a proposal for supplying the nation with money*, où il défend une idée révolutionnaire : il faut démonétiser l'or et l'argent. « L'or

et l'argent ne sont plus propres à faire de la monnaie»,
prophétise-t-il. La grande avancée conceptuelle, c'est
que la monnaie est un moyen d'échange et n'est pas une
richesse en soi. Pas la peine donc de détenir de l'or ou de
l'argent. Et l'économiste de développer un argumentaire
qui deviendra un lieu commun deux siècles plus tard.

Pour Law, l'insuffisance des moyens de paiements bride
gravement l'économie européenne, et tout particulièrement celle de l'Écosse, plongée en récession permanente.
Il faut donc émettre du papier-monnaie gagé, imagine-
t-il, sur les terres agricoles. La convertibilité ne serait pas
garantie à tout moment, mais les clients auraient l'assurance que la valeur indiquée sur chaque billet émis correspond bien à une richesse foncière existante. Grâce à ses
contacts, Law réussit à soumettre son projet au parlement
d'Écosse, mais celui-ci le rejette en juillet 1705 : ses idées
sont trop en avance sur son temps, car elles bousculent
radicalement le dogme de l'étalon-or.

La dépendance exclusive à l'or présente pourtant un
inconvénient majeur : l'augmentation maigrichonne
de la production de métal précieux bride sérieusement
l'expansion économique. C'est le point de vue de l'école
néomercantiliste, dans laquelle John Law se reconnaît. La
révolution industrielle point en Angleterre. On a besoin
de moyens de paiement accrus et d'une grande souplesse
de financement, mais les arrivages d'or et d'argent des
colonies américaines commencent à se raréfier, anky-
losant les économies européennes. S'affranchir de ces
métaux permettrait de moduler la monnaie aux besoins
réels d'expansion de l'économie, en particulier de l'industrie manufacturière naissante.

Il est vrai que l'étalon-or présente des avantages, car il assure un mécanisme automatique de régulation des balances de paiements entre nations. Un pays, par exemple, qui importe plus de marchandises qu'il n'en exporte enregistre un déficit de sa balance commerciale. Il voit automatiquement son métal-or partir inexorablement vers le pays excédentaire. Il en résulte une réduction de sa masse monétaire, une baisse des prix et une restauration de sa compétitivité. Étant donné que le phénomène inverse est observé chez le pays excédentaire, qui devient alors moins compétitif, l'équilibre des balances commerciales est bien vite restauré, mais la secousse est très violente, avec son cortège de faillites et de chômage. En d'autres termes, un pays ne peut, tant qu'existe l'étalon-or, supporter indéfiniment un déficit commercial, sauf à voir tout son or disparaître et se retrouver dans l'incapacité de payer ses importations. Ce mécanisme a disparu de nos jours, où l'on assiste à la constitution de déficits abyssaux aux États-Unis ou en Europe et celle d'excédents tout aussi énormes en Chine et dans les pays pétroliers.

## SUR LA RAMPE DE LANCEMENT

Soudain une opportunité se présente en France. Le 1ᵉʳ septembre 1715, Louis XIV meurt. Il laisse derrière lui une dette publique colossale de 3,5 milliards de livres, soit 10 ans de recettes de l'État ! Le nouveau roi Louis XV, tout jeune enfant, ne peut exercer le pouvoir avant l'âge de 13 ans, âge de la majorité royale. C'est donc son oncle, Philippe d'Orléans, 41 ans, qui assurera la régence. Le Régent est un personnage étonnant : petit, laid, borgne, il plaît aux femmes, qu'il paie d'ailleurs grassement pour ses fêtes et ses débauches. Il est volontiers spéculateur, comme tous les grands de l'époque. Mais il est supérieurement intelligent et a un sens profond de l'État. Et il a un projet coûteux : renverser les alliances, rompre avec l'Espagne et se rapprocher de l'Angleterre, dont il pressent avec acuité l'ascension dans les siècles à venir.

Donc, le Régent a besoin d'argent et les caisses sont désespérément vides. Philippe d'Orléans connaît John Law. Il connaît ses idées, ses théories. Par édit du 2 mai 1716, il autorise Law à créer une banque, la Banque générale. L'établissement, assez modeste au départ, ne peut émettre des billets que contre de l'or ou de l'argent, mais John Law est un financier hors pair, un virtuose du capital-investissement, un maître de l'économie financiarisée, avec un profil très anglo-saxon aux résonances contemporaines. S'il avait vécu de nos jours, Law aurait très certainement dirigé un fond de *private equity* à Londres ou un *hedge fund* à New York, rachetant en rafale des entreprises avec du papier pour les restructurer et les revendre avec profit. Il aurait pu dire, comme le clament de nos jours les financiers de Wall Street « qu'il n'y a pas de gloire sans risque ». Pour John Law, la finance passe avant l'industrie. Son intelligence de financier s'accorde harmonieusement avec celle d'un régent abhorré, mais compétent et dévoué aux intérêts de la France. À eux deux, ils vont former un tandem politico-financier soudé.

En 1717, une nouvelle étape va s'ouvrir dans la carrière de Law et le faire entrer dans l'univers du grand commerce international. Le Régent avait institué une Chambre de justice pour extorquer « légalement » autant d'argent que possible aux gros commerçants qui avaient réalisé des « profits illicites ». Faire payer les riches ! Un certain Antoine Crozat fut condamné à payer une amende de

6,6 millions de livres, qu'il acquitta en rendant à l'État une concession de 15 ans sur le commerce de la Louisiane, dont il ne savait d'ailleurs que faire. Le Régent trouva opportun de proposer à Law de reprendre l'affaire à son compte, persuadé qu'il saurait bien en faire quelque chose. Car Law a non seulement des idées sur la monnaie, mais aussi sur la Bourse et sur la communication financière ! Le 6 septembre 1717 il crée la Compagnie d'Occident, rebaptisée plus tard Compagnie du Mississipi, en émettant dans le public 100 millions d'actions avec une grande publicité. C'est l'affaire (potentielle) du siècle. Tout le monde se presse. Les actions sont souscrites en un clin d'œil. John Law se retrouve alors *de facto* vice-roi d'un territoire grand comme 8 fois la France !

Pendant ce temps la Banque générale vit sa vie. L'étrange animal sorti des laboratoires de Law échappe bientôt à son maître car, le 4 décembre 1718, le Régent, toujours en quête de bons coups pour renflouer le Trésor royal et boucler ses fins de mois, met la main dessus et la « nationalise », lui donnant le nouveau nom de Banque royale. Law en reste le dirigeant, mais sous la coupe de Philippe cette fois. Pour la première fois de sa vie, l'intrépide est saisi de frayeur devant les risques qu'il peut être amené à prendre, mais que faire sinon se soumettre aux volontés du Régent ? Il a de bonnes raisons d'être inquiet car, très vite, la Banque royale ne respecte plus les contraintes d'émission et émet des billets à qui mieux mieux. En 1720, il y aura 2,6 milliards de livres de billets en circulation, 8 fois les recettes annuelles de l'État.

La Compagnie du Mississipi vit aussi une vie agitée. Elle absorbe la Compagnie du Sénégal, la Compagnie des Indes orientales, puis la Compagnie de la Chine.

Les fusions sont menées de main de maître par John Law, et « La Compagnie », comme elle est maintenant connue aux yeux de tous, devient une multinationale avant la lettre, maîtresse du commerce international de la France. Jamais à court d'idées, John Law émet 100 000 actions nouvelles de la Compagnie, qui connaîtront un grand succès. Les souscripteurs réalisent très vite un profit de 600 % ! Entre ces fonds privés et les exigences de l'État ou du Régent, la frontière va devenir poreuse, c'est le moins que l'on puisse dire. Puisque les souscriptions sont au goût du jour, la Compagnie est incitée à emprunter dans le public 1,6 milliards de livres, rapidement souscrites encore une fois. Les fonds vont servir en réalité à rembourser une partie des dettes de l'État. John Law se retrouve ainsi au cœur même des finances de la France, dans un entrelacs de créances et de dettes sans contreparties, susceptibles de s'effondrer à tout moment.

Cependant la réputation de Law est à son zénith. Les spéculateurs, que l'on nomme agioteurs, se retrouvent rue Quincampoix, dans le quartier du Marais, pour trafiquer sur les actions. Tout le monde en veut. Les premiers titres de la Compagnie, émis à 500 livres, grimpent à près de 10 000 livres, et seraient monté encore plus haut si John Law n'avait freiné la hausse. À ce petit jeu, des laquais deviennent parfois plus riches que leurs maîtres et des scènes furieuses embrasent quotidiennement la rue, où le fameux bossu prête son dos comme pupitre à ceux qui veulent signer une traite. Hors de France, on observe l'expérience avec un mélange d'admiration et d'inquiétude, car on craint dans les chancelleries que Law ne rende la France trop puissante.

Le Régent, ivre de cette richesse rapide, dilapide maintenant l'argent sans compter. Nous sommes à la fin de 1719, et John Law est au faîte de sa gloire. Le 7 janvier 1720, il est nommé surintendant des Finances, ce qui fait de lui le ministre le plus puissant de France. Lui l'Écossais, même pas catholique, ministre des Finances de la première puissance d'Europe !

## Le château de cartes s'effondre

John Law a des ennemis. Il indispose en particulier le disgracieux et peu brillant prince de Conti. À un Conseil de régence, en mars 1720, alors que John Law réclame des mesures «nécessaires», le prince rétorque : «Et s'il était nécessaire à votre système que vous couchiez avec la princesse de Conti, faudrait-il que cela se fît[1] ?» Finalement, le prince de Conti se rend un beau jour en grande pompe au siège de la Banque royale pour changer ses billets en or. La méfiance qui était en train de s'installer s'aggrave brutalement. Sur la défensive, le pouvoir prend mesure après mesure : fusion de la Banque royale avec la Compagnie, interdiction aux particuliers de détenir plus de l'équivalent de 500 livres en or, démonétisation légale de l'or le 1er mai 1720, rien n'y fait. Comme le dira John Law lui-même, «tout était opposé, et son Altesse royale dirait, avec sagesse, qu'un pilier ne peut arrêter le courant d'une rivière».

---

1. Edgar Faure, 1977, page 372. Voir bibliographie.

Le vent tourne. Les chansonniers font des chansons :

> *L'aspect nouveau de l'état de la France*
> *Fait dire à l'un, fait dire à l'autre, hélas !*
> *Serait-ce un Dieu qui régit la finance,*
> *Est-ce un démon sous la forme de Lass ?*

En octobre 1720, la valeur des actions a chuté de 75 %. Il ne manque plus qu'une émeute pour sceller le destin. Elle éclate peu après, au siège de la Banque, rue Vivienne, où 15 000 personnes attendent l'ouverture des guichets pour changer à leur tour les billets en or. De là, 5 000 personnes se rendent au Palais-Royal. La voiture de Law est renversée, son cocher tabassé. Les parlementaires sont en séance. Le président interrompt les débats pour annoncer : « Messieurs, messieurs, une bonne nouvelle. Le carrosse de John Lass est réduit en cannelle[1]. »

C'est la faillite. Le 9 décembre 1720, John Law démissionne de son poste de surintendant des Finances et court se réfugier à Venise. Il y décéda sans grandes ressources en 1729, survivant quelques années à son mentor le Régent, mort en 1723 dans les bras de sa maîtresse. Voltaire, brillant écrivain mais médiocre financier, lui donna en guise d'épitaphe le coup de pied de l'âne : « Une monnaie de papier basée sur la seule confiance dans le gouvernement qui l'imprime finit toujours par retourner à sa valeur intrinsèque, c'est-à-dire zéro[2]. »

On estime à 2 millions le nombre de Français qui furent affectés par la banqueroute de Law. 250 000 personnes qui possédaient moins de 500 livres en billets furent dédommagées à hauteur de 400 livres. Ce sont les riches qui souffrirent le plus, et ce sont eux qui colporteront la

---

1. *Op. cit.*, page 492.
2. Voltaire, *Candide*.

légende noire de John Law. Adam Smith et Karl Marx le voueront aussi aux gémonies. Il fut banni de la mémoire collective comme un grand Satan. Le grand économiste Joseph Schumpeter dira cependant de Law : « Il a élaboré la partie économique de son projet avec un brio et une profondeur qui le placent au premier rang des théoriciens monétaires de tous les temps[1]. »

---

1. Edgar Faure, *op. cit.*, page 35.

# Chapitre 22

# Déjà l'euro! Parieu et l'Union latine

Depuis les temps reculés où l'on avait inventé la monnaie, le problème était toujours le même : quel métal fallait-il choisir ? L'or était noble, mais il y en avait assez peu dans la nature. L'argent était plus abondant, mais on pouvait aussi utiliser l'électrum, le cuivre, le bronze, ou même les *cauris* en Afrique, ces coquillages qui n'ont rien de métallique. Pourquoi pas ? Autre question : fallait-il créer des ponts entre les différentes monnaies métalliques, ou au contraire établir des cloisons étanches, comme l'avait fait Jean de Médicis ? Ce problème empoisonnera le XIX$^e$ siècle.

Dans un régime bimétallique, on utilise l'or et l'argent, ce qui a l'énorme avantage d'éviter la contraction de la masse monétaire, mais qui pose un redoutable problème : quelle doit être la valeur relative des deux métaux ? La Rome antique pratiquait un rapport de 1 à 20. En Europe, le rapport se stabilisa sur une équivalence de 1 à 11 jusqu'à la découverte de l'Amérique. L'exploitation des mines d'argent du Mexique par les Espagnols entraîna alors une dévaluation du prix de l'argent et le taux de change tomba à moins de 1 à 15. Le rapport n'était manifestement pas constant.

Napoléon, qui avait résolument opté pour le bimétallisme, avait choisi le rapport à 1 à 15 ½ lors de la création du franc germinal, mais peu à peu, comme on avait besoin de liquidités et que l'or était rare, sa valeur grimpa. Les spéculateurs s'en mêlèrent en pratiquant des arbitrages entre les marchés libres et les marchés officiels, si bien qu'en deux décennies, en vertu du principe de Gresham selon lequel «la mauvaise monnaie chasse la bonne», l'or avait presque disparu de la circulation monétaire pour être thésaurisé.

Des événements imprévus se produisirent à l'autre bout du monde et renversèrent cette situation. En Géorgie, sur le territoire des Indiens Cherokee, on découvrit de l'or en 1829. Puis, à partir de 1848, c'est la Californie qui fut le théâtre de la grande «ruée vers l'or»: 300 000 personnes y affluèrent du monde entier pour pratiquer l'orpaillage dans les rivières ou exploiter des filons de minerai. La création de San Francisco est directement liée à ce déferlement humain. La Californie mit sur le marché des quantités énormes d'or. On en trouva aussi en Australie en 1851 et plus tard au Klondike, en Alaska, en 1896. Résultat: le prix de l'or baissa par rapport à celui de l'argent. Le franc germinal se retrouva sous la pression des spéculateurs pour des raisons strictement inverses que précédemment! C'est maintenant l'argent qui disparut de la circulation.

Ces troubles monétaires permanents inquiétèrent le ministre des Finances français de l'époque, Pierre Magne, illustre homme politique originaire de Dordogne. Il créa donc une commission, en février 1858, qui recommanda clairement l'adoption de l'étalon-or: «Il est impossible d'avoir deux standards monétaires, comme il est impossible d'avoir deux systèmes pour les mesures et pour les poids[1]». Bien entendu, la commission tempêta également contre les spéculateurs, mais sans mesures coercitives.

---

1. Henry Parker Willis, 1901, page 13. Voir bibliographie.

## LA FIN DU BIMÉTALLISME

C'est d'Angleterre que la pression se faisait plus forte d'année en année pour en finir avec le bimétallisme et en arriver à un système simple : l'étalon-or. Lors des guerres napoléoniennes, la Banque d'Angleterre s'était trouvée contrainte de suspendre la convertibilité en or de la livre, mais on savait que ces guerres auraient un jour une fin et aussi que le système ancien avait sérieusement montré ses limites.

Dès 1802, l'économiste et parlementaire Henry Thornton publie sa fameuse *Enquête sur la nature et les effets du papier monnaie en Grande-Bretagne* (dite *paper-credit*), qui le propulse comme le plus grand théoricien monétaire de son temps, fondateur de la *currency school*. La circulation du papier monnaie, écrit-il, est fonction, de façon primordiale, de la *confiance* du public, et non d'une garantie permanente de convertibilité. La garantie de la confiance, dit-il plus loin, doit être assurée par une véritable banque centrale, dont le rôle majeur est d'agir en tant que prêteur en dernier ressort lorsque la méfiance s'installe. Il est le premier à avoir donné une telle mission à une banque centrale, que tous les grands auteurs après lui reprendront, Keynes (dans son *Tract On Monetary Reform* de 1924) et bien d'autres.

C'est à la Chambre des communes de Londres, en 1810, que Thornton, avec deux autres coauteurs, présente ses analyses, directement tirées de ses réflexions du *paper-credit* : le *Bullion Report*. Dès lors, les partisans d'un étalon-or vont rallier peu à peu les suffrages, dont le plus brillant et le plus cohérent est David Ricardo. Ses articles de presse remarqués sur les conséquences monétaires des guerres napoléoniennes n'ont pas été pour rien dans les idées du *Bullion Report*. Agent de change – et membre du Parlement, comme Thornton – Ricardo publie en 1811 *The High Price Of Bullion, A Proof Of The Depreciation Of Bank Notes*, qui prône l'alignement des émissions de billets sur les stocks d'or de la banque centrale. Son œuvre maîtresse, publiée en 1817, sera un best-seller et posera les principes du libre-échange : *Des principes de l'économie politique et de l'impôt*. Toutes ces idées britanniques auront une influence décisive sur l'économie mondiale au XIXe siècle, et en particulier sur l'abandon du bimétallisme et l'établissement de l'étalon-or. L'Angleterre, en pionnière, établira officiellement l'étalon-or en 1821, comme on le sait.

En France, donc, sous le Second Empire, on s'inquiétait des errements monétaires à répétition. Les troubles se propageaient en ondes concentriques, gagnant la Suisse et la Belgique. En 1860, il devint clair que l'on ne pouvait laisser les choses en l'état. La presse, le Sénat, le nouveau ministre des Finances, s'en mêlèrent, et on créa donc… une nouvelle commission. L'opinion, exaspérée par la disparition des pièces d'argent, était en faveur de l'étalon-or et le *Journal des économistes* publia en 1861 un article ayant pour titre : « Où en est la crise monétaire[1] ? », qui recommandait l'abandon du bimétallisme. La confusion était à son comble.

## L'Union latine

Dans le doute, l'idée d'une union monétaire apparut comme une panacée. Félix Esquirou de Parieu, ancien ministre de l'Instruction publique et des Cultes, conseiller d'État, s'intéressait de près aux questions monétaires, sur

---

1. *Journal des économistes*, 1861, ii, I, page 18.

lesquelles il émettait régulièrement ses idées dans la presse. Il fut chargé par Napoléon III de présider une grande conférence, en 1865, qui donna naissance à «l'Union monétaire latine» entre la Belgique, la Suisse, l'Italie et la France. Cette conférence devait avoir une suite, car la nouvelle Union latine se promettait, dans son communiqué final, de considérer «une perspective plus large, celle d'une circulation monétaire uniforme pour toute l'Europe». Les idées à la mode de libre-échange et de fédéralisme imprégnaient les débats de l'époque, où Napoléon III était en train d'établir les fondements de la France industrielle moderne, en réformateur visionnaire – et injustement décrié – qu'il était.

Profitant de l'Exposition universelle de Paris en 1867, la France organisa en juin une nouvelle conférence sous la houlette de Parieu. Vingt pays y participaient, dont la Russie, l'Empire ottoman et les États-Unis d'Amérique. Le sujet central en était l'établissement d'une monnaie qui devait être à terme universelle. Aux Européens, on proposait d'introduire une monnaie commune fondée sur la pièce de 10 francs, appelée «Europe», dans une «union européenne occidentale», dont le nom pourrait être changé dans le cas où les États-Unis manifesteraient leur désir d'y participer. Une union monétaire européenne fondée sur l'étalon-or, disait le *verbatim* de la conférence, offrirait une «circulation métallique riche et confortable, la possibilité d'un accord avec la plus grande puissance commerciale d'Europe, l'Angleterre, ainsi qu'avec l'Allemagne […]. La destruction graduelle dans l'ordre économique de l'une de ces fréquentes barrières qui divisent les nations […] servant ainsi de prélude aux fédérations pacifiques du futur».

Dans le système de l'Union latine, chaque pays garderait sa propre monnaie avec son symbole national, mais le poids de métal devenait le même dans toute l'Union et les pièces de chaque pays pouvaient donc y circuler librement : on pouvait payer en France avec des monnaies belges ou italiennes. Pas de monnaie commune, donc, pas de Banque centrale européenne, pas de coordination des politiques économiques, mais un embryon d'union. L'Argentine et les États-Unis songèrent sérieusement à joindre leurs voix au chœur général, mais finalement n'y donnèrent pas suite.

Quoi qu'il en soit, le projet d'Union latine ne fit pas l'unanimité. Ses partisans y voyaient un premier pas vers une sorte de monnaie universelle, et de fait l'intention était explicite. Le *London Economist* écrivit ainsi après la première conférence de 1865 que « le traité par lequel quatre nations, la France, la Belgique, la Suisse et l'Italie se sont liées par une monnaie commune est un des plus importants du XIXe siècle[1] », mais les opposants n'y voyaient que du sentimentalisme. De plus, cette union leur paraissait construite en dépit du bon sens et contre la volonté des petits États qui ne voulaient, eux, qu'adopter l'étalon-or.

Chacun fut poli lors de la conférence de 1867, mais seule l'Autriche signa un accord monétaire formel avec la France, sans entrer toutefois dans l'Union. Globalement, cette conférence fut donc un échec et les pays qui se joignirent finalement à l'Union, tels l'Algérie, la Tunisie, la Colombie, le Venezuela, la Serbie, la Bulgarie, la Grèce, étaient soit des colonies, soit des États satellites des grandes

---

1. *The London Economist*, 15 septembre 1866, page 1077.

puissances. L'Union latine finit quand même, sur le papier, par compter 26 membres !

En dépit des pressions de l'opinion publique et de celle des autres pays participants, la France, qui dominait largement la conférence, imposa le maintien du bimétallisme qui, pourtant, était à l'origine de la crise ! Pourquoi ? La première explication possible est que les partisans du bimétallisme avaient bien vu le piège déflationniste que présentait l'étalon-or. « La vraie question est de déterminer si ces deux types de moyens de paiement sont nécessaires. Ceux qui disent non se trompent lourdement, l'or n'est pas aussi abondant qu'on le croit[1] », déclara Gustave Rouland, gouverneur de la Banque de France. Ou, comme le disait le baron de Rothschild, régent de la Banque de France : « Comment serait-il possible de démonétiser 15 ou 16 milliards de pièces d'argent ? Où trouverait-on l'or pour combler le vide ? Il faudrait découvrir de nouvelles mines d'or[2] ». La seconde explication, moins charitable, est que la haute finance, aidée en cela par la Banque de France, n'avait nulle intention de laisser disparaître de juteuses opportunités d'arbitrage.

Les autres États européens ne marquèrent que peu d'enthousiasme. La Grèce avait adhéré à l'Union latine mais à son propos, l'historien Henry Parker Willis écrira en 1901 : « On voit mal pourquoi la candidature de la Grèce aurait pu être désirable, et pourquoi elle a été acceptée. Économiquement défaillante, traversée par des luttes politiciennes, financièrement pourrie, son état est véritablement piteux. Se débattant sous une montagne de dettes, la Grèce essayait de maintenir en circulation une

---

1. Henry Parker Willis, *op. cit.*, page 59, tiré de « Enquête sur les questions monétaires », 1872, page 68.
2. *Ibid.*

masse de papier inconvertible… La Grèce fut une addition inutile à l'Union et fut donc de nature politique[1].» Cela ne vous rappelle rien?

## Une forte idée… un peu en avance

Parieu, marginalisé par cet échec politique, publia en 1870 un livre qui s'intitulait *Principes de la science politique*. Ce texte visionnaire préconisait la création d'une «union européenne», dirigée par une «commission européenne», et contrôlée par un «parlement européen». Parieu était seulement en avance sur son temps. Il avait déclaré devant un parlement sceptique: «Dans l'histoire de l'humanité, l'utopie généreuse d'hier peut être transformée en une création pratique et faisable de demain, parce que le monde a progressé.»

Finalement, l'écrasement de la France par la Prusse en septembre 1870 allait changer la donne. Pour financer la mobilisation, la convertibilité du franc fut annulée et l'équivalent de 3,2 milliards de francs de nouveaux billets furent imprimés. Après sa victoire, l'Allemagne unifiée voulait ravir la primauté financière à la France et, n'en déplaise à Gerson von Bleichröder, adopta l'étalon-or pour rendre son système incompatible avec l'Union latine bimétallique!

L'Union latine n'allait pas bien. De nouvelles conférences eurent lieu en 1878 et 1885, mais le cœur n'y était plus et l'on commença à évoquer ouvertement la dissolution. On maintint cependant l'Union par habitude et parce que l'on ne savait pas comment s'y prendre pour y mettre fin! La Première Guerre mondiale n'arrangea rien et, de 1914

---

1. *Ibid.*, page 81.

à 1920, le franc perdit 80 % de sa valeur. Le 25 juin 1928, Raymond Poincaré mit fin officiellement au bimétallisme en adoptant, enfin, l'étalon-or, et le franc entama une longue série de dévaluations.

On reprit la belle idée de l'Union latine dans les années 1990 en créant l'euro après avoir fondé l'Union européenne avec les institutions exactement nommées un siècle auparavant par Parieu.

# Chapitre 23

# Keynes dans la maison des singes

À la fin de la Seconde Guerre mondiale, en 1944, les États-Unis détenaient sur leur sol les trois quarts du stock d'or mondial : 21 700 t ! Ils avaient beau être les vainqueurs écrasants de la guerre – ou du moins, en 1944, en bonne voie de l'être sans conteste – c'était une anomalie flagrante. Toutes les normes censées avaient été volatilisées par le conflit. Il convenait de reconstruire l'ordre financier et monétaire mondial pour tenir compte de la nouvelle réalité. Du 1ᵉʳ au 22 juillet 1944 eut donc lieu, dans le décor champêtre du New-Hampshire, la conférence de Bretton Woods.

Venant de 44 pays, 730 délégués s'y rendirent, il va sans dire sans les (futurs) vaincus. Les deux vedettes en étaient John Maynard Keynes, qui dirigeait la délégation britannique, et Harry Dexter White, sous-secrétaire d'État au Trésor des États-Unis. Officiellement, les thèses de Keynes et de White s'opposaient mais, comme souvent dans ces grandes conférences internationales, tout avait été décidé à l'avance en coulisses, au cours d'une conférence préliminaire à Atlantic City, plus confidentielle bien sûr. Dans une lettre de juillet 1944, Keynes qualifia d'ailleurs la conférence de Bretton Woods de *monkey house*, la maison des singes !

## UNE ASTUCE COSMÉTIQUE

La position de Keynes consistait en une ultime astuce destinée à sauver ce qui pouvait l'être encore de la puissance anglaise. Pour lui, la livre sterling n'était plus le cœur du réacteur, mais le dollar ne l'était pas non plus. Ce plan avait été concocté à la Chambre des communes dès avril 1943, ce qui illustre la qualité de vision prospective du Premier ministre Winston Churchill. Au centre du système, il y aurait une « chambre de compensation » où chaque pays ouvrirait un compte. Les pays y exposeraient leur balance commerciale et y enregistreraient leurs déficits ou leurs excédents. Les règlements se feraient par l'intermédiaire d'une unité de compte dénommée « bancor », indexée sur 30 produits, dont l'or, mais parmi bien d'autres. En cas de difficultés, un pays pourrait dévaluer sa monnaie de 5 %, mais au-delà, il faudrait l'accord des pays membres, qui pourraient imposer des conditions, voire déclarer un pays en faillite. Cette idée n'est pas morte, loin de là : Christine Lagarde l'a remise sur la table à un G20 en 2010 et le FMI l'a également recommandée dans un rapport d'avril 2010, titré : *Accumulation de réserves et stabilité monétaire internationale.*

Les Américains ne l'entendaient pas ainsi : ils voulaient un pouvoir sans partage. Dans le plan de White, il y avait aussi un « fonds de stabilisation des monnaies », mais les Américains avaient astucieusement renversé les propositions de Keynes : ce n'étaient plus les États qui ouvraient un compte dans ce fonds, mais au contraire ce fonds qui avait un compte dans chaque banque centrale et surtout dans la monnaie du pays concerné. Un tout petit détail de rien du tout, mais qui avait un gros avantage pour les Américains car, du coup, plus besoin de « bancor », puisque chaque pays se servirait de sa propre devise ! Les éléments étaient rassemblés pour un duel – à fleurets mouchetés – entre Keynes et White, bien que les États-Unis fussent nettement en position d'imposer leurs vues. De fait, la situation était romanesque, digne d'un feuilleton, tant tout opposait les deux hommes.

John Maynard Keynes était un rejeton de la grande bourgeoisie britannique. Sa famille descendait en droite ligne d'un compagnon de Guillaume le Conquérant, William de Cahagne. Son père, professeur à Cambridge, avait publié un livre d'économie fameux. Sa mère, Ada Brown, était une auteure d'essais à succès, maire de Cambridge, pionnière en matière de réformes sociales. Son frère, sir Geoffrey Keynes, était un célèbre chirurgien. Keynes intégra le collège huppé d'Eton, où il se montra brillant, puis l'université de Cambridge, bien entendu. Il y rejoignit le groupe des *Cambridge Apostes* « dédié sans réserve à la poursuite de la vérité » et y rencontra Bertrand Russell. Toute sa vie, il adorera appartenir à des clubs divers et variés, parmi lesquels l'*Other Club* créé par Winston Churchill.

L'homme n'était pas banal ! Il avait été embauché à l'*Indian Office* mais, comme il s'y ennuyait, il poursuivit des recherches avec le grand économiste Alfred Marshall et publia son premier livre en 1913, à 30 ans. En outre, son esprit bouillonnant ne se contentait pas de ce profil d'intellectuel et il faisait feu de tout bois : il perçut fort bien les opportunités financières offertes par la Première Guerre mondiale, spécula de façon invétérée et perdit de coquettes sommes avant d'en gagner beaucoup. Il aimait passionnément les arts et les lettres, fut un ardent supporter de l'opéra de Covent Garden, soutint des artistes anticonformistes et se constitua une superbe collection de livres originaux, qui contenait des manuscrits d'Isaac Newton, sur lequel d'ailleurs il écrivit un livre à ses moments perdus. Il était aussi notoirement homosexuel mais épousa pourtant Lydia Lopokova, danseuse étoile de la compagnie des ballets russes de Diaghilev.

Dès la fin de la Première Guerre mondiale, Keynes monta rapidement en puissance pour devenir le penseur économique le plus profond et le plus visionnaire de son temps, qui fait encore aujourd'hui figure de référence superlative. En 1919, il composa *Les Conséquences économiques de la paix*[1], ouvrage remarquable qui lui valut la gloire et la fortune. Keynes était lancé. En 1925, il critiqua vertement la décision du retour de la livre sterling à l'étalon-or prise par Churchill – de plus à une parité catastrophique – et fut dès lors de toutes les batailles conceptuelles. En 1936, il publia sa fameuse *Théorie générale de l'emploi, de l'intérêt et de la monnaie* qui marquera le système monétaire jusqu'à nos jours.

Pour Keynes, en dépit de l'affirmation des classiques, les mécanismes de marché ne conduisent pas nécessairement au plein emploi. Contrairement à ce qu'avait affirmé Jean-Baptiste Say – contemporain de David Ricardo –, il n'y a pas de régulation optimale automatique : l'État doit donc intervenir. Si la demande n'est pas suffisante, la production ne sera pas optimale, d'où la nécessité d'une intervention du gouvernement pour soutenir la demande et l'investissement. Les économistes classiques pensaient qu'à long terme, il ne pouvait y avoir de crise, ce qui fit dire à Keynes : « À long terme, nous serons tous morts » !

---

1. Traduction française publiée en 1920 par les Éditions de la Nouvelle Revue française.

Keynes ne propose pas de remplacer le marché par la planification, mais de le réguler par des politiques de relance ou de stabilisation : pour lui, il n'y a aucune raison de penser qu'il existe une « main invisible » qui s'assurera que tout fonctionne bien. Voilà l'essence simplifiée du keynésianisme.

Harry Dexter White et Keynes, c'est le jour et la nuit. White naît à Boston en 1892. Il est le cadet de pauvres émigrés juifs lithuaniens nommés Weit, arrivés en Amérique quelques années plus tôt. Il s'engage dans l'armée et ne commence vraiment ses études qu'à 30 ans ! Fort brillant, il intègre néanmoins les plus belles universités américaines, Columbia puis Stanford, et soutient une thèse de doctorat d'économie à Harvard en 1930. Politiquement, c'est un démocrate. Il embrasse les idées de Keynes dès 1936. Il entre au Trésor, à Washington, en 1941 où il se retrouve assistant du secrétaire au Trésor, Henry Morgenthau Jr. Il contribue largement à concocter le « plan Morgenthau » qui imagine un après-guerre où l'Allemagne serait transformée en nation agricole. Churchill et Roosevelt approuvèrent ce plan secret, mais il fuita dans la presse et fut abandonné en raison de l'indignation qu'il provoqua. Même Herbert Hoover nota « qu'il y a cette illusion que la nouvelle Allemagne peut être réduite à un état pastoral. Cela ne peut se faire sauf à exiler ou à tuer 25 millions de personnes ». Les nazis utilisèrent ce plan, entre autres, pour promouvoir une résistance jusqu'au-boutiste. White se vit confier à Bretton Woods la conduite de la délégation américaine.

## Un combat perdu d'avance

Dans le duel Keynes-White, White a gagné d'avance, à cause du poids de l'Amérique. Les conclusions de l'accord de Bretton Woods refondent le système monétaire mondial de fond en comble, sans les vaincus de la guerre, il va sans dire. C'est donc un accord réduit aux Alliés de façon flagrante, dominé bien sûr par les États-Unis. Il est annoncé à la tribune par Dexter White. Il stipule que, désormais, les parités officielles de chaque monnaie nationale doivent être exprimées en or ou en dollars. Le dollar vaut 35 dollars l'once, la parité fixée par Roosevelt en 1934. Elle perdurera jusqu'en 1971. C'est donc à ce cours que les banques centrales du monde peuvent changer leurs dollars en or auprès de la *Federal Reserve* mais, grâce à l'astuce suprême du *Gold Exchange Standard* inventée à Gênes en 1922, il y a peu de chances pour que cela se produise, puisque les banques centrales peuvent conserver des dollars dans leurs réserves, au même titre que de l'or. Le dollar est donc le centre du système. Les billets américains portent d'ailleurs la mention « *As good as gold* », qui se transformera prudemment en 1964 par « *In God we Trust* ».

Dans la foulée, la conférence crée trois institutions internationales majeures censées réguler le système mondial : Le Fonds monétaire international (FMI), qui s'occupe de monnaie, la Banque mondiale (BIRD), qui s'occupe de développement et le GATT (*General Agreement on Tariffs and Trade*), qui s'occupe de commerce international. La construction de l'édifice est donc, en apparence, complète.

Les parités des monnaies étant fixées par rapport à l'or ou au dollar, elles sont donc liées entre elles par des parités fixes. Les forces de marché peuvent cependant toujours déstabiliser le système : en cas de pression à la baisse, une banque centrale devra racheter sa propre monnaie avec ses réserves de change (et *vice versa* dans le cas contraire). En principe, la valeur des monnaies n'est autorisée à fluctuer que de 1 % en plus ou en moins sur le marché des changes. Chaque État est prié de préserver l'équilibre de sa monnaie en veillant scrupuleusement sur celui de sa balance courante. Si la pression devient insoutenable, un pays pourra dévaluer sa monnaie jusqu'à hauteur de 10 %, seuil au-delà duquel il lui faut l'accord du FMI.

Cela, c'est la théorie. En pratique, les États-Unis, avec ce système, pourront enchaîner des déficits successifs de leur balance commerciale sans contraintes, privilège exorbitant qui fera grincer bien des dents, à commencer par celles du général de Gaulle. Les États-Unis vont tellement se griser de cet élixir douteux que, même dotés de cette arme financière magique, ils vont perdre leur or en abondance au fil des ans. Ils en possédaient 21 700 t en 1944, comme on le sait ; ils n'en avaient plus que 3 900 t en 1971 !

Le FMI démarra ses activités le 1er mars 1947. Il détenait un assemblage de devises important. Chaque pays devait en effet payer au fonds une « quote-part » (25 % payables en or, le reste dans sa propre devise) dont le montant dépendait de la taille du pays. Le FMI disposait donc d'une force de frappe destinée à aider les pays en difficulté. Le directeur général du FMI, par un accord implicite, serait un Européen, la Banque mondiale étant dévolue à un Américain (c'est toujours le système qui existe). Le président Truman nomma donc Dexter White comme représentant des États-Unis auprès du FMI (le belge Camille Gutt étant directeur général, mais c'était lui l'homme fort, qui faisait la pluie et le beau temps.

## Un hoquet de l'histoire

Dexter White devint le *deus ex machina* de la prééminence américaine sur le monde, mais l'histoire eut peu après un énorme hoquet. En novembre 1945, Elizabeth Bentley, qui espionnait pour les Soviétiques mais avait été retournée par les Américains, déclara au FBI que White n'était ni plus ni moins qu'un espion à la solde des Soviétiques ! C'était une accusation dont on pouvait ne pas sortir vivant, comme les époux Rosenberg en firent l'amère expérience quelques années plus tard. Ms. Bentley persista dans ces stupéfiantes déclarations, qu'elle confirmera encore en 1953 devant une commission d'enquête sénatoriale. Malheureusement pour White, Elizabeth Bentley n'était pas la seule. Whittaker Chambers, autre espion « retourné », avait déjà fait de semblables déclarations dès 1939, mais à l'époque J. Edgar Hoover, patron du FBI, les avait qualifiées d'allégations absurdes.

Après les déclarations de Ms. Bentley, le FBI se ravisa et envoya un rapport à la Maison-Blanche et au département d'État, mettant White gravement en cause. Pourtant, le président Truman, ayant en main ce rapport, continuera à soutenir White au FMI et le Sénat le confirmera à son poste comme si de rien n'était. L'excuse donnée par la suite fut que ce rapport ne serait jamais arrivé à ses destinataires !

L'impunité n'eut cependant qu'un temps. Le 19 juin 1947, Dexter White démissionna brutalement et, à l'américaine, dut quitter son bureau sur le champ, ce qui était quand même le signe d'un sérieux problème. Le 16 août de la même année, alors qu'il était convoqué à une audience devant le Congrès, il fut frappé d'une crise cardiaque

– spontanée ou provoquée, on ne saura jamais – et mourut. Ainsi s'acheva la carrière d'un des pères fondateurs du FMI.

Alors, culpabilité ou fabrication ? Pendant la Seconde Guerre mondiale, le MI5 britannique et les agences de renseignement américaines avaient mis au point le système *Venona* qui permettait de décrypter les messages secrets soviétiques. Il fut utilisé à plein durant la guerre froide, permettant de confondre les époux Rosenberg, accusés d'espionnage. Or, il semble bien que le nom de Dexter White se trouvait dans de nombreux messages chiffrés sous le code de « juriste », « Richard », « avocat » », « Kassir », « Reed »… Mais rien n'a jamais encore été confirmé.

## Néomercantilistes et libre-échange

Pour les économistes classiques, le commerce international était fondé sur un principe d'équilibre : des mécanismes automatiques étaient censés résorber excédents et déficits. C'est à peu près dans ce monde idéal que nous avons vécu dans les quarante années qui ont précédées la Première Guerre mondiale.

D'autres économistes ont adopté une manière différente de voir les choses : les « mercantilistes ». Le premier d'entre eux se nommait William Petty. Il publia *Arithmétique financière* en 1671 à Londres. Pour Petty, l'Angleterre devait se spécialiser dans les productions où elle excellait, en l'occurrence les produits manufacturés, et laisser à d'autres les productions moins rentables, comme les produits agricoles, quitte à les importer. C'est, en quelque sorte, le prémisse de la théorie de « l'avantage comparatif ». Dans cette vision, la marine de guerre britannique était chargée d'assurer la « liberté du commerce ». En agissant de la sorte, l'Angleterre en vint à accumuler des excédents commerciaux, donc de l'or, source de richesse et de pouvoir. La théorie mercantiliste n'est donc pas très *fair play* mais plutôt conflictuelle.

David Ricardo, au début du XIX<sup>e</sup> siècle, poussa le raisonnement plus loin et montra que cette spécialisation, ce libre-commerce, profitait à tout le monde. Montesquieu en avait déjà eu l'intuition, en écrivant dans *l'Esprit des lois* que « partout où il y a du commerce, il y a des mœurs douces ». Un précurseur en somme de l'idée du commerce comme atténuateur de conflits, qui sera le fondement de la philosophie idéaliste, plus près de nous, chère à l'Organisation mondiale du commerce.

Au XIX<sup>e</sup> siècle, ces idées mercantilistes profitèrent à l'Angleterre qui, de 1815 à 1914, accumula les excédents et les encaisses-or, quitte à imposer le libre-échange par la force, comme elle le fit avec la Chine lors des guerres de l'opium. En 1914, 43 % des investissements à l'étranger dans le monde étaient anglais, et la City de Londres, première place financière mondiale, était imbibée de liquidités provenant de ces investissements.

Entre les deux guerres mondiales, les États-Unis, nouvelle puissance dominante, pratiquèrent la même politique mercantiliste, et finirent par détenir 75 % de l'or mondial. Une puissance impériale en avait remplacé une autre.

Chapitre 24

# Les États ne font pas faillite !
# Walter Wriston, sorcier
# des produits financiers

« Le chef de la délégation italienne prit enfin la parole. Tout ce dont l'Italie avait besoin, dit-il avec une grande conviction, c'était au plus de deux malheureux petits milliards de dollars. Sinon, l'Italie ne pourrait pas acheter les denrées agricoles dont elle avait besoin en Europe et aux États-Unis, et le pétrole qu'il lui fallait dans les pays arabes. Elle ne pourrait pas non plus régler le moindre intérêt sur ses emprunts, qui se montaient à 16 milliards de dollars. Naturellement, poursuivit le porte-parole, il n'était pas question d'envisager les premiers remboursements de principal qui venaient à échéance en 1979, pour un montant… voyons, dit-il en faisant mine de chercher… d'environ deux milliards six cents millions.

— Mais alors, interrompit l'homme du Trésor de Berne, si je comprends bien, il vous faut beaucoup plus que les deux petits milliards dont vous parliez tout à l'heure avec tant de légèreté.

— Bon, voyons, éluda l'italien. Si le *signor* du Nord des Alpes insistait pour entrer dans des précisions d'aussi mauvais goût, il fallait admettre qu'on se rapprochait plus de quatre milliards que de deux.

— *Vier Milliarden Dollars*! s'exclama Herr Doktor Reichenberg.»

Remplacez l'Italie par la Grèce! Cette scène prémonitoire est tirée du *Krach de 1979*, de Paul Erdman, publié en 1977[1]. Le problème de la dette souveraine hantait déjà le monde.

Tout aussi prémonitoire fut la phrase prononcée cette même année par Walter Wriston, légendaire patron de la banque Citicorp: «Les États ne font pas faillite[2].» Il s'agit là peut-être d'une des phrases les plus célèbres de la finance internationale: Citicorp et son *chairman* se retrouvèrent alors au centre de la tornade de la dette des États, qui faillit à l'époque coûter la vie au système bancaire américain et au dollar.

## IL A TOUT INVENTÉ

Walter Wriston est peut-être oublié aujourd'hui, mais c'est cet homme exceptionnel qui a forgé le système bancaire américain tel qu'il est aujourd'hui, pour le meilleur ou pour le pire. Il a tout inventé. Sans lui, pas de bonus extravagants ni de prises de risques insensées, sans doute, en tout cas pas aux niveaux que nous avons connus, mais pas de cartes de crédit ni de distributeurs automatiques de billets non plus.

Le père de Walter Wriston, Henry, était né dans une modeste ferme du Wyoming, mais à force de travail et de volonté, il finit par décrocher un doctorat à Harvard. Comme son fils le sera plus tard, il était la quintessence

---

1. Paul E. Erdman, *Le Krach de 1979*, Olivier Orban, 1977.
2. Cité par Carmen M. Reinhart et Kenneth S. Rogoff dans *This Time it's Different: Eight Centuries of Financial Follies*, Princeton University Press, 2009.

du génie WASP (*White Anglo-Saxon Protestant*) américain : dur, optimiste et conquérant. Henry Wriston devint professeur, puis président de la grande université Brown. Il rêva même un temps d'accéder au poste de secrétaire d'État.

Walter naquit en 1919, fréquenta la prestigieuse université Fletcher à Boston et rêva lui aussi de devenir secrétaire d'État. Il n'y parviendra jamais, mais en revanche refusa deux fois le poste de secrétaire au Trésor, en 1968 et 1974, au motif que ni Richard Nixon, ni Gérald Ford, ne lui téléphonèrent en personne pour lui proposer le poste, mais le firent par des intermédiaires : «Je veux l'entendre directement de la bouche de l'homme», avait-il dit à chaque fois. Renonçant à la carrière diplomatique «pour ne pas se retrouver ambassadeur au Gabon», il entra par hasard en 1946 à la National City Bank of New York. «Si j'avais dû me lever la nuit pour dresser une liste des choses rasantes, la banque aurait sûrement été en tête de liste[1]», aimait-il à dire plaisamment beaucoup plus tard. Il allait révolutionner le système bancaire américain de fond en comble.

Ce système bancaire dans lequel le jeune Walter allait faire ses premiers pas était encore profondément marqué par la crise de 1929. Le *Glass-Steagall Act* voulu par Franklin Roosevelt compartimentait strictement les métiers bancaires entre banques commerciales et banques d'affaires. Les banques commerciales ne pouvaient rien faire en dehors de leur métier de base, strictement défini. Or, la National City Bank, au pinacle de sa profession avec la Chase Bank, était justement une banque commerciale. On n'entrait dans l'une de ces deux banques que si l'on

––––––––––

1. Phillip L. Zweig, *op. cit.*, page 29.

avait fréquenté Harvard, Yale, ou Princeton, si l'on jouait bien au golf, si l'on était WASP et si son papa avait un très gros dépôt dans la banque. Tout ce que détestait Walter.

Walter monta vite dans la banque, contribua notamment à la fortune d'Onassis dont il devint un ami pour la vie et, en 1967, fut tout naturellement nommé *chairman* de l'institution, qu'il allait secouer vigoureusement. En 1972, il inventa par exemple le concept de «valeur pour l'actionnaire», où ledit actionnaire devait engranger 15 % par an de retour sur son capital investi, qui allait devenir la norme jusqu'à la crise de 2008. «Tout le monde dans cette assemblée deviendra millionnaire», avait-il annoncé aux deux cents plus hauts cadres de la banque. «Cet objectif de 15 % fut un péché capital, avouera plus tard un dirigeant sous couvert d'anonymat ; toutes les rémunérations furent construites autour de cet objectif et cela conduisit la banque à toutes sortes de folies[1]. »

Les *stock-options*, c'est lui qui les inventa en 1977, ce qui eut pour résultat de «tenter de faire voler un Piper Club à une vitesse supersonique[2]», selon un autre cadre anonyme. L'«effet de levier» excessif – avec 1 dollar en caisse, on peut emprunter 10, 20, 30 dollars – le capital insuffisant, c'est lui. «Trouvez un levier assez long et vous pourrez soulever le monde», disait Wriston, paraphrasant Archimède et reprenant le célèbre banquier anglais Walter Bagehot, qui avait dit au XIXe siècle que «les bons banquiers n'ont pas besoin de capital, et les mauvais n'en ont jamais assez». La dérégulation, c'est lui : il fut l'un des grands inspirateurs de Ronald Reagan. L'explosion du *trading*, c'est encore lui. La banque électronique, c'est lui.

---

1. Phillip L. Zweig, *op. cit.*, page 342.
2. *Ibid*, page 343.

Les distributeurs automatiques de billets c'est lui. Wriston a tout inventé.

Le recyclage des pétrodollars, c'est encore lui. En 1974, donc, les prix du pétrole avaient quadruplé lors du premier choc pétrolier. Les pays de l'Opep détenaient un trésor fabuleux de 100 milliards de dollars, provoquant des déséquilibres insoutenables : d'un côté, les producteurs de pétrole, au premier rang desquels l'Arabie Saoudite, de l'autre les pays consommateurs qui entretenaient de fabuleux déficits. Il fallait donc «recycler» ce que l'on nomma les «pétrodollars». Le FMI et la Banque mondiale n'étaient pas très chauds. Qui allait donc s'en charger ?

On a vu que les banques américaines s'étaient installées en masse à la City de Londres. Elles étaient donc bien placées pour faire fonctionner une mécanique – métier classique d'une banque après tout – consistant à prendre des dépôts à court terme (des pays de l'Opep) et à les prêter à long terme. En l'espèce, il s'agissait de prêter aux pays consommateurs de pétrole, qui allaient devenir sérieusement fragilisés… justement par la hausse des prix de l'énergie. Précisément pour éviter ce risque, les pays de l'Opep ne voulaient pas prêter directement aux pays producteurs. L'avenir allait montrer qu'ils avaient bien raison. Ce rôle de «désintermédiation» assuré par les banques allait devenir dans un premier temps un jackpot. C'est Wriston qui fut le pionnier de cette activité fort juteuse, mais aussi très dangereuse, dont il moquait gentiment la dénomination : «Désintermédiation : ça sonne comme quelque chose que l'on fait aux cabinets[1] » !

---

1. *Ibid*, page 463.

Citicorp créa donc à Londres une banque d'affaires, hors de portée de la stricte réglementation bancaire américaine, «Citicorp International Bank Limited», surnommée phonétiquement «Sibil». Sibil devint le rouage central du recyclage, qui se fit sous forme de syndication de crédits, sous les applaudissements discrets des autorités des grandes puissances, heureuses de trouver quelqu'un pour se charger de ce dangereux travail!

Cette affaire allait mal tourner : la dette des pays en voie de développement, qui était de 91 milliards de dollars en 1972, avait atteint 224 milliards 5 ans plus tard, largement à cause du choc pétrolier, qui les mettait à genoux plus que d'autres. En 1976, la situation devint inquiétante : le Zaïre, le Pérou, la Turquie, le Soudan, les Philippines, mais aussi l'Angleterre et l'Italie, se retrouvèrent au bord du défaut de paiement.

Contre vents et marées, Wriston s'obstinait à nier qu'il y eût le moindre problème, expliquant que «les gens qui ont investi leur capital intellectuel sur la fin du monde n'ont pas eu un bon retour sur investissement[1]». Pour Irving Shapiro, *chairman* de la compagnie chimique Du Pont et membre du conseil d'administration de Citicorp, l'argument de Wriston était toujours le même : «Les États ne font pas faillite.» Mais la situation ne s'améliora pas. En 1981, la Pologne, la Yougoslavie, la Roumanie, la Bulgarie, la Hongrie étaient à leur tour au bord de la banqueroute, avec une dette totale de 100 milliards de dollars. Ceux qui allaient mettre le feu aux poudres, on les nommait les MBA : Mexique, Brésil, Argentine, avec une dette totale de 200 milliards de dollars. Les créances de Citicorp sur le seul Brésil représentait 83% du capital de cette banque, une folie!

---

1. *Ibid*, page 572.

## Le *Titanic*

C'est l'Argentine qui allait ouvrir le bal après l'invasion des Malouines en avril 1982. Du jour au lendemain, ce pays se retrouva au ban des nations. Puis, ce fut au tour du Mexique, qui dévalua d'un coup le peso de 40%, après que le président Lopez Portillo eut déclaré «qu'il défendrait la parité comme un chien[1]». En mai 1982, le Mexique était en faillite, et personne ne connaissait le montant exact de la dette externe du pays. En septembre, en pleine réunion du FMI à Toronto, le président Portillo annonça la nationalisation des banques, ce qui, selon son ministre des Finances Silvia Herzog, était «aussi approprié que de couper le bras d'un tuberculeux: rien à voir avec le problème[2]». Wriston décrivit ainsi cette réunion de Toronto: «Il y avait 150 ministres des Finances, 50 banquiers centraux, 1 000 journalistes, 1 000 banquiers commerciaux, une grande quantité de whisky dans une ville relativement petite, et tout ceci produisait assez de vapeur pour alimenter une machine nommée "fin du monde". C'était le *Titanic*, et nous, on était sur le pont supérieur en train de ranger les chaises[3]…».

En octobre 1982, le Brésil entra dans la danse. Les banques Morgan et Citibank avaient calculé qu'il devait rester encore 8 milliards de dollars dans les caisses de ce pays, alors qu'en fait il ne lui restait rien, absolument rien. «Tout le monde pensait que l'Univers allait se désintégrer le prochain week-end[4]», selon Wriston.

---

1. *Ibid*, page 744.
2. *Ibid*, page 762.
3. *Ibid*, page 763.
4. *Ibid*, page 761.

Pourtant, ce ne fut pas la fin du monde. Tout le monde s'y mit : le FMI, la Fed, le Trésor américain, les banques internationales, et l'on concocta un plan de sauvetage où tout le monde allait y laisser des plumes. Un homme joua un rôle central dans cette affaire : Jacques de Larosière, directeur général du FMI.

Dans une scène qui rappelle la crise de 1907 et la pression que mit John Pierpont Morgan sur ses collègues, Jacques de Larosière réunit les banquiers internationaux dans la grande salle de conférence du 12ᵉ étage du FMI à Washington, lors de la session annuelle de cette institution, en septembre 1983. Les banquiers ne voulaient pas remettre au pot, alors qu'il manquait encore 6,5 milliards de dollars pour sauver le Brésil.

JACQUES DE LAROSIÈRE, *aux banquiers.* — C'est votre problème.
WALTER WRISTON, *aux banquiers.* — Discutons de cela entre nous.

*Jacques de Larosière et Paul Volcker quittent la pièce. Pendant un court moment, le départ de Jacques de Larosière laisse un vide aussi bien spirituel que physique. Puis, Walter Wriston s'installe dans le fauteuil présidentiel.*

WALTER WRISTON. — Il va falloir trouver cet argent.
JOHN McGILLICUDDY, *chairman de Manufacturer Hanover Trust.* — Oui, il faut le trouver[1].

Il fallut péniblement convaincre les banquiers un à un. Au bout de quarante minutes, Jacques de Larosière et Paul Volcker furent rappelés dans la salle. Cette fois-ci encore, le monde était sauvé ! C'est Hans Angermüller, un protégé

---

1. *Ibid*, page 790.

de Walter Wriston, qui aura le dernier mot : « Il ne fait pas de doute que dans notre quête du côté "récompense" du spectre, nous avons perdu de vue le côté "risque" ». Un comble pour un banquier, censément prudent.

# Chapitre 25

# Milton Friedman et la main invisible du marché

Pour réguler l'économie, faut-il porter son effort sur le contrôle de la masse monétaire ? Faut-il au contraire manipuler l'arme des taux d'intérêts ? Nous aurions tort de considérer ce débat académique des années 1970 comme une controverse sur le sexe des anges. La situation économique et financière dans laquelle nous nous débattons dans notre décennie 2010 est l'héritière directe des réponses qui furent données à cette époque. Elles se payèrent d'une expansion artificielle suivie de dérives funestes, dont nous n'avons pas fini de solder les conséquences, sous la forme des crises récurrentes que nous venons de vivre, et qui ne sont pas terminées. Nous le devons largement à Milton Friedman.

## UN IMMIGRANT ANONYME

Les parents Friedman n'avaient pas 20 ans quand, dans les années 1890, ils quittèrent la Hongrie pour émigrer à Brooklyn. Comme beaucoup de Juifs à cette époque, ils trouvèrent en Amérique un havre, pour autant que l'on y travaille dur. Ils y créèrent une petite fabrique de vêtements et purent mener une existence décente. Milton naît en 1912. Très religieux dans sa jeunesse, c'est un bon élève à l'école et il obtient une bourse pour aller étudier à l'excellente université Rutgers, où il se spécialise en mathématiques. Il y rencontre Arthur Burns, son professeur, futur président du groupe des conseillers économiques du président Eisenhower.

Milton Friedman perdra vite la foi religieuse et deviendra agnostique, mais il restera quand même puritain et absolutiste, toujours inflexible, souvent extrême dans ses théories. Voulant dominer son complexe d'homme petit, il aura très tôt le talent d'exprimer ses idées avec autorité et clarté. Il obtient son doctorat d'économie à l'université Columbia, travaillera brièvement pour le Trésor américain, et rejoint finalement l'université de Chicago en 1947, dont il deviendra plus tard le mentor. C'est là que le célèbre économiste Friedrich Hayek – émigré d'Autriche et libéral – forme la Société du Mont Pélerin, qui attire Milton Friedman, sa brillante épouse Rose, le philosophe Karl Popper et bien d'autres esprits remarquables. Ce groupe est financé par une fondation d'hommes d'affaires ultraconservateurs du Kansas, le William Volker Charitable Fund. Il sera la tête pensante du nouveau conservatisme, dont l'influence se fait encore profondément sentir aujourd'hui.

Pour Friedman et ses émules, les ennemis désignés sont Roosevelt et le *New Deal*. Tous les malheurs de la terre viennent d'une influence trop grande du gouvernement dans l'économie, résultat des politiques du très détesté Franklin Roosevelt, qu'il convient donc d'abolir. Il faut réduire, voire supprimer toutes les interférences nuisibles de l'État, comme par exemple la sécurité sociale, le salaire minimum, le contrôle du prix des loyers, presque toutes les régulations et bien sûr, les impôts. «Le marché est ce qu'il y a de plus efficace pour l'organisation de l'activité économique», écrira Hayek, reprenant la vieille antienne de «la main invisible du marché» chère à Adam Smith. Au fil du temps, ces *Chicago boys* se font les avocats du *big business*, très influent à travers le «Volker Fund». Ils défendent la thèse selon laquelle «le pouvoir des monopoles est très exagéré», les marchés peuvent tout régler et pratiquement toute régulation est mauvaise et doit être démantelée.

## Friedman contre Keynes

Keynes est la bête noire de Friedman. Il ne cessera jamais de chercher à le démolir. Selon Friedman, toutes les politiques keynésiennes sont vouées à l'échec : les déficits budgétaires destinés à relancer l'économie sont des erreurs, la tentative de contrôle de l'économie par l'intermédiaire des taux d'intérêt est vaine. Reprenant les thèses de David Hume (1711-1776) en les modernisant, Milton Friedman défend l'idée que la seule chose qui compte, c'est le contrôle de la masse monétaire : si on la gère bien, l'économie ira bien. Cette prédominance de la politique monétaire sur la politique fiscale et sur la bonne gestion des taux d'intérêt sera le *credo* de l'école «monétariste». Cette théorie est autant idéologique que scientifique, car on sait aujourd'hui que l'appareil statistique servant de socle à ces idées développées par l'école de Chicago était très incomplet. Il s'agit donc largement d'interprétation sous un habillage de science économique pure et dure, ce qui n'empêchera pas le gourou Milton Friedman de recevoir le prix Nobel d'économie en 1976 (exactement deux siècles après la parution de l'essai sur *la Richesse des nations* d'Adam Smith!). Friedman et ses relais médiatiques font régner la terreur sur la théorie économique américaine, un peu comme Jean-Paul Sartre fait régner la terreur sur les penseurs français à la même époque. Le monétarisme se présente comme l'antidote absolu du keynésianisme. Il inspirera toute une série de dirigeants du secteur privé comme du gouvernement.

C'est Ronald Reagan, président des États-Unis de 1981 à 1989, qui aura le «génie» de transformer ce qui n'était qu'un simple message économique en un message moral, susceptible de soulever l'enthousiasme d'une nation entière. Car l'ancien acteur de séries B avait lu ses maîtres : un de ses principaux conseillers, Martin Anderson, avait donné à Ronald Reagan pour son éducation *Road to Selfdom*[1], de Hayek – où ce dernier disait que les programmes sociaux des gouvernements menaient ni plus ni moins à la dictature – et *Capitalism and Freedom*[2], de Milton Friedman. Ronald Reagan ne lisait pas beaucoup, c'est le moins que l'on puisse dire, mais il lut ces deux livres en les annotant.

Arrivé au pouvoir suprême (2 ans après Margaret Thatcher au Royaume-Uni), Reagan annonce ses prescriptions dès son discours d'investiture, le 20 janvier 1981 : «L'État n'est pas la solution à nos problèmes, c'est l'État le problème.» Reagan met en place une politique de sévères réductions d'impôts destinée à stimuler l'économie. Cette *Reaganomics* léguera aux États-Unis une dette publique 200 % plus élevée en 1988 qu'en 1981. Reagan dérégule également l'économie américaine dans tous les domaines : l'aviation, les transports et surtout la finance.

---

1. Friedrich August Hayek, 1944. Voir bibliographie.
2. Milton Friedman, 1962. Voir bibliographie.

Ces décisions – entérinées par un Congrès dominé par les républicains – laissent le champ libre à tous les excès et ouvrent une période de turbulences financières à répétition. La crise des *Savings and Loans* entre 1982 et 1987 coûte 200 milliards de dollars au contribuable, lorsque l'État se décide *in fine* à intervenir, dans un bel exercice d'aléa moral, malgré ses grands principes libéraux, parce que, tout de même, on ne peut pas risquer l'implosion systémique du système financier américain. En octobre 1987, le krach de Wall Street – conséquence directe de déséquilibres économiques non résolus – conduit à un effondrement boursier sans précédent. Ce ne sont que des hors-d'œuvre comparés à ce qui va suivre…

## LE DISCIPLE GREENSPAN

Un beau jour de mai 1987, le téléphone sonne dans le cabinet d'un médecin new-yorkais. C'est Ronald Reagan, président des États-Unis, qui demande à parler à Alan Greenspan, en consultation. La secrétaire éclate de rire, croyant à une plaisanterie, et manque de raccrocher. Mais c'est vraiment la Maison-Blanche ! Le président propose à Greenspan le poste de président de la banque centrale, la Fed, ce que Greenspan accepte. L'ancien étudiant en clarinette de la prestigieuse Julliard School of Music, devenu docteur en économie de l'université de New York, était connu dans les cercles républicains pour avoir occupé le poste de président du groupe des conseillers économiques du président Nixon en 1973. Homme à femmes qui subjuguait les journalistes du beau sexe venues l'interviewer, il passera longtemps pour le meilleur *chairman* de la Fed de mémoire d'homme, surnommé avec admiration «le maître de l'Univers», avant que l'on se rende compte qu'il avait précipité son pays tout droit dans la crise des *subprimes* et dans la catastrophe financière de 2008.

Greenspan partageait à fond les convictions friedmaniennes de Reagan, selon lesquelles il fallait abaisser les taxes et déréguler le secteur financier. Il est peut-être le président de la Fed, de 1987 à 2006, sous lequel il y eut le plus de tempêtes financières : le krach de Wall Street de 1987, la crise des *Savings and Loans*, celle des produits dérivés de 1994, l'effondrement du peso mexicain en 1994, la crise asiatique de 1997, la faillite du *hedge fund* LTCM en 1998, le défaut russe de la même année, le krach de Wall Street de 2000...

Succédant au grand Paul Volcker, qui avait terrassé l'inflation des années 1980, Greenspan entama son mandat de président de la Fed en maintenant comme ce dernier des taux d'intérêts élevés, considérant que la principale fonction de la banque centrale, voire la seule, était de combattre l'inflation. Il était aussi partisan d'une dérégulation radicale dans tous les domaines : encore «la main invisible du marché». Après les administrations républicaines de Ronald Reagan (1981-1989) et de George H. Bush (1989-1993), c'est lui qui convainquit la nouvelle administration démocrate de ne rien toucher, en matière financière, aux dogmes précédents. Dans son discours annuel sur l'état de l'Union de 1996, le président Bill Clinton lui-même annonça que «la fin de l'ère de l'intervention du gouvernement était arrivée», marquant par là sa soumission aux thèses de Friedman et de Greenspan, à défaut d'avoir lui-même des convictions économiques bien ancrées. De fait, la grande dérégulation, en marche depuis Reagan, trouva son apogée sous son second mandat.

Sandy Weill, qui avait succédé à Walter Wriston à la tête de la grande banque Citicorp, la fusionna avec Travelers en avril 1998 pour créer la première banque du monde, le mastodonte Citigroup, et en faire un supermarché d'activités financières de tous types, avec la bénédiction de Bill Clinton. L'année suivante, le Congrès consacra le démantèlement officiel de la loi *Glass-Steagall* de 1933. Désormais, n'importe qui pouvait faire n'importe quoi dans la sphère financière.

À partir du premier mandat de Bill Clinton, Alan Greenspan se convertit à une politique de taux d'intérêts très bas. Les marchés financiers, comblés de liquidités à très bas prix, étaient remplis d'aise. Chaque fois qu'une crise menaçait – comme par exemple après l'attentat du 11 septembre 2001 – Greenspan abaissait les taux d'intérêts, avec toute l'indépendance que lui conférait son statut de maître de la Fed. C'est d'ailleurs – après s'être cramponnés à des taux élevés – cette même politique de taux bas, assortie d'un euro un peu plus faible, que les marchés préconiseront pour l'Europe en 2011, à juste titre cette fois, pour sortir la zone euro de la crise où elle était engluée. C'est sous la houlette d'Alan Greenspan que la finance de Wall Street devint un casino échevelé, exactement comme lors des années qui avaient précédé la crise de 1929. Les banques et autres organismes financiers de tout poil s'engouffrèrent avec délices dans les nouvelles possibilités ainsi offertes. Des chevaliers d'industrie d'un nouveau type purent donner toute leur mesure. Un certain Angelo Mozilo, fils d'un boucher italien du Bronx, créa en Californie Countrywide Financial Services, une banque de crédit hypothécaire. Sa firme était, à l'aube des années 2000, l'un des plus gros fournisseurs de crédits créatifs à des ménages pas forcément solvables, dits *subprimes.*

En 2006, Countrywide – cette officine qui s'était transformée en banque moins de 10 ans auparavant – détenait 16 % d'un marché hypothécaire américain atteignant la somme faramineuse de 14 000 milliards de dollars, autant que le PIB américain ! En 2007, Countrywide était évaluée à 25 milliards de dollars. Mais la crise immobilière commençait à souffler. Cette valeur se mit à fondre à vue d'œil. Mozilo finit par vendre Countrywide *in extremis* en 2008 à la Bank of America pour 4 milliards de dollars, se retirant des affaires le portefeuille bien garni, après avoir négocié l'abandon de toute poursuite pour la modeste somme de 67 millions de dollars.

La Fed dirigée par Greenspan refusa avec constance de se mêler des affaires douteuses de Countrywide dans les années précédant la crise, au motif que les clients et les actionnaires étaient bien mieux capables de se débrouiller seuls ! Au-delà de cette anecdote, les années Greenspan marquèrent l'avènement de la sphère financière au détriment de l'économie réelle, à cause d'une créativité folle dans la création d'une masse invraisemblable de « produits dérivés », complaisamment dotés d'évaluations hyperboliques par les agences de notation. Les *options*, *futures* et autres CDS ne connurent plus de bornes. Leur opacité était totale, empaquetés qu'ils étaient dans des constructions toujours plus absconses de *Collateral Debt Obligations* ou de *Special Investment Vehicles*, qui plus est « titrisées[1] », bien entendu dans une liberté totale, puisque les produits dérivés étaient en général achetés et vendus de gré à gré, c'est-à-dire sans trace de passage par une Bourse ou par une chambre de compensation quelconque, en toute opacité. La somme de toutes les transactions financières

---

1. Jacques Gravereau et Jacques Trauman, 2011. Voir bibliographie.

(bourses comprises) atteignait 100 % du PIB mondial en 1990. Elle se montait à 600 % du PIB mondial en 2008, à la veille de la grande crise financière de septembre 2008 !

C'était Wall Street le cœur du réacteur. Si Greenspan n'avait pas, suivant une idéologie douteuse de son maître Friedman, alimenté la masse ahurissante de liquidités par une politique de taux d'intérêts presque nuls, la bulle financière n'aurait sans doute pas explosé en septembre 2008. La faillite de la banque Lehman Brothers fut la plus lourde de l'histoire américaine, avec 700 milliards de dollars évaporés, mais elle n'est pas la seule, bien loin de là, de ce «septembre noir». La crise porta un coup sévère à l'économie réelle du monde occidental en 2009. Les années suivantes, elle contamina le système monétaire et faillit sérieusement faire couler la monnaie européenne, laquelle, certes, marchait sur trois pattes depuis sa création. Nous n'en sommes toujours pas remis.

Milton Friedman n'est plus aujourd'hui en odeur de sainteté. Keynes a pris sa revanche.

# Chapitre 26

# L'homme qui fit sauter la Banque d'Angleterre : George Soros

Les marchés financiers ont une propension à attirer les personnages flamboyants ! George Soros est né György Schwartz en Hongrie en 1930. Son père, Tivadar Svarc, était tout à la fois écrivain, médecin et avocat. Tivadar était un adepte de l'esperanto, qu'un soldat lui avait enseigné pendant la Première Guerre mondiale. En 1922, il fonda une revue littéraire en esperanto et publia dans cette langue des romans et ses mémoires, *Maskerado cirkau la morto* (*Mascarade autour de la mort*), où il raconte comment il échappa aux nazis après leur entrée à Budapest. Finalement, il prit définitivement le nom de Soros en 1936 pour échapper à l'antisémitisme ambiant.

## Maître-nageur

Son fils, George, quitta la Hongrie en 1946 et s'installa à Londres où il exerça successivement les métiers de maître-nageur, représentant de commerce et vendeur de pacotille, avant de suivre des cours à la London School of Economics. Comme John Law, George Soros fut d'emblée un fameux joueur : des années plus tard, il demandera à son associé le montant de l'une de ses positions :

« Un milliard de dollars, lui dira ce dernier.

— Et tu appelles cela une position », lui répondra George avec mépris, trouvant le chiffre bien modeste !

En 1952, il finit par atterrir à la City de Londres. Ironie de l'histoire : c'est à la banque Arnhold & Bleichröder, descendante de la banque de Gerson von Bleichröder, que Soros se fera un nom en tant que directeur de la recherche. En 1973, il créera avec son ami Jim Rogers le Quantum Fund (ainsi nommé en l'honneur du physicien Werner Heisenberg, père du principe d'incertitude), qui sera un immense succès. Ce fonds spéculatif, ou *hedge fund,* engrangera année après année des performances de 30 % annuelles, jusqu'à ce que l'aventure de la livre sterling le rende célèbre en 1992.

La décision de Richard Nixon de suspendre la convertibilité du dollar en août 1971 ouvrit la voie à une période confuse, complexe, souvent chaotique. Le 18 décembre 1971, les accords de Washington débouchèrent sur le flottement des monnaies, lesquelles pouvaient s'écarter de 2,25 % en plus ou en moins par rapport au cours du dollar. Concrètement, cela signifiait que deux monnaies pouvaient, à leur maximum, s'écarter de 9 % l'une par rapport à l'autre. Les gouvernements européens jugèrent que ces marges de fluctuations étaient trop importantes et décidèrent, le 10 avril 1972, que deux monnaies européennes ne pourraient s'écarter l'une par rapport à l'autre que d'un maximum de 4,5 %. Cet accord prit le nom de Serpent monétaire européen (SME), et l'on eut ainsi un « serpent » européen fluctuant de 4,5 % au milieu d'un « tunnel » de 9 %, dont le point fixe était le dollar.

Le 13 février 1973, le dollar est dévalué à nouveau, et le 13 mars de la même année, les pays européens décident de laisser leur « serpent » fluctuer librement par rapport au billet vert. Il n'y a donc plus de tunnel. Cet accord ne dure pas longtemps. Le quadruplement du prix du pétrole après la guerre du Kippour crée des tensions monétaires ingérables et, le 19 janvier 1974, le franc français quitte le SME « pour six mois », le réintègre le 10 juillet pour le quitter définitivement le 15 mars 1976. Le serpent se trouve donc réduit à une sorte de « zone mark ».

Le chaos s'installe. De mars 1977 à mars 1978, le dollar perd 12,3 % par rapport au mark, le franc plonge, ainsi que la lire italienne après l'annonce de la participation des communistes au gouvernement, et la livre sterling est dévaluée de 30 % !

27 octobre 1977 : Roy Jenkins, président de la Commission européenne propose, dans un discours à Florence, de créer une monnaie européenne, projet qui est repris en février 1978 par le chancelier allemand Helmut Schmidt.

7 avril 1978 : un grand dîner d'État a lieu au château de Marienborg, à l'occasion du sommet de Copenhague. Helmut Schmidt et Valéry Giscard d'Estaing proposent alors conjointement aux gouvernements européens la mise en place d'un nouveau système monétaire pour l'Europe. Soupe à la grimace : l'Italien Giulio Andreotti et l'Anglais James Callaghan s'offusquent de ne pas avoir été prévenus avant. Le projet est néanmoins approuvé au sommet européen de Brême et entre en vigueur le 13 mars 1979. « L'esprit de Charlemagne a soufflé sur nos travaux », déclarera Giscard d'Estaing.

Le nouveau système se nomme Système monétaire européen (SME), à ne pas confondre avec l'ancien SME du « serpent ». En quoi consiste-t-il ? En fait, le serpent est reconstitué, avec des marges de fluctuation de 2,25 %, élargies à 6 % pour la lire, la peseta espagnole et la livre sterling dans ce que l'on nommera le «boa». La nouveauté est que le cours pivot est calculé par rapport à une nouvelle unité de compte, l'ECU ou *European Currency Unit*, ancêtre de l'euro, mais qui ne sert encore que de moyens de règlement entre banques centrales. L'ECU sera d'ailleurs un succès et servira de monnaie de compte pour de nombreuses émissions obligataires pour Gaz de France, la Banque mondiale, la France, l'Italie, les États-Unis, le Japon et l'URSS, pour ne citer que ceux-là.

La performance des monnaies constituant l'ECU fut nettement moins glorieuse : le franc français fut dévalué 2 fois, en octobre 1981 et juin 1982, marquant l'échec du gouvernement de Pierre Mauroy. Le franc belge fut dévalué en janvier 1982. En mars 1983, le franc français fut dévalué à nouveau… C'était la valse des monnaies.

On tint comme cela une dizaine d'années, quand la stabilité du SME parut sérieusement ébranlée. Une question fondamentale commençait à se poser, qui hantera l'Europe pour longtemps : comment faire cohabiter dans une monnaie commune des économies aux performances aussi différentes que celles de l'Allemagne et de l'Angleterre, sans avoir de politique fiscale commune, de politique budgétaire commune, de dette publique commune, de politique de transfert automatique des pays les plus riches aux pays les plus pauvres ? Ce n'était pas l'esprit de Charlemagne qui aurait dû souffler sur les réunions des dirigeants européens, mais celui d'Alexander Hamilton de 1790 !

La lire italienne fut la première à être attaquée : déficits budgétaires, crises gouvernementales, finances publiques en lambeaux, toutes les conditions étaient réunies pour exciter les marchés. Cerise sur le gâteau, en juin 1992, à l'occasion du référendum sur le traité portant création de «l'Union économique monétaire», le «Non» l'emporta au Danemark ! Ce fut la stupéfaction. Du coup, les attaques sur la lire redoublèrent, entraînant une dévaluation de 7 % le 14 septembre 1992, suivie, quelques jours plus tard, par la sortie de la lire du SME.

## S'IL EST D'ACCORD AVEC VOUS, CHANGEZ D'OPINION

George Soros en fut alerté : à défaut d'y avoir quelque chose de pourri au royaume du Danemark, il y avait peut-être quelque chose qui clochait sérieusement dans ce SME ! Pour spéculer contre une devise, il faut l'emprunter, la vendre au comptant contre une devise réputée forte et la racheter à l'échéance, moins cher si tout a bien fonctionné. Pendant la durée de cette opération, on a sûrement payé un taux d'intérêt plus fort pour emprunter la devise attaquée que l'on en a reçu des placements faits dans la monnaie forte : une monnaie faible a en général un taux d'intérêt plus élevé qu'une monnaie recherchée. C'est ce que l'on nomme le «coût de portage». Il y a donc une guerre des nerfs car plus le temps passe, plus la position du spéculateur coûte cher et est difficile à maintenir : le temps joue pour la devise attaquée. Si la dévaluation n'a pas lieu dans les délais prévus, le spéculateur en est pour ses pertes. Les banques centrales cherchent donc à «punir» les spéculateurs en tenant la position, jusqu'à ce que ce ne soit simplement plus possible. Le spécula-teur, de son côté, ne doit pas avoir la main molle et doit frapper vite et très, très fort, et sans perdre ses nerfs ! Tout le monde n'est pas taillé pour ce jeu-là ! Soros, lui, l'était.

Il commence donc ses opérations à la mi-août 1992. En premier lieu, il négocie pour son Quantum Fund des lignes de crédit gigantesques, pour un total de 15 milliards de dollars – à titre de comparaison, la Banque d'Angleterre disposait de réserves totales de 50 milliards. Puis, une fois les lignes de crédit mises en place, il commence à emprunter de la livre sterling et à la vendre contre du mark. Enfin, et avec l'objectif de créer un effet d'entraînement, il se répand dans la presse financière sur l'inéluctabilité de la dévaluation de la livre sterling. Et ça marche ! D'autres *hedge funds*, tels Caxton ou Jones Investment, le gotha des banques comme JP Morgan, Citicorp, Chase Manhattan Bank, Bank of America, et même des fonds de pension, suivent le mouvement. La force de frappe alignée est colossale.

Le mercredi 16 septembre au soir, la Banque d'Angleterre, submergée malgré une hausse des taux d'intérêt de 2 %, déclare forfait : la livre sterling sort du SME. Elle se stabilisera quelques semaines plus tard à un niveau inférieur de 15 %. L'Angleterre peut alors abaisser ses taux d'intérêt et relancer ses exportations et son économie, ce qui finalement ne fut pas plus mal.

Beaucoup de gens gagnèrent beaucoup d'argent dans cette opération. À tout seigneur, tout honneur : le Quantum Fund engrangea 1,5 milliard de dollars de profit net, Caxton 300 millions, Jones Investment 250 millions et les banques américaines un total de 800 millions, tandis que la Banque d'Angleterre avouera avoir perdu 5 milliards de dollars.

Le SME n'était pourtant pas au bout de ses peines. À l'été 1993, le franc français fut à son tour attaqué. La Banque de France épuisa ses réserves en trois semaines et les marges de fluctuation passèrent de 2,25 % à 15 %. À l'été 1993, il était clair que le SME était un échec.

George Soros, sorti soudainement en pleine lumière, fut vilipendé pour ce forfait. Il continuera sur la lancée au fil des ans, depuis la crise asiatique de 1997 jusqu'aux spéculations sur la Grèce en 2010. Malgré l'image de philanthrope dont il a entrepris de se parer, en finançant des œuvres sociales dans les pays de l'Est, il reste comme l'archétype des spéculateurs sans foi ni loi qui mettent à genoux des pays entiers. Paul Volcker, ex-*chairman* de la Fed, admiratif de ses talents techniques, a pourtant dit de lui : « George Soros a laissé son empreinte de spéculateur aux succès énormes, mais il est aussi suffisamment sage pour quitter la table tant qu'il est encore gagnant. » Il n'empêche.

John Maynard Keynes, qui s'y connaissait, ô combien, en spéculation, a dit un jour : « La gestion de fonds est le seul domaine d'activité où la victoire, la sécurité, le succès, reviennent toujours à la minorité. Quand vous trouvez quelqu'un qui est d'accord avec vous, changez d'opinion. » George Soros vaut aujourd'hui 14 milliards de dollars : la 24e fortune mondiale !

# Des mêmes auteurs

## Jacques Gravereau

*Hong Kong, analyse d'un boom*, Cujas en France et Boréal au Canada, 1974.

*La Chine après l'utopie*, Berger-Levrault, prix de l'Académie des sciences d'outre-mer 1983.

*Japon, l'ère de Hiro-Hito*, Imprimerie nationale, prix Shibusawa-Claudel, prix du syndicat des journalistes, 1988.

*Le Japon au XX$^e$ siècle*, Seuil, 1989.

*La Crise asiatique, une bénédiction cachée*, Presses HEC, 1998.

*L'Asie majeure*, Grasset, 2001.

*Crises financières*, Economica, avec Jacques Trauman, prix de l'Académie des sciences morales et politiques, 2001.

*L'Incroyable Histoire de Wall Street*, Albin Michel, avec Jacques Trauman, 2011 (parution en chinois en 2013 chez China Citic Press).

## Jacques Trauman

*Mécanismes de changes et marché des eurodollars*, Economica, prix du commerce International, 1978 (paru en japonais aux éditions Nihon keizai Shimbun).

*L'Empire Khazar*, Autrement, sous le pseudonyme de Jacques Piatigorsky, 2005 (paru en turc aux éditions Bilge Kültür Sanat).

*Le Grand Jeu*, Autrement, même pseudonyme, 2009.

*Crises financières*, Economica, avec Jacques Gravereau, prix de l'Académie des sciences morales et politiques, 2001.

*L'Incroyable Histoire de Wall Street*, Albin Michel, avec Jacques Gravereau, 2011 (parution en chinois en 2013 chez China Citic Press).

# Bibliographie

ADLER (Alfred): *Social Interest : A Challenge to Mankind*, Faber & Faber 1927.

AKERLOF (George A.) et SHILLER (Robert J.): *Animal Spirits: How Human Psychology Drives The Economy*, Princeton University Press, 2009.

ARENDT (Hannah) : *The Human Condition*, Chicago University Press, 1958.

BABELON (Ernest) : *Traité des monnaies grecques et romaines*, E. Leroux, 1907.

– *Les Origines de la monnaie considérées du point de vue économique*, Firmin Didot, 1897.

BENDA (Julien) : *La Trahison des clercs*, Grasset, 1927.

BERGER (Suzanne) : *Notre première mondialisation : leçons d'un échec oublié*, Seuil, 2003.

BERGÈRE (Marie-Claire) : *Une crise financière à Shanghaï à la fin de l'Ancien Régime,* Mouton & Co, 1964.

BLED (Jean-Paul) : *Bismarck*, Perrin, 2010.

BOWER (Tom) : *The Squeeze: Oil, Money and Greed in the 21st Century*, Harper Press, 2009.

BOYES (Roger) : *Meltdown Iceland*, Boomsbury Publishing, 2009.

CHAVAGNEUX (Christian) : *Une brève histoire des crises financières*, La Découverte, 2011.

CHERNOW (R) : *The Warburgs: the XXth Century Odyssey of a Remarkable Jewish Family*, San Val, 1994.

– *Alexander Hamilton*, Penguin Books, 2004.

CLAVELL (James) : *La Noble Maison*, Presses de la cité, 1982.

COULBOIS (Paul) : *Le Change*, Cujas, 1979.

DE ROOVER (Raymond) : *The Rise and Decline of the Medici Bank, 1397-1494*, W.W. Norton & Company, 1999.

DUNCAN (Richard) : *The Dollar Crisis: Causes, Consequences, Cures*, John Wiley & Sons, 2003.

ELLIS (Joseph) : *Founding Brothers*, First Vintage Books, 2000.

ERDMAN (Paul) : *The Billion Dollar Killing*, Arrow, 1987.

– *The Last Days of America*, Berkley, 1988.

ESQUIROU DE PARIEU (Félix) : *Principes de la science politique*, Paris, 1870.

FAURE (Edgar) : *17 juillet 1720, La banqueroute de Law*, Gallimard, 1977.

FERGUSON (Niall) : *L'Irrésistible Ascension de l'argent*, Perrin, 2011.

FERGUSSON (Adam) : *When Money Dies*, Public Affairs, New York, 1975.

FÉVAL (Paul) : *Le Bossu*, Le Siècle, 1857.

FRIEDMAN (Milton) : *Capitalism and Freedom*, University of Chicago Press, 2002.

FRITZ (John) : *Alexander Hamilton, the Outsider*, Putnam & Sons, 2001.

FROMM (Erich) : *The Fear of Freedom*, Kegan, Trench, Trubman, 1946.

GIDE (Charles) et RIST (Charles) : *Histoire des doctrines économiques*, Larose & Tenin, 1909.

GREENSPAN (Alan) : *Le Temps des turbulences*, Jean-Claude Lattès, 2007.

Griffith Dawson (Frank) : *The First Latin-American Debt Crisis: the City of London and the 1822-25 Loan Bubble*, Yale University Press, 1990.

Haffner (Sebastian) : *Histoire d'un Allemand*, Actes Sud, 2004.

Hayek (Friedrich A.) : *Individualism and Economic Order*, University of Chicago Press, 1948.

— *L'Ordre sensoriel : une enquête sur les fondements de la psychologie théorique*, CNRS éditions, 2001.

Hellman (Rainer) : *La Guerre des monnaies*, Dunod, 1933.

Husson (Édouard) et Palma (Norman) : *Le Capitalisme malade de sa monnaie*, François-Xavier de Guibert, 2009.

Husson (Édouard) : *La Politique monétaire des États-Unis et le Multilatéralisme de Woodrow Wilson à George Bush*, 2008.

Huysmans (Joris Karl) : *Les Foules de Lourdes*, Plon, 1939.

Jennings (Herbert Spencer) : *The Behaviour of Lower Animals*, New York, 1923.

Jung (Carl Gustav) : *L'Inconscient*, Payot, 1928.

Kaufman (Henry) : *On Money and Markets, a Wall Street Memoirs*, McGraw Hill, 2000.

Keynes (John Maynard) : *The Economic Consequences of the Peace*, Hartcourt Place, 1920.

— *The General Theory of Employment, Interest and Money*, Cambridge University Press, 1936.

Kindelberger (Charles P.), *Manias, Panics, and Crashes*, John Wiley & Sons, 1978.

Laurent (Éloi) : *Économie de la confiance*, La Découverte, 2012.

Le Bon (Gustave), *Psychologie des foules*, Félix Alcan, Paris, 1916.

Locke (John) : *Further Considerations Concerning Raising the Value of Money*, 1696.

Luhmann (N.) : *Trust and Power*, John Wiley & Sons, 1979.

Luttwak (Edward) : *La Grande Stratégie de l'Empire romain*, Economica, 1987.

Lynn (Matthew) : *Greece, the Euro, and the Sovereign Debt Crisis*, Bloomberg Press, 2011.

McClain (David) : *Apocalypse on Wall Street*, Dow Jones Irwin, 1988.

McEvily (Bill) *et alii*, « *Trust as an Organizing Principle* », *Organization science* », vol. 14, 2003.

Madrick (Jeff) : *Age of Greed, the Triumph of Finance and the Decline of America*, Knopf, 2011.

Marx (Karl) : *Contribution à la critique de l'économie politique*, Éditions sociales, 1972.

Mauss (Marcel) : *Essai sur le don*, 1925, rééd. PUF, 2007.

Orieux (Jean) : *Talleyrand*, Flammarion, 1970.

Orléan (André) : « Une nouvelle interprétation de l'hyperinflation allemande », *Revue Économique*, 1979.

– « Psychologie des marchés », in Gravereau (Jacques) et Trauman (Jacques) : *Crises financières*, Economica, 2001.

– « La sociologie économique de la monnaie », in Vatin (François) et Steiner (Philippe) : *Traité de sociologie économique*, PUF, 2009.

Parker (Willis, Henry) : *A history of the Latin Monetary Union*, University of Chicago Press, 1901.

Petit (Paul) : *Histoire Générale de l'Empire romain*, Seuil, 1974.

Reagan (Ronald) : *Where's the Rest of Me*, Dell Pub Co, 1981.

REINHART (Carmen M.) et ROGOFF (Kenneth) *This Time it's Different: Eight Centuries of Financial Folly*, Princeton University Press, 2009.

RIBOUD (Jacques) : « Mécanique des monnaies », *Revue politique et parlementaire*, 1978.

RICŒUR (Paul) : *Temps et Récit*, Seuil, 1983-1985.

ROUSSEAU (Denise M.) *et alii*, « *Not so Different After All: a Cross-Discipline View of Trust* », Academy of management review, vol. 23, 1998.

SEABRIGHT (P.) : *The Company of Strangers*, Princeton University Press, 2004.

SIMIAND (François) : *La Monnaie, réalité sociale*, 1934, rééd. PUF, 2006.

SIMMEL (Georg) : *Philosophie de l'argent*, 1908, rééd. PUF, 1987.

SIROËN (Jean-Marc) : *Le Désordre monétaire international*, Hatier, 1991.

SKIDELSKY (Robert) : *John Maynard Keynes: Fighting for Britain*, MacMillan, 2000.

SMETHUST (Richard J.) : *Takahashi Korekiyo: from Foot Soldier to Finance Minister*, Harvard University Press, 2007.

SOLOMON (Robert) : *Money on the Move: the Revolution in International Finance since 1980*, Princeton University Press, 1999.

SOROS (George) : *Soros on Soros*, John Wiley & Sons, 1995.

SOWELL (Thomas) : *On Classical Economics*, Yale University Press, 2006. – *The Thomas Sowell Reader*, Barnes & Noble, 2011.

STERN (Fritz) : *Gold and Iron*, Alfred A. Knopf, 1977.

TCHAKHOTINE (Sergueï) : *Le Viol des foules par la propagande*, 1939, rééd. Gallimard 1952, 1973.

TÉTREAU (Édouard) : *Quand le dollar nous tue*, Grasset, 2011.

TULARD (Jean) : « Conférences à la banque de France », *Notes de la Banque de France*, 2001.

TURK (James) et RUBINO (John) : *The Collapse of the Dollar*, Doubleday, 2004.

USUNIER (Jean-Claude) : *Confiance et Performance*, Vuibert, 1998.

VERNE (Jules) : *Les Tribulations d'un Chinois en Chine*, Hetzel, 1879.

VILAR (Paul) : *Or et Monnaie dans l'histoire : 1450-1910*, Flammarion, 1974.

WARESQUIEL (Emmanuel de) : *Talleyrand, le prince immobile*, Fayard, 2003.

ZAKI (Myret) : *La Fin du dollar*, Favre, 2011.

ZWEIG (Phillip L.) : *Walter Wriston, Citibank and the Rise and Fall of American Financial Supremacy*, Crown Publishers, 1995.

# Index des noms de personnes et d'organismes

**A**

Abs, Hermann Josef  147
Adams, John  32
Anderson, Martin  276
Andreotti, Giulio  285
Aragon, Ferdinand  168
Aristote  12, 19, 23, 131

**B**

Bagehot, Walter  266
Bank of America  280, 288
Bank of New York  27
Bank of Scotland  234
Banque centrale européenne  57, 132, 138, 148, 153, 154, 156, 158, 159, 160, 161, 248
Banque d'Angleterre  32, 112, 171, 172, 173, 174, 175, 245, 283, 288
Banque de France  62, 101, 249
Banque d'Italie  160
Banque du Japon  200
Banque générale  237, 238
Banque mondiale  258, 259, 267, 286
Banque royale  238, 240
Barras, Paul  37
Barre, Raymond  113
BCE *Voir* Banque centrale européenne
Berlusconi, Silvio  156
Bernanke, Ben  228

Bismarck, Otto von  55, 189, 190, 191, 192, 193, 194, 195
Bleichröder, Gerson  189, 190, 191, 192, 193, 194, 195
Bleichröder, Gerson von  13, 250
Bodin, Jean  169
Brandt, Willy  113, 117
Brême, sommet  285
Bresser-Pereira, Luiz Carlos  157
Briand, Aristide  54
Bundesbank  147, 148, 151, 158
Bunsen, Marie von  195
Burns, Arthur  115, 117, 274
Burr, Aaron  35
Bush, George H.  278

**C**

Callaghan, James  285
Calonne, Charles-Alexandre de  99
Cartel des gauches  62, 63
Castille, Isabelle de  168
Cavallo, Domingo  123, 126
Charles Quint  170
Charles V  42, 186
Chase Manhattan Bank  288
Chicago, école  122, 275
Chirac, Jacques  132, 145, 148, 151
Churchill, Winston  53, 64, 144, 222, 254, 255, 256, 257
Citicorp  216, 264, 268, 279, 288

Citigroup 97, 279

City 110, 111, 229, 253, 262, 267, 284

Clemenceau, Georges 48, 60, 63

Clinton, Bill 216, 278, 279

Compagnie des Mers du Sud 173

Compagnie du Mississipi 238, 239, 240

Connally, John 114, 115, 116, 117, 118

Constantin 41, 92, 96

Conti, Louis-Armand Prince de 240

Countrywide 279, 280

Cox, Henry 26

Crésus 166

Cromwell, Thomas 171

Crozat, Antoine 237

**D**

Daladier, Édouard 62

Daniel, Jean-Marc 186

da san Sepolchro, Luca Paciolo 186

Dawes, Charles 62

de Gaulle, Charles 112, 225, 259

De la Rua, Fernando 126

Delors, Jacques 145

Deng Xiaoping 212

Dioclétien 12, 40, 91, 92, 93, 94, 95, 96, 97, 98, 105, 114, 183, 226

Dostoïevski 44

Dracon 18

Draghi, Mario 160

Duhalde, Eduardo 126

Duisenberg, Wim 148

**E**

Eisenhower, Dwight David 274

Eltsine, Boris 123

Empire ottoman 247

Esquirou de Parieu, Félix 13, 246

**F**

Favre, Jules 191, 192

Federal Reserve 33, 69, 71, 115, 152, 166, 228, 258, 270, 277, 280, 289

Fed *Voir* Federal Reserve

Ferber, Markus 135

First Bank of the United States 32, 33

First Eagle Investment Management 196

Fitch 136

FMI 113, 115, 125, 126, 127, 128, 135, 136, 155, 177, 254, 258, 259, 260, 261, 267, 269, 270

Fonds européen de stabilisation financière 155

Ford, Gérald 265

Franklin, Benjamin 220

Friedman, Milton 114, 122, 273, 274, 275, 276, 281

Front populaire 61, 64

**G**

G20 73

GATT 258

Gênes, conférence 53, 54, 55, 179, 222, 258

Giscard d'Estaing, Valéry 116, 117, 131, 285

Goebbels, Robert 132

Goldman Sachs 134, 160

Grant, Ulysses  221
Greenspan, Alan  277, 278, 279, 280, 281
Guillaume II  48

**H**
Hamilton, Alexander  13, 25, 26, 27, 28, 29, 30, 31, 32, 33, 34, 35, 36, 143, 220, 221, 286
Hayek, Friedrich von  207, 208, 274, 275, 276
Heath, Edouard  117
Heeren Massa, Oscar  199
Henri IV  42
Henri le navigateur  168
Herriot, Édouard  62
Herzog, Silvia  269
Hitler, Adolf  51, 57, 195
Hoover, Herbert  68, 257
Hoover, J. Edgar  260
HSBC  209
Hume, David  275

**J**
Jackson, Andrew  221
Jamaïque, accords  226
Jardine, William  206
Jean le Bon  42, 169
Jefferson, Thomas  25, 26, 28, 29, 30, 32, 33, 34, 221
Jenkins, Roy  285
Johnson, Lyndon  111, 226
JP Morgan  288

**K**
Karamanlis, Kostas  133
Keynes, John Maynard  48, 52, 72, 73, 113, 177, 197, 204, 223, 245, 253, 254, 255, 256, 257, 258, 275, 281, 289

Kirchner, Nestor  121
Kohl, Helmut  145, 146
Krugman, Paul  157

**L**
Lagarde, Christine  155, 177, 254
Larosière, Jacques de  115, 270
Laurent le Magnifique  183
Law, John  13, 100, 173, 194, 226, 233, 234, 235, 237, 238, 239, 240, 241, 283
Lehman Brothers  70, 281
Lehman, Herbert  69
Lénine  50, 54, 215
Lincoln, Abraham  221
Lloyd George, David  52
Locke, John  172
Louis XIII  42
Louis XIV  42, 48, 189, 236
Louis XVI  99, 102, 104
Lowndes, William  172
LTCM  278

**M**
Madison, James  28, 30, 32
Madoff, Bernard  81
Magne, Pierre  244
Maurois, Pierre  286
Médicis  12, 179, 183, 234, 243
Médicis, Côme de  182
Médicis, Jean de  179, 181, 182, 184
Menem, Carlos  119, 120, 122, 126
Merkel, Angela  135, 136, 138, 153, 158
Merkozy  154, 155, 157
Mitterrand, François  97, 145
Moltke, Helmuth K.B. von  189

Monroe, James 67
Monti, Mario 63, 156
Moody's 132
Morris, Robert 26
Moscow Narodny Bank 109
Mozilo, Angelo 279
Mundell, Robert 142, 152

**N**
Napoléon 12, 13, 37, 39, 40, 41, 43, 44, 57, 62, 74, 75, 81, 106, 143, 243
Napoléon III 189, 247
National City Bank 265
Natixis 196
Necker, Jacques 99
Nixon, Richard 12, 40, 96, 114, 142, 175, 215, 265, 284

**O**
ONU 53
Oost Indische Kompagnie 170
Opep 111, 267
Oppenheim, Abraham 191
Oppenheim, Adam 195
Oresme, Nicolas 186
Orléans (d'), Philippe 236, 237
Ortiz, Luis 170

**P**
Paciolo da san Sepolchro, Luca 186
Panama 169
Papandreou, Georges 134, 135
Périclès 17
Perón, Juan 119, 120
Pierpont Morgan, John 201
Pinay, Antoine 65, 81
Pinochet, Augusto 122
Pisistrate 17

Poincaré, Raymond 51, 60, 62, 63, 65, 81, 251
Pompidou, Georges 113, 115, 116, 117
Popper, Karl 274
Portillo, Lopez 269
Poutine, Vladimir 55
Preobrajensky, Evgueni 50
Prodi, Romano 151

**Q**
*Qian-Zhuang* 209, 210
*Quantum Fund* 288

**R**
Rathenau, Walter 49, 54
Reagan, Ronald 266, 276, 277, 278
Reichsbank 193, 194
Ricardo, David 174, 246
Roch, Thomas 59
Rogers, Jim 284
Roosevelt, Franklin 13, 40, 67, 68, 69, 70, 71, 72, 73, 74, 75, 97, 204, 225, 226, 257, 258, 265, 274
Roosevelt, Théodore 67
Rothschild, Mayer Amschel 191
Rouland, Gustave 249

**S**
Saa, Adolfo Rodriguez 126
Samaras, Antonis 134
Sarkozy, Nicolas 148, 153, 155
*Savings and Loans* 110, 277, 278
Say, Jean-Baptiste 256
Schacht, Hjälmar 55, 62
Schiff, Jacob 201
Schlick, Hyeronimus 219

Schmidt, Helmut  285
Schröder, Gerhard  55, 148, 151, 160
Schultz, George  115
Schumer, Charles  217
Shapiro, Irving  268
Sibil  268
Simitis, Kostas  132
Société des Nations  53
Société du Mont Pelerin  274
Solon  13, 17, 18, 19, 20, 21, 22, 23, 66, 74, 75, 143
Soros, George  283, 287, 289
Speer, Albert  51
Spinoza, Banuch  83
Standard & Poor's  135, 136
Stiglitz, Joseph  157
Strong, Ben  223
Sutherland, Thomas  209

**T**
Taiping  207
Takahashi Korekiyô  197, 198, 199, 200, 201, 202, 203, 204
Talleyrand, Charles Maurice de  39, 99, 100, 101, 102, 103, 104, 106, 107
Tchitcherine, Georges  54
Tepper, Jonathan  157
Thatcher, Margaret  276
The Second Bank of the United States  33
Thiers, Adolphe  191
Thornton, Henry  245, 246
Tobin, James  114
Travelers  279
Trichet, Jean-Claude  148, 154, 160

Trotsky, Léon  54
Truman, Harry  259
Turpin, Eugène  59

**U**
Union européenne  129, 131, 135, 136, 143, 154, 251
Union latine  13, 246, 247, 248, 249, 250, 251
URSS  54, 157, 286

**V**
Veil, Simone  159
Verne, Jules  59
Volcker, Paul  228, 270, 278, 289

**W**
Wall Street  9, 67, 68, 111, 114, 153, 154, 202, 223, 227, 229, 237, 277, 278, 279, 281
Washington, George  25, 26, 27, 28, 30, 31, 32, 34, 35, 93, 221, 270, 284
Weber, Axel  158
Webster, Noah  33
Weidmann, Jens  158
Weill, Sandy  279
Weimar, République  48, 49
White, Harry Dexter  253, 254, 257, 259, 260
William Volker Charitable Fund  274
Wilson, Woodrow  33
*World Economic Conference*  73
Wriston, Walter  97, 115, 216, 263, 264, 265, 266, 267, 268, 269, 270, 271, 279

# Index des notions et monnaies


**A**

Acte unique européen  144
agence de notation  85, 280
argentus  94
*assumption*  28, 29, 30
aureus  94
*auxesis*  22

**B**

*bail-out*  159
bancor  113, 177, 223, 254
*bank run*  138
biquettage  172
bloc-or  61
bon du trésor  227
*Boston tea party*  25
Bretton Woods  109, 112, 116, 175, 223, 253, 257, 258
18 Brumaire  37, 39
*Bullion Report*  207, 245

**C**

caisse de l'extraordinaire  40, 41
CDS  134, 280
changes flottants  118, 226, 228
*Chicago boys*  275
contrôle des prix  12, 91, 95, 97, 98, 114, 115
couronne  142
credito  126
cruzado  168
*currency boards*  52, 53
*currency principle*  47, 175

**D**

Déclaration d'Indépendance  25
désintermédiation  267
deutschemark  57, 146, 228
dévaluation intérieure  125
Directoire  37, 38, 39, 41, 105
dollar  11, 12, 25, 30, 31, 40, 51, 56, 61, 67, 68, 69, 73, 74, 97, 109, 112, 113, 114, 115, 116, 117, 118, 123, 124, 127, 141, 142, 143, 148, 152, 171, 172, 175, 177, 183, 215, 217, 219, 220, 221, 222, 223, 224, 225, 226, 227, 228, 230, 254, 258, 264, 266, 284, 285
dollar index  229
Dow Jones  68, 71, 114
drachme  19, 20, 22, 132
DTS  113

**E**

ECU  143, 286
édit du maximum  95
effet de levier  266
*Emergency Banking Act*  70
*Endaka*  215
étalon de change-or  175, 222, 223
étalon-or  47, 52, 53, 56, 57, 61, 63, 109, 174, 175, 194, 199, 203, 207, 221, 222, 235, 236, 244, 245, 246, 247, 248, 249, 250, 251, 256
euro  10, 11, 12, 13, 17, 23, 31, 35, 40, 57, 66, 87, 124, 128, 131, 133, 135, 136, 138, 139, 141,

143, 145, 147, 151, 155, 158, 160, 161, 212, 228, 229, 243, 251, 279, 286
*eurobonds* 149, 158, 160
eurodollar 110, 111
euro-obligations 155, 159

**F**
florin 183, 184, 185
franc 142, 186, 250, 251, 286, 288
franc à quat'sous 59, 64
franc belge 286
franc blanc 42
franc germinal 37, 41, 44, 63, 64, 243, 244
franc-or 191
franc Poincaré 44, 64

**G**
*Glass-Steagall Act* 74, 265
*gold bullion standard* 63
*Gold Exchange Standard* 53, 258
*Gold Reserve Act* 73, 74
*greenback* 220

**H**
*haircut* 45
*hedge fund* 212, 237, 278, 284, 288
hyperinflation 57, 82, 93, 96, 122, 296

**I**
IOU 27, 30

**J**
*juros* 170

**L**
leeuwendaalder 171
lepoc 126
lettre de change 182
lire 185, 286
Lisbonne, traité de 159, 173
livre sterling 52, 112, 147, 173, 181, 199, 222, 223, 256, 284, 286, 288
livre tournoi 42
loi du maximum 96, 105
Louvre, accords du 228

**M**
Maastricht 132, 135, 136, 146, 147
main invisible du marché 278
Malouines, guerre des 122
marchés financiers 40, 85, 96, 127, 133, 136, 138, 146, 147, 153, 154, 156, 180, 215, 227, 229, 279, 283
mark 47, 49, 50, 51, 55, 62, 116, 142, 146, 189, 193, 194, 195, 288
mine 19, 21, 22, 199
*Mint Act* 31, 220
monétarisme 276
monétiser 228
monnaie de compte 42, 43, 185, 286

**N**
Nasdaq 81
*New Deal* 72
nomisma 20
nouveau franc 20

**O**
opium, guerres de l' 206, 213
or 165, 175, 205, 253
ostmark 146

**P**

pacte de stabilité  151

Pacte germano-soviétique  54, 55

papier financier  181

patacon  125

peseta  285

peso  123, 124, 125, 126, 127, 219, 220, 269, 278

pétrodollars  176, 267

picciolo  183, 184, 185

PIGS  156

planche à billets  12, 50, 60, 114, 227

Plaza, accords de  228

*pool de l'or*  112, 113, 225

portion congrue  76, 103

*prestanze*  180

*private equity*  237

produit dérivé  9, 134, 176, 185, 278, 280

produit toxique  11

**Q**

*Quantitative Easing*  152, 229

*quants*  85

**R**

Rapallo, traité de  54, 55

*Reaganomics*  276

real  124

reichsmark  56, 65

remninbi  215

rentemark  56

*residence*  29

rijkersdaalder  171

roggenmarks  50

**S**

*seïsachteia*  20

Serpent monétaire européen  284

SME.  *Voir*  Système monétaire européen

solidus  41, 96

sou  74, 96

sterling  31, 48, 53, 55, 61, 142, 174, 222, 223, 254, 286

*stock-option*  266

*subprimes*  278, 279

*swap*  112, 134

Système monétaire européen  285, 287

**T**

taël  200, 207, 211

*Tea Party*  35

Terreur  37, 105

thaler  31, 219

théorie quantitative de la monnaie  169

tiers consolidé  38

*trading*  266

traités inégaux  206

**V**

valeur pour l'actionnaire  266

**Y**

*yellow-back*  221

yen  116, 117, 198, 199, 200, 201, 203, 213, 214, 215, 228, 229

yuan  11, 142, 205, 212, 213, 215, 216, 217, 229

**Z**

Zettelbanken  193

zone monétaire optimale  142

Mise en page : Compo-Méca sarl
64990 Mouguerre

9 782212 555721